高等院校品牌管理系列教材

品牌管理学
Brand Management

（第二版）

丁桂兰◎主编　　刘晓峰　白朋飞◎副主编

经济管理出版社
ECONOMY & MANAGEMENT PUBLISHING HOUSE

图书在版编目（CIP）数据

品牌管理学/丁桂兰主编. —2 版. —北京：经济管理出版社，2017.1
ISBN 978-7-5096-4878-0

Ⅰ. ①品…　Ⅱ. ①丁…　Ⅲ. ①品牌—企业管理—质量管理—高等教育—自学考试—教材
Ⅳ. ①F273.2

中国版本图书馆 CIP 数据核字（2016）第 324607 号

组稿编辑：勇　生
责任编辑：刘　宏
责任印制：黄章平
责任校对：陈　颖

出版发行：经济管理出版社
　　　　　（北京市海淀区北蜂窝 8 号中雅大厦 A 座 11 层　　100038）
网　　　址：www. E-mp. com. cn
电　　话：（010）51915602
印　　刷：玉田县昊达印刷有限公司
经　　销：新华书店
开　　本：720mm×1000mm/16
印　　张：17.25
字　　数：298 千字
版　　次：2017 年 4 月第 2 版　　2017 年 4 月第 1 次印刷
书　　号：ISBN 978-7-5096-4878-0
定　　价：36.00 元

编 委 会

主　任：张世贤

副主任：杨世伟　赵宏大　勇　生

编委会委员（按姓氏笔画排序）：

丁俊杰　丁桂兰　卫军英　王淑翠　刘光明　孙文清

张世贤　张树庭　李易洲　李桂华　杨世伟　沈志渔

勇　生　赵宏大　徐莉莉　郭海涛　高　闯　焦树民

魏中龙

专家指导委员会

主　任： 金　碚　郭冬乐

副主任： 杨世伟　赵宏大

委　员（按姓氏笔画排序）：

丁俊杰　中国传媒大学学术委员会副主任、国家广告研究院院长、教授、博士生导师

丁桂兰　中南财经政法大学工商管理学院教授

万后芬　中南财经政法大学工商管理学院教授

卫军英　浙江理工大学文化传播学院教授

王方华　上海交通大学安泰管理学院院长、教授、博士生导师

王永贵　对外经济贸易大学国际商学院院长、教授、博士生导师

王淑翠　杭州师范大学副教授

王稼琼　对外经济贸易大学校长、教授、博士生导师

甘碧群　武汉大学商学院教授

白长虹　南开大学国际商学院教授

乔　均　南京财经大学营销与物流管理学院院长、教授

任兴洲　国务院发展研究中心市场经济研究所原所长、研究员

刘光明　中国社会科学院研究生院教授

吕　巍　上海交通大学教授、博士生导师

孙文清　浙江农林大学人文学院教授

庄　耀　广东物资集团公司董事长、党委书记

许敬文　香港中文大学工商管理学院教授

吴波成　浙江中国小商品城集团股份有限公司总裁

宋　华　中国人民大学商学院副院长、教授、博士生导师

宋乃娴　中房集团城市房地产投资有限公司董事长

张士传　中国国际企业合作公司副总经理

张云起　中央财经大学商学院教授

1

高　阆　国务院学位委员会工商管理学科评议组成员，首都经济贸易大学校长
　　　　助理、教授、博士生导师
高德康　波司登股份有限公司董事长
黄升民　中国传媒大学广告学院教授
彭星闾　中南财经政法大学教授、博士生导师
焦树民　中国计量学院人文社会科学学院副教授
蒋青云　复旦大学管理学院市场营销系主任、教授、博士生导师
谢贵枝　香港大学商学院教授
薛　旭　北京大学经济学院教授
魏中龙　北京工商大学教授

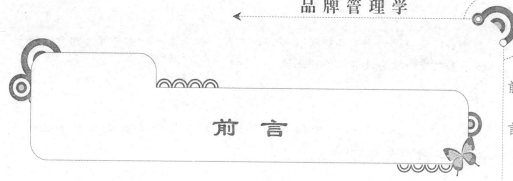

随着经济增速的逐步下滑，中国经济进入了新常态！结构调整和产业升级成为供给侧结构性改革的主要方向。从宏观层面看，产业升级需要品牌战略的引领；从微观层面看，自主品牌成为企业获得市场竞争优势的必然选择。面对日益激烈的国内外市场竞争格局，中国企业是否拥有自主品牌已经关系到企业的生存和可持续发展。品牌越来越成为企业竞争力的集中表现。但是，目前的中国企业，绝大多数面临着有产品（服务）、没品牌，有品牌、没品牌战略，有品牌战略、没品牌管理的尴尬局面。其根源在于专业人才的匮乏！中国企业普遍存在品牌管理专业人员的巨大需求和人才匮乏的突出矛盾。从供给侧结构性改革的现实需求出发，我国急需培育出大批既懂得品牌内涵，又擅长品牌管理的专业人才，才能满足企业品牌管理和市场竞争的高端需求。

为解决这一现实中的突出矛盾，多层次、多渠道、全方位加快培养复合型品牌管理人才，促进企业健康可持续发展，中国企业管理研究会品牌专业委员会专门组织国内一流品牌专家和学者编写了这一套既符合国际品牌管理通则，又有国内特殊案例特征的大型系列教材。

本套教材不仅涵盖了品牌管理所需要的全部系统知识和理论基础，也包括了品牌管理的实际操作技能训练。其中，《品牌管理学》属于基础性通识教材；《品牌质量管理》、《品牌营销管理》、《品牌服务管理》、《品牌传播管理》属于专业性基础教材；《品牌形象与设计》、《品牌价值管理》、《品牌公共关系与法律实务》属于中高级管理人员必读教材；《品牌战略管理》、《品牌国际化管理》、《品牌危机管理》属于高级管理人员必修教材；《品牌案例实务》属于辅助教材。真正有志于品牌管理的各类人员，都应该全面学习、深入理解这些系统教材所包含的知识、理论，并掌握品牌发展的内在规律，运用相关知识和理论在实际的管理实践中不断提升自己的专业技能，使自己成为企业不可替代的品牌专家和高级管理人才。

本套教材的编写者虽然大都是在高校从事品牌教学与研究的学者，或是有

1

着丰富实战经验的企业品牌管理与咨询专家，但是由于时间仓促，难免会有诸多不妥之处，敬请读者批评指正！

杨世伟

中国企业管理研究会品牌专业委员会主任

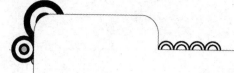

目　录

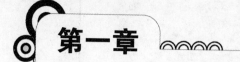

第一章

品牌管理学概述

学习目标 ★★★★

知识要求 通过本章的学习，掌握：

● 品牌的概念
● 品牌管理的概念
● 品牌的特征和种类
● 品牌管理学的研究对象和内容

技能要求 通过本章的学习，能够：

● 理解品牌概念的内涵
● 理解品牌的核心价值
● 理解品牌管理中的问题

学习指导 ★★★★

1. 本章内容包括：品牌管理的基本概念、特征和种类以及品牌管理作为一门新兴学科所要研究的对象和主要内容。

2. 学习方法：结合案例理解品牌的概念，熟记品牌的种类，掌握品牌的特征以及品牌管理作为一门学科所涉及的研究对象和内容。

3. 建议学时：4 学时。

销售经理的休闲生活

销售经理×××整日忙着工作，一周至少工作50小时。这是因为他的工作性质使他无法像大多数人那样一天工作8小时，每周工作5天。他要在客户方便的时候与客户会面，洽谈生意，谈判签约等，因此节假日加班加点就成为家常便饭。由于工作忙，他无暇逛商场悠然自得地购物。

他告诉女朋友他所喜欢的服装品牌、颜色和尺码，并说不用考虑价格，只要是他喜欢的品牌，价格高点儿无关紧要。女朋友笑称他是被宰的羔羊。而他却说，购买品牌产品实在是物有所值，可以节省时间成本、心理成本和体力成本。品牌服装对他来说意味着与客户的第一层沟通。只有穿上名牌服装才使他在与顾客的接触中体会到自信和尊重——顾客对他的尊重还有他对顾客的尊重，这些元素都从名牌西装的穿着中表露无遗。

若有难得的休闲时间×××会穿上名牌运动装与女友去网球俱乐部打网球。他对网球拍和网球也极其讲究，用的都是"王子"牌，穿的运动鞋是耐克网球鞋。

品牌服装和品牌休闲产品给×××带来了快乐和自信，也使他更加体会到工作的乐趣以及成功的喜悦。那种欲达到自我实现境界的动力，促使他将工作场所当成是实现人生价值的舞台。

资料来源：丁桂兰.品牌管理 [M].武汉：华中科技大学出版社，2008：3.

➡ 问题：

1. 品牌对消费者的心理有哪些影响？
2. 品牌产品的价值体现在哪些方面？

本章是全书的开篇，主要阐述品牌管理的基本概念、特征和种类以及品牌管理作为一门新兴学科所要研究的对象和主要内容。本章的重点是掌握品牌的概念以及该概念与其他概念的区别和联系。

第一节 品牌概述

在经济全球化时代，品牌作为一个国家综合实力的体现得到国际社会广泛的认同。西方发达国家以其强大的品牌实力在全球经济中占据越来越重要的地位，而发展中国家只是在近几年才认识到品牌的巨大作用。综观国际市场竞争现状，无不看到品牌的身影，国与国的较量、企业与企业的较量，无不反映出品牌的较量和竞争。当今世界活跃在经济社会和占据市场主导地位的无一不是著名品牌：零售业中的大哥大——沃尔玛；饮料之王——可口可乐；奔驰在高速公路上的宝马汽车；翱翔在蓝天的波音飞机。这一切都表明企业之间的竞争无一不是品牌的较量。可以毫不夸张地说，谁拥有强势品牌，谁就拥有市场。

那么，什么是品牌？如何实施品牌战略？如何创建强势品牌？如何管理品牌？要回答这些问题首先要了解品牌的概念。

问题 1：什么是品牌？

1. 品牌的由来

品牌的英文单词 Brand，源自古挪威文 Brandr，意思是"烧灼"。人们用这种方式来标记家畜等需要与其他人相区别的私有财产。到了中世纪的欧洲，手工艺匠人用这种打烙印的方法在自己的手工艺品上烙下标记，以便顾客识别产品的产地和生产者。这就产生了最初的商标，并以此为消费者提供担保，同时向生产者提供法律保护。16 世纪早期，蒸馏威士忌酒的生产商将威士忌装入烙有生产者名字的木桶中，以防不法商人偷梁换柱。到了 1835 年，苏格兰的酿酒者使用了"Old Smuggler"这一品牌，以维护采用特殊蒸馏程序酿制的酒的质量和声誉。

20 世纪 50 年代，美国奥美广告公司创办人大卫·奥格威（David Ogilvy）第一次提出了现代意义上的品牌概念。从那以后"有关品牌是什么"的争论就一直不绝于耳。自 20 世纪 90 年代以来，"品牌"更成为营销界的热门话题。各国政府也充分利用"看得见的手"插足市场，制定政策鼓励企业创建品牌发展战略。

2. 品牌的定义

有关品牌（Brand）的定义众说纷纭。国内外研究者从不同的角度给出了无数个定义。本书从中撷取一二以为论述奠定基础。

（1）大卫·奥格威的定义。品牌概念的提出者大卫·奥格威说，品牌是一种错综复杂的象征，它是品牌属性、名称、包装、价格、历史经营、广告方式的无形总和。品牌同时也因消费者对其使用的印象以及自身的经验而有所界定。

（2）美国市场营销协会的定义。美国市场营销协会（American Marketing Association，AMA）将品牌定义为："一个名称、术语、标记、设计，或是它们的组合运用，其目的是借以辨认某个销售者或某群销售者的产品或劳务，并使之同竞争对手的产品和劳务区别开来。"①

（3）英国营销专家的定义。英国营销专家麦可·梅尔德伦（Mike Meldrum）和马尔科姆·麦当诺（Malcolm McDonald）认为，品牌是感官、理性和感性这三种诉求要素混杂而成的结果。感官诉求是产品或服务外的展现方式，是可直接感觉到的方式。理性诉求则是品牌提供的心理报偿，品牌所激起的心境、所引发的联想等。一个名称、术语、标记、象征或设计，或它们的联合体，目的在于确定一个卖方或一群卖方的产品或服务，并将其与竞争者的产品或服务区分开来。品牌的概念源自产品提供给消费者满意的使用价值，消费者则通过耳闻目睹、接触、使用等途径，形成对产品的认识、情感和行动，这样就完成了品牌的概念。②

（4）《牛津大辞典》的定义。在《牛津大辞典》里，品牌被解释为用来证明所有权，作为质量的标志或其他用途，即用以区别和证明品质。

美国著名的品牌学家大卫·艾克认为品牌像人一样具有个性，而且具有感情效果和资产价值，品牌是产品、企业、人和社会文化象征的综合。

诸多定义、解释从不同角度和方面涉及了品牌的实质，但没有给品牌一个完整的定义。但无论如何，一个具体的品牌至少包含三个方面的内容：

（1）品牌是以一定的产品和服务的功能质量为基础的。

（2）品牌能给消费者带来额外的情感满足。

（3）品牌具有特定的名称、文字、符号、图案和语音等特征。

本书对品牌的定义是：品牌是指企业为满足消费者需要、维护与消费者的良好关系、培养消费者忠诚、参与市场竞争而为其生产的商品或劳务确定的名称、图案、文字、象征、设计或其互相协调的组合。这个定义扩展了品牌的内涵，突出了品牌在现代市场营销中的新发展，即品牌的发展是消费者需求发展的产物，品牌发展的目的是维系与消费者的良好关系，培养消费者忠诚和参与市场竞争。对品牌的新定义使品牌营销成为现代市场营销的焦点有了一定的理论依据。

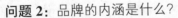

问题 2：品牌的内涵是什么？

品牌能给企业带来高于平均利润的收益，使越来越多的企业开始重视品

---

① 菲利普·科特勒.营销管理 ［M］.新千年版·第十版.北京：中国人民大学出版社，2002：486.

② 麦可·梅尔德伦，马尔科姆·麦当诺.45 个最重要的营销概念 ［M］.呼和浩特：内蒙古人民出版社，1999.

牌。中国的 CEO 们对品牌这个名词耳熟能详，但是并没有多少人真正理解它的内涵。他们中的许多人将菲利普·科特勒的营销理论当成圣经，在运用于企业实践时出现水土不服，他们恳请营销大师编写一本如何在中国做营销的书，以使他们免去少年维特式的烦恼。

品牌是一个复杂的现象。有关研究表明，品牌是多方面性的概念，包含丰富的内涵。要成功创建品牌，必须了解它的内涵。

中山大学卢泰宏教授对品牌的内涵有其独到的见解：品牌不仅仅是一个区分的名称，更是一个综合的象征；品牌不仅仅掌握在企业手中，更取决于消费者的认同和接受；品牌不仅仅是符号，更要赋予形象、个性和生命；品牌不仅仅是短期营销工具，更是长远的竞争优势和具有潜在价值的无形资产。品牌的内涵是综合的，它包含许多要素，因为品牌的目标是整体的、战略的。

广泛意义上的品牌包括四个层面的内涵：

（1）品牌是一种商标。这是从其法律意义上说的，强调的是品牌的法律内涵，是它的商标注册、使用权、所有权、转让权等情况。商标是在法律范围内的调整规范。现代品牌产品的一个基本特征就是商标化，因此有必要给产品注册商标。注册商标具有区别商品来源的基本功能，通过对产品的商标注册可以让消费者辨别其产地、内在质量，便于消费者购买和实现优质优价。商标可为其产品扩大市场占有率，实现其由稀缺性带来的较高价值提供保证。

（2）品牌是一种牌子，是金字招牌。这是从其经济的或市场的意义上说的。这个时候，人们所注意的是这个牌子所代表的商品，即这个商品的品质、性能、满足效用的程度，以及品牌本身所代表的商品的市场定位，消费者对品牌的认知程度，等等。这时品牌所表征的是商品的市场含义。

（3）品牌是一种口碑，一种品位，一种格调。这是从其文化或心理的意义上说的，强调的是品牌的档次、名声、美誉度等。这是对品牌理念和价值的更进一步的表达。这个层面通常用形象和传媒来传递，传播时编码（传播学中的专有术语，指用文字、音符、乐曲、图像、数字、身体动作、面部表情和色彩等表达某种意义的过程）必须反映品牌的独特品格，从视觉上让受众感受到其人格性，想象出品牌的人格化形象。如西门子电器代表实用、可靠和信任，看见它，人们就能想象到一丝不苟、兢兢业业的德国工人；通用电气（GE）代表实用、方便，就像一位老朋友一样和蔼可亲。品牌的人格性产生于品牌的战略构想和对消费者的人文关怀，是品牌名下产品的共有特性，只要粘贴上品牌标志，就具备这些特征。

（4）品牌是消费者与产品有关的全部体验。品牌不仅仅是产品，产品只是其中的一个方面。树立品牌不是为消费者做事情，而是和他们一起做事情。消费者以自己特有的方式理解品牌，有时这种理解不同于商家的主观愿望。品牌使消费者能够扮演不同的角色，因为它们而使生活变得有意义。如果消费者对于产品的认识、情感和行动是正面的、积极的、友好的和愿意接近的，品牌就有可能转化为一种无形资产，体现出品牌的价值。

菲利普·科特勒博士在其《营销管理》一书中指出："品牌的要点，是销售者向购买者长期提供一组特定的特点、利益和服务。最好的品牌传达了质量的保证。然而，品牌还是一个更为复杂的符号标志。"①

问题 3：品牌的外延包括哪些内容？

品牌的外延包括构成品牌的一切内容，如品牌名称、品牌标志物、品牌标志字、品牌标志色以及标志性包装。

（1）品牌名称顾名思义是品牌的文字符号，是从字符、符号、语音、字形等方面对品牌信息内容的表征。这种表征准确与否，直接影响着品牌的宣传和产品的销售。在品牌概念中，如果说品牌名称是品牌内容的体现，那么标志字就是品牌名称的具体表现形式。品牌名称体现了企业的经营文化，反映了企业的价值观念。经注册的品牌成为商标，具有专用性，属于其所有者，属知识产权范畴，未经品牌所有人许可，他人无权使用。

（2）品牌标志物是指品牌中可以被识别，但不能用语言表达的部分，它是品牌的图形记号。品牌标志是品牌中便于视觉传播的图形记号，常常为某种符号、图案或其他独特的设计。品牌标志物可以是可爱的动物、植物、抽象图案、中外文化的艺术造型，等等。例如，可口可乐中的红颜色圆柱曲线、海尔冰箱的两个小兄弟、标致牌汽车的狮子、骆驼牌香烟的骆驼、劳斯莱斯张着翅膀的小天使塑像、苹果电脑鲜艳的苹果图案、富士胶卷的绿色富士山峰、奔驰汽车的三叉星、古井贡酒的大树与老井等。标志物是构成品牌概念的第一要素，也是消费者认牌购买的主要依据。

（3）品牌标志字是指品牌中的中外文字，它是品牌中可以读出的那一部分。它常是品牌的名称或企业的经营口号、广告语等，如可口可乐的口号："永远是可口可乐"。为了使品牌能口头传播，几乎所有的品牌都包含有文字部分，因此设计选择品牌标志字是创立品牌的第一步。

（4）品牌标志色是指品牌中的特殊色彩，是品牌标志的重要组成部分，用以体现自我个性以区别其他产品的色彩体系。它通过强烈的视觉效果所形成的

---

① 菲利普·科特勒. 营销管理 [M]. 新千年版·第十版. 北京：中国人民大学出版社，2002：486.

色彩冲击，使消费者产生强烈的心理反应与联想，使品牌的主题乃至整体形象得到强化。例如，麦当劳的黄色与红色组合、可口可乐的红色与白色组合、北京蓝岛商业大厦的蓝色、北京翠微大厦的绿色等，无不给人以深刻的印象。

（5）标志性包装是指产品的包装设计包括包装物的大小、形状、材料、色彩、文字说明等具体内容。进入市场的许多产品都应该进行具有个性的包装，但对于价格并不昂贵的产品来说，包装所发挥的作用非常小，而对于化妆品来说，包装无疑决定了产品的销售。有一些是世界著名品牌产品，如可口可乐的瓶子、格蕾丝女用连裤袜的蛋形包装、喜之郎水晶之恋果冻的心形外壳等。包装已成为强有力的营销手段。具有创意的包装能为消费者带来方便和惊喜，为生产者创造促销价值。包装已经成为产品的一种标志，成为消费者认购产品的依据。

问题 4： 品牌核心价值的含义是什么？

品牌核心价值就是指品牌的内核，是品牌资产的主体部分，它让消费者明确、清晰地记住并识别品牌的利益点与个性，是驱动消费者认同、喜欢乃至爱上一个品牌的主要力量。例如，舒肤佳沐浴露能"有效去除细菌"，六神花露水代表的价值是"草本精华、凉爽、夏天使用最好"；宝马是"驾驶的乐趣"，沃尔沃定位于"安全"。因为有了自己清晰的核心价值与个性，这些品牌可以凭借差异化特征，在所选择的目标市场上占据较高的市场份额。消费者也因为对核心价值的认同，而产生对品牌的美好联想，并进一步对品牌有了忠诚感。

然而，不少人可能会在理解品牌核心价值时偏重于品牌给消费者提供的物质层面的功能性利益，即产品卖点（独特的销售说辞），或极端地理解品牌核心价值主要就是品牌给目标消费者传达的物质层面的功能性价值。实际上，品牌核心价值是情感性价值与自我表现型（社会型）价值，是一种审美体验、快乐感觉，表现财富、学识、修养、自我个性、生活品位与社会地位。

随着科技的进步，产品的同质化越来越严重，这就要更多地依赖情感性与自我表现型利益的品牌核心价值来与竞争品牌形成差异；社会越进步，消费者的收入水平越高，张扬情感性价值与自我表现型利益的品牌核心价值就越对消费者有诉求力和感染力。道理很简单，当制造技术成熟了、服装的品质都很有保障、生活富裕了以后，衣服的原始功能因易于实现而退居次位。此时消费者需要的或许是能折射出或"富有、尊贵"，或"青春、活力"，或"另类、个性"，或"成熟、稳重、不张扬"等符合自身个性偏好的品牌。

正因为如此，一个具有极高品牌资产的品牌往往具有让消费者十分心动的情感性与自我表现型利益。情感性利益指的是消费者在购买和使用某品牌的过程中获得的情感满足。例如，美加净护手霜"就像妈妈的手，温柔可依"让我们的内心世界能掀起阵阵涟漪，觉得美加净的呵护犹如妈妈一样温柔；大白兔奶糖让人们沉浸在对童年天真无邪的温馨回忆中。品牌的情感性利益让消费者拥有一段美好的情感体验。在产品同质化、替代品日益丰富的时代，如果产品只有功能性利益而没有"爱、友谊、关怀、牵挂、温暖、真情……"那就会变得十分苍白无力。如果丽珠得乐仅仅是高科技的胃药，没有"其实男人更需要关怀"的情感价值去感动人们的内心世界，就会沦落为与一般胃药没有什么区别的东西。

当品牌成为消费者表达个人价值观、财富、身份地位与审美品位的一种载体的媒介的时候，品牌就有了独特的自我表现型利益。"午夜妖姬"的首饰，名字十分鬼魅与香艳撩人，所折射出来的品牌内涵"游离于主流价值观"，很有不可思议的味道。这种品牌内涵正好与另类人士表达"自我、张扬、叛逆、酷、有新意"的个性，并以此界定自己的身份、确定自我形象的动机十分吻合。"午夜妖姬"所具有的自我表现型利益打造出一个颇为诱人的购买动机；穿品牌服饰的人能让人感受到"自由自在、洒脱轻松"的个性品质；奔驰车则代表"权势、成功、财富"；沃尔沃则代表着"含而不露的精英阶层"，这些品牌都以给予消费者自我表现型利益而成为强势品牌。

然而这并不是说，功能性利益不重要或可有可无，只不过具体到许多产品与行业，情感性利益与自我表现型利益成为消费者认同品牌的主要驱动力，品牌的核心价值自然会聚焦到情感性利益和自我表达型利益。但这都是以卓越的功能性利益为强大支撑的，也有很多品牌的核心价值就是三种利益的和谐统一。没有功能性利益，情感性利益与自我表现型利益就根本没有根基，像随波逐流的浮萍。尽管阿迪达斯现在以强调个性与情感利益为主，却仍旧大力宣传其先进的产品和技术创新，因为阿迪达斯深知品牌需要物质的支持，阿迪达斯从一开始就形成了技术创新的传统，不断创造令人心动的产品，提供实在的功能利益。

品牌的核心价值既可以是功能性利益，又可以是情感性和自我表现型利益，对于某一个具体品牌而言，它的核心价值究竟是以哪一种为主，这主要应按品牌核心价值对目标消费群起到最大的感染力、与竞争者形成鲜明的差异为原则。品牌的核心价值可能是三种利益的一种，也可能是两种乃至三种都有。

阅读材料

旅游品牌内涵和外延

1933年英国作家詹姆斯·希尔顿创作了小说《消失的地平线》，发表后在欧美引起轰动，被誉为创造了英语新词——"香格里拉"理想社会的开山之作，先后两次被搬上银幕，造就了一批又一批"香格里拉"探寻者。

香格里拉县城中经常可以看到的海外背包客，就说明了他们为追寻梦中的天堂，宁愿在人迹罕至的高原住上十天半个月。

1997年，云南省经过周密调研，以大量证据证明了《消失的地平线》取材于迪庆康巴藏区，并将中甸县更名为香格里拉县。到2004年，迪庆旅游业收入已占财政收入的57%。

作为旅游品牌，香格里拉目前表达的品牌内涵是"香格里拉：心中的日月"。这是直接意译藏语"香格里拉"的结果，符合"信、达、雅"的翻译标准，但是从旅游促销的角度看，有点抽象，难以准确还原景区核心产品的形象。如将"香格里拉"的品牌内涵定位为"寻梦之旅"可能更为贴切。

然而要把迪庆建成云南旅游独立的目的地，还需要使"香格里拉"品牌的内涵进一步形象化，也就是对品牌内涵进行外延和传播。

景区品牌是景点、景观、景色等核心产品的通用品牌。它的作用是让旅游者一下子就能抓住景区的精神实质。它采用归纳法，从现象中概括出本质，用最精练的语言，表达其与众不同的特点，吸引自己的目标顾客。

对于景区经营者而言，还需要采用演绎法，通过将内涵具体的外化和形象化，多侧面、多角度、多层次地还原、展现景区品牌的丰富内涵。这种将品牌内涵外延的过程，对于景区品牌经营达到利润最大化的目的，具有现实意义。

首先，香格里拉是近代"造梦工厂"的产物。《消失的地平线》塑造的艺术形象，已通过小说、电影等形式而广为人知，在大众的心目中已经有了先入为主、相对固定的美好印象。

其次，香格里拉作为昆明—大理—丽江旅游线路延伸产品的现实地位，决定了它需要具备梦幻般的吸引力，引导旅游者再多走一程，多待两天，以体验寻梦的快乐。

最后，香格里拉品牌要形成真正的梦幻般的感觉，就要制造梦幻般的晕轮效应，因此要形成以香格里拉品牌为依托的产品格局和一系列子品牌。

总之，旅游品牌内涵是一个广义的概念，品牌外延在实际操作中更是要具体问题具体分析。希望旅游业营销人员敢于创新，以创立更多的旅游业强势品牌。

资料来源：谭小芳.旅游品牌内涵和外延［EB/OL］. http：//www.17u.net/bbs/show_10_949251.html，2009-02-26.

第二节　品牌的特征

问题 1：品牌的基本特征有哪些?

有关品牌特征的论述有很多，根据长期对品牌的研究，本书认为品牌的特征主要体现在以下五个方面：

1. 识别性特征

这是品牌名称、标志物等符号系统带来的外在特征。它通过一系列物质媒体，如文字、图案、符号和质量、价格等来表现自己。品牌是一种标记、符号和名称，但如果无人辨识得出来，难以记忆，那么该品牌就没有什么意义。所以，企业生产者通过整体规划和设计所获得的品牌造型符号，使其具有独特的个性和强烈的视觉冲击力，能够帮助目标消费群体区别本产品和其他产品。此外，品牌所传递的隐喻式感情也能够显示一个品牌的功能和传达该品牌的内部信息，帮助消费者从情感信息上加以区分。例如，可口可乐的包装是鲜艳的红色，百事可乐的包装则是天蓝色的，再加上其特别的图案；娃哈哈纯净水有一个红色的似彩旗飘扬的包装。

品牌识别给产品带来的有利方面：一是可以让满意顾客对公司的品牌产品保持忠诚，给公司带来源源不断的利益；二是可以掌握顾客对产品的意见和建议，更好地提高顾客的满意度；三是不会使自己的产品与竞争对手的产品混淆起来。

2. 价值性特征

品牌因其具有的优质性能及服务，可使其成为一种企业的外在形象，并成为企业利用外部资源的主体，使其在市场上的覆盖面广，占有率高，这必然可以给企业带来巨大的经济利益。同时因其自身具有的知名度、美誉度等社会因素，它又可以独立于产品而存在并形成一种可以买卖的无形资产价值，而这种价值要比它给企业带来的有形资产价值更重要。企业拥有的品牌可以为企业不断创造利润，获取利益，所以我们说，品牌具有价值。这种价值我们是看不到、摸不着的，在企业的资产负债表上难以体现出来，但是却直接为企业创造着大量的超额利润，是企业的一种无形资产。Marlboro 总裁马科斯维尔（Marxwell）对品牌无形资产价值的表述可以说是非常贴切的。他曾说道：品牌是企业发展的最大资产，它如同储蓄的户头，只要不断提高质量、信誉，累计其价值，便可以享受到它的高额回报。在英国就发生过这样的事例：美国 GE 公司和日本索尼公司合资成立了一家电视机生产企业，完全相同的产品打上索尼品牌的电视机比 GE 品牌的电视机每台贵 65 美元，索尼的销售量是 GE 的两倍。之所以出现这种情况，是因为英国的消费者相信日本品牌产品具有更高质量，因而愿意支付溢价。在国内，一些奄奄一息的品牌产品，被国内外知名品牌企业并购后，换了一块牌子，同样的产品马上变得热销起来，其根本原因在于名牌可以获得顾客的信任，顾客也愿意为此支付相对高的价格。

美国的智能调查（Intelliquest）营销调研公司对顾客购买商用电脑的调查也许更能说明问题。调查中要求顾客回答这样的问题："你愿意为一个本身没有品牌名称的克隆计算机品牌付多少钱?"表 1-1 是其答案。[1]

表 1-1　对顾客购买商用电脑的调查

品牌	溢价（美元）
IBM	339
康柏	318
惠普	260
戴尔	230
苹果	182
AST 计算机	17
数字设备公司计算机	10

可见，消费者对不同的品牌愿意支付的溢价很不相同，最高的达 300 多美元，最低的仅 10 美元。这反映了品牌在个人电脑市场上具有特殊的含义，消费者认可并愿意支付其相应的溢价。

3. 领导性特征

名牌的又一个特征是在市场上拥有很高的市场份额。企业的经营已经从产品输出走到了品牌输出的时代，在产品功能、结构等因素趋于一致的情况下，关键是看谁的品牌过硬。品牌长盛不衰的企业，就能在未来竞争中处于有利位置，吸引老主顾，开发潜在消费者，提高市场占有率，树立品牌的形象，增加企业的利润。

---

[1] 凯文·莱恩·凯勒. 战略品牌管理 [M]. 李乃和等，译. 北京：中国人民大学出版社，2003.

　　品牌和普通产品不同，它不仅仅只是靠广告和包装来打动消费者，它在消费者心目中无可替代的地位是由其高质量、高价值、高信誉来决定的。品牌是企业的核心要素，是企业向目标市场传输信息的主要媒介。它具有的风格代表了与众不同、高人一筹的经营理念，一旦迎合了目标市场的口味，它就具有了非常重要的地位，可以引领市场潮流，影响消费群体的价值观，这种能力是普通产品所难以企及的。而且，成功品牌往往能成为市场领导者，在市场上占据主导地位。例如，英特尔公司的奔腾芯片、微软的视窗操作系统，在市场上拥有很大的份额，几乎处于垄断的地位。

　　在这里需要强调的是，所谓高市场占有率，并不是指在某类产品的全部市场上的占有份额，而是在特定目标市场上的市场占有率。例如，可口可乐是世界级名牌，在可乐市场上，其市场份额高达40%以上，但在饮料类（可乐、汽水、纯净水、果汁、奶类等）综合市场上的份额却十分有限。因此，高市场份额是一个相对的概念。

　　4. 品牌的双重特性

　　品牌的双重特性是指品牌具有自然属性和社会文化属性。罗纳德（Ronald, Alsop）认为品牌的自然属性是指该品牌所表征的产品显著区别于其他产品的特性，消费者对此有生理体验并极为忠诚。品牌的社会文化属性是指消费者对品牌差异化的心理体验和消费属性，如消费者对使用品牌有心理的满足感或成就感。因此，品牌是其商品自然属性和社会文化属性的统一体。例如，香烟品牌万宝路，在人们对其文化属性的理解上，发展了"Marlboro"的文化含义，有一种解释"Marlboro"的说法是："Marlboro"是英文短语"Men always remember love because of romantic only"（爱情永记，只缘浪漫）每个单词的第一个字母的组合，这确实让"Marlboro"的消费者平添许多想象。企业可以根据品牌所具有的自然属性和社会文化属性开展品牌管理活动。一方面，企业可以依据产品的自然属性来发展品牌；另一方面，企业必须考虑消费者对品牌的社会文化属性的需要以及这种属性对消费者消费观念的作用。

　　5. 品牌具有明显的排他性

　　品牌代表了一个企业在市场中的形象，是企业为它的产品和服务打上的烙印，是企业进入市场的一个通行证，在某种程度上，是企业在市场竞争中战胜对手的法宝，因此在市场上表现出具有明显的专有性和排他性。企业通过各种法律或自身保密措施来维护品牌，通过在国家有关部门登记注册、申请专利等形式保护自己的品牌权益，防止品牌被侵权，保障自己的品牌权益。品牌是企业中一项最宝贵的无形资产，它的创造包含着创建者和企业员工的创造性劳动。这样，品牌在本质上就是排他的、专有的。否则人们也就不会对盗用、仿冒他人品牌的行为深恶痛绝了。不过，在品牌发展初期，品牌的排他专有性的确没有得到社会的程序性的承认与保护。直到有了相应的法律法规，情况才有所改变。通常，对品牌的排他专有性的保护手段主要是注册商标、申请专利、授权经营（或换取品牌忠诚）等。

问题 2：如何理解产品这个概念？

1. 产品的概念

产品是企业为满足某些社会需求而设计、生产，并向社会提供的物化的劳动成果和服务。产品的本质就是满足社会的各种需求，企业通过提供特定的产品来满足某种需求，使企业获得经济和社会效益。产品的核心在于社会的需求，针对这些需求企业提供物化劳动成果和服务。因此产品是为直接满足人类的需求而存在的，产品中具有一定的功用特征，无论是物质产品还是精神产品都是如此。有形产品，包括质量、特色、式样、商标、名称和包装；延伸产品，如安装、送货、信贷、售后服务和保证等。

美国营销专家菲利普·科特勒认为："产品是能够提供给市场以满足需要和欲望的任何东西"。① 产品的外延包括实体商品、服务、经验、事件、人、地点、财产、信息和创意。按此观点，产品包含三个方面的内容：第一方面的内容是关于核心产品的内容，回答购买者真正要采购的是什么；第二方面的内容就是产品的表现形式，即有形产品，至少有五个特征——质量水平、特点、式样、品牌名称以及包装；第三方面的内容是产品的附加值，如附加服务和附加利益。

对产品概念的准确理解有助于我们制定企业的产品发展策略。产品是实现这种需求的媒介，而不是需求本身，企业的重点也在于需求而不是产品。只有根据这种需求提供的产品才是有价值的。让产品为这种需求服务，由需求派生出许多为满足这种需求的企业行为都构成产品的主要内容。所以，产品的质量、功能、服务、内容、形式都关系到需求被满足的程度。

2. 产品与品牌的区别

现代企划鼻祖 Stephen King 说过，产品是工厂里生产的东西，品牌是由消费者带来的东西；产品可以被竞争者模仿，品牌却是独一无二的；产品极易过时落伍，但成功的品牌却能持久不衰。他的话明确了品牌和产品的区别，具体说来二者的区别主要表现在以下两个方面：

（1）产品是具体的，而品牌是抽象的，它存在于消费者的意识中。产品是

13

---

① 菲利普·科特勒. 营销管理 ［M］. 新千年版·第十版. 北京：中国人民大学出版社，2002：474.

物理属性的组合，具有某种特定功能来满足消费者的使用需求，消费者可以通过感官系统来加以辨认、体会。品牌则是消费者在使用了产品后所产生的情感、感觉，它包含了消费者对产品的认知、态度。特定的品牌消费体现了消费的情感化。当一个品牌被市场广泛了解和接受之后，它就会给消费者带来特定的价值、情感。如一件休闲 T 恤，当它被冠以"真维斯"这个品牌时，往往会给消费者带来一种流行、时尚的感觉。实际上，我们谈的品牌，外延很广，它不仅指具有包装或标志的产品，如"海信"、"海尔"等；服务也具有品牌，只要我们一提到这些品牌的名称就会想到他们提供的服务，如"中国移动"、"中国联通"等；名人本身也品牌化了，如一些世界名人刘翔、李宁等；活动也有品牌，如"NBA"、"奥运会"……甚至连娱乐、媒体、国家、城市都在品牌化。就像奥美国际集团公司总裁夏兰泽女士所说的一样，事实上，这个世界充满着品牌。因此，对品牌的认识不应只局限于有具体有形包装的产品上。

（2）两者产生的环节不同。产品处于生产环节（工厂、车间），而品牌则形成于流通环节。每个品牌之下都有一个产品，而一个产品却未必能成就一个品牌。由产品到品牌，并不是一个顺其自然的过程。品牌的形成除了受行业内部环境的制约外，还受企业外部环境如供应商、消费者、技术市场、资本市场、政府、法律等多种因素的制约。企业主要保证产品的品质和功能，营销和广告人员负责将产品信息加以整合传播给目标消费群体，消费者通过对产品的感受、认知而形成一种信任、情感后将这些信息反馈给生产者，这时，产品才基本完成了向品牌的转化。

问题 3：什么是商标？

1. 商标的概念

由商标法教程编写组编写、法律出版社出版的《商标法教程》（第 3 版）对商标的定义是：商标是指商品生产者或经营者为使自己的商品在市场上同其他商品生产者或经营者的商品相区别，而使用于商品或其包装上的，由文字、图案或文字与图案的组合所构成的一种标记。

商标是企业用文字、语音、色彩、字形图案等元素来表征自己品牌的法律界定。商标一般经过国家商标管理机构审核注册后，其商标所有人就有了使用该商标的各项权利。商标受法律保护，未经许可其他人无权使用，具有排他性。商标所有权是指商标注册人对商标所拥有的各项权利。具体包括：商标专用权、商标转让权、商标使用许可权、继承权和法律诉讼权等各项权利。商标专用权是指商标所有人有权在核定的商品上使用其注册商标，未经所有人同意他人无权使用该商标。商标专用权是商标权的基本内容和核心内容，其他权利都是由它派生的。

商标是用来区别某一工业或商业企业或企业集团的商品的标志（如同"服务标记"是用来区别服务的一样）。简而言之，商标是向政府注册的受法律保障其使用专有权的品牌。可见，商标与品牌是有区别的两个概念，它们不可混淆使用。

2. 商标与品牌的区别

品牌是产品或商品的牌子，而商标是商家和商品的标识，是商品经济发展到一定阶段的产物。为了保护商品生产者、经营者的利益和消费者的权益，随着人们商标意识的逐渐强化，最终用法律形式确立了商标的法律地位和不可侵犯性。

（1）商标的构件小于或等于品牌的构件。根据前述商标的定义，《商标法》核准注册的商标形式只有两类，一是文字，二是图案，当然也包括两者的结合。注册商标是用以区别不同生产者和经营者的商品或服务的标志，它是通过形象、生动、独特的视觉符号将产品的信息传达给消费者，其目的是为了将不同的产品区别开来，而不包括色彩、音响或某种物质主体形象。但品牌的构件是造型单纯、含义明确、标准统一的视觉符号，将企业特有的经营理念、企业的规模、经营内容等信息，传达给目标市场，使消费者据以识别和认同。商标所有权是经过国家权威机关依法定程序审核通过后获得的，是国家依法授予的一种权利。商标是企业对产品用文字、图案、语音等方面进行表征的一种权利，是无形资产。商标具有资产的一般特征，但比一般有形资产更容易受到侵权，现实经济生活中主要是对商标信誉造成侵害。为了使市场竞争有序进行，保护商标专有权的工作就尤为迫切和重要。

就个别品牌而言，一个公司在申请注册时，可能发生其中某一部分被核准注册、另一部分却未能批复下来的情况。也有公司文字注册成功，但其图案因与别的企业相似，而未能注册。还有一些产品，由于其品牌名就是其产品名，因此也未能成功注册。

（2）商标权有国界，品牌使用无国界。商标具有专用性，表现在以下两个方面：第一，指在同一国家、同一商标，只能有一个商标注册人在指定的商品上注册并有所有权，不能有多个注册人；第二，商标获得注册后，商标注册人依法取得商标所有权，其他人未经商标所有人同意不准使用，否则构成侵权。对于侵权者商标所有人可依法追究其法律责任。我国的一些著名商标，由于没有及时到出口国注册，在当地市场赢得一定声誉后，被国外的一些投机商人捷足先登，抢先注册。我国的产品如还要出口，就需更换商标，重新注册，并重新开拓市场；或者交付商标使用费后才能出口销售。韩国的 LG 公司在中国市场也碰到类似的问题。由于 LG 商标已被我国一家电梯公司率先注册,韩国 LG 商标就失去了在中国电梯产品上的使用权。因此,商标只有在注册国家是商标,在未注册的国家就不是商标,不受保护。从商标权的取得上就决定了这一点。世界各国有自己的商标法律,在一国注册的商标仅在该国内有排他性使用权,超越国界后就失去了排他性权利。一个国家的法律权利只在本国发生效力,不可能延伸到其他国家,所以商标的国际保护就非常重要。一般有两种方法:一是逐国注册;二是通过《马德里协定》办理国际注册,该协定的宗旨是在协定成员国之间办理马德里商标国际注册。注册人可根据自己的需要在《马德里协定》成员国中任意挑选自己需要注册的国家和地区。

品牌与商标不同。在中国,"凤凰"从其图案是品牌,在其他国家它也是品牌。你可以使用,他人也可以使用。另外,某一个品牌可能没有注册或注册失败,但作为一个品牌却被长期使用,可以有很强的识别性。这样的例子也是存在的。例如,浙江五芳斋粽子公司,早年其注册商标是"鸡"牌。然而,"鸡"牌鲜有人知,五芳斋作为粽子的标识作用很强,数年的使用已使它成为远近闻名的品牌。1996 年,公司终于意识到了这一点,赶紧去注册"五芳斋"这一商标。

(3)商标需经法律程序审批,而对品牌的使用企业可以自己决定。商标在这里指的是注册商标,必须经过法定程序才能取得。在注册成功之前称之为商标,宣称有独占性权利是不恰当的。一个标识、一个名称或两者组合能否成为商标,不是取决于企业,而是取决于国家的商标管理部门,在我国叫商标局商标评审委员会。

品牌则不同,公司随便取一个名称,请人画个图案,就可以宣称这就是我的品牌,而且用不用、怎么用都不需要进行批准。未经注册使用的品牌在没有名气之前,一般人不会去关注它,但品牌一旦小有名气,其品牌的价值上去了,如果你不去注册就有可能被别人注册掉,从而失去使用权。另一种可能的问题是,你的品牌不错,别的公司也看中了,取了相同或相似的名称。如果市场分隔清晰也罢了,若是属于相同行业,麻烦很可能就来了。例如,某市有两家"大富豪"酒店,在一次食品卫生检查中,其中的一家厨房卫生条件极差,被当地电视、电台、报纸公开曝光。然而一般消费者只记住了"大富豪",不分是这家大富豪还是那家大富豪,后来两家"大富豪"最终一起倒闭了。

因此,尽管品牌选择和使用是企业可以决定的,但为了安全起见,在选了品牌之后,去注册是必要的。注册成功了,品牌变成了商标,这样品牌开发者的利益也才能得到有效保护。

(4)从时效上讲,商标和品牌也不同。商标的有效性取决于法律,世界各国的《商标法》的规定不尽相同。有的国家规定得长些，如20年，有的国家短一些，如7年。我国《商标法》规定的商标有效期为10年，每次续展的有效期也是10年。因此，商标权实际上是一种永久性权利。但品牌则不同，法律上有效不等于市场有效，在品牌角逐场上的走马灯现象非常普遍。一个品牌的寿命可能远短于其法律有效期。商标核准注册后一般有法定保护期，在该保护期内商标所有人依法享有对商标的各项权利，超过这个时期则必须依法续展并可以无限次地续注下去。

（5）品牌可以延伸，商标则需重新申请注册。品牌延伸，也就是某类产品的品牌用到另一类产品中去，如从娃哈哈营养液，到娃哈哈果奶，再到娃哈哈纯净水等，就是品牌的延伸。品牌延伸并没有改变品牌，因为其品牌名不变，品牌的标识、图案不变。但按我国的规定，当品牌延伸到一种新产品时，必须作为一件新商标重新办理商标登记注册。因此，商标注册时必须严格注明用于什么产品，如可口可乐在美国申请商标时要注明是用于碳酸气软饮料。

商标是从法律的角度对品牌的界定。品牌是否受到侵权也是以商标内容是否受到侵害为依据的。商标对于品牌的法律保护具有特别意义。商标是品牌法律特征的集中体现，是品牌自我保护的有力武器。对于企业发展，品牌的商标注册是一件非常重要的工作。商标是品牌及其产品获得保护的法律依据。有了商标就使得他人对品牌和产品的冒充与仿制要承担一定的法律责任，从而使商标所有人的合法权益通过法律的手段得到保护。

17

第三节　品牌的种类

问题1：品牌有哪些种类？

1. 产品品牌

产品品牌是指有形的实物产品品牌，该品牌与某种特定产品联系紧密，而且只与这一产品相联系。人们在购买产品的同时，也购买品牌所体现出来的生活方式和价值观念等品牌个性，以显现消费者的自我形象或期望形象，消费者把产品的特性，如口味、感觉、触觉和使用经验等与品牌本身联系起来。产品品牌给人们一个性化的选择，不同的消费者可以根据偏好选择自己喜爱的品牌产品。具有这种产品与品牌关系的品牌，即称为产品品牌。例如，海飞丝与洗发水，由品牌海飞丝联想到去头屑、飞扬的头发、神采奕奕的形象。同时，海飞丝只与洗发水（产品）建立联想。这种品牌就是产品品牌。所有的品牌，一开始均表现为产品品牌，如可口可乐、娃哈哈、长虹、海尔等。

根据传统的产品品牌经营观点，一个品牌是一整套不同的认知。品牌的优势取决于这些认知的一致性、主动性以及和所有消费者分享的程度。为了加强品牌，管理者需要塑造消费者的认知，以便他们积极地看待品牌。

产品品牌策略有两种模式。

一种是宝洁模式，在同类产品中推出多种品牌，如在洗发水市场上推出了海飞丝、飘柔和潘婷等不同品牌；在洗涤产品中推出了汰渍、碧浪等品牌。如我国上海牙膏厂生产的牙膏系列产品也是采用这种单独的产品商标的。该厂对自己的牙膏产品分别采用"中华"、"美加净"、"留兰香"、"白玉"等商标。这些产品商标把不同等级的牙膏区别开来，也迎合了不同地区、不同市场、不同阶层的消费者对牌号的偏好。但是这种模式也有它的缺点：一个企业使用的品牌过多，不易记忆，有时会给消费者以混乱的感觉，就可能影响到广告的宣传效果和企业信誉，广告费用支出也大。

另一种模式是菲利普·莫里斯（Philip Morris）模式，即在不同产品类中推出不同品牌，如在饼干市场推出的是"卡夫"，在烟草市场推出的是万宝路，在啤酒市场推出的是"米勒"，在饮料市场推出的是"Tang"果珍。如我国北京同仁堂集团公司，"同仁堂"是总商标，其系列药品又有"李时珍"、"旭日"、"京药"、"山花"等产品商标。这样做，既能使消费者对企业总商标产生强烈印象，又能把不同产品特性区别开来，也便于广告宣传。

产品品牌在一定的历史时期可以非常成功，如当红的手机品牌诺基亚、芯片品牌奔腾等。也有些产品品牌则经久不衰，如全聚德烤鸭、景德镇瓷器等。但在公司长期发展过程中，许多公司会放弃产品品牌的经营理念，转而选择共有品牌策略或共有品牌与产品品牌组合应用的策略。

2. 服务品牌

服务品牌是以服务而不是以产品为主要特征的品牌，如商业服务品牌、餐饮服务品牌、航空服务品牌、金融服务品牌、旅游服务品牌等。但是，无形的服务总是以有形的产品成本为基础的，并且往往同时与有形产品共同形成品牌要件。如今很多人认为所有的行业都属于服务业范畴，就算是制造业，绝大部分的企业都在同时提供有形产品和无形产品，即除了生产有形产品外也同样提供服务，因此服务要素变得越来越重要了。售前和售后服务、可靠的供给、按时送货、对顾客要求的快速反应、电子数据交换系统的发展，等等，这些都是服务，而且制造业的企业越来越多地利用服务来树立自己的形象。

服务在很多方面是不同于产品的，这些不同方面影响到我们创造品牌的方式。服务一般具有以下特性：

（1）不可感知性。我们不能感觉、触摸或用肉眼看见服务的存在。如果是一辆富康车、一套索尼立体声音响或是一块德芙巧克力，都实实在在地存在，能让我们切实地看到或感受到它们是什么样的，但服务却不能。

（2）不可储存性。一项服务不可能像有形产品那样地储存，当天的机票和剧院的空位未被卖掉，就会成为永远的遗憾。

（3）不可分离性。服务被生产出来的时刻就是服务被传递给消费者消费的时刻，这两个时刻是不可分的。

（4）可变性。服务是由人提供的，而人是不能被精确地控制的。我们可以管理生产过程，以使所有的产品达到预先所规定的统一标准；而由某一服务人员于某地、在某一特定时间所提供的服务和不同的人在不同时间提供的同种服务就会有差异。

服务是无形的。但是，服务业也有它们的一些特别的经营武器，与通常的 4Ps 营销要素组合相比，服务业有七个主要的营销要素，即在传统 4Ps 的基础上，再加上 3Ps。

传统产品的营销组合（4Ps）包括：产品（Product）、定价（Price）、促销（Promotion）、地点（Place）。

服务业营销组合中的附加要素（3Ps）包括：人（People）、过程（Process）、有形展示（Performance）。

人的行为是服务的中心，员工的挑选和培训能保证服务承诺实施的连续性。例如，新加坡航空公司决定在服务上使自己与众不同，并通过长期进行的"新加坡小姐"的广告活动来表现它的服务质量。通过这一活动把以周到、迷人、细致的个人服务为核心价值的服务表现得非常完善。

3. 其他种类品牌

（1）企业品牌。企业品牌或公司品牌是以企业（公司）作为品牌整体形象而为消费者认可的。产品品牌同样是企业品牌的基础，但企业品牌高于产品品牌，它是靠企业的总体信誉而形成的。企业品牌与产品品牌可以是相同的，如海尔、索尼、奔驰；也可以是不相同的，如宝洁公司、通用汽车等都有很多不同的产品品牌。

企业品牌化，是指品牌的核心不是个别的产品，而是企业组织。企业组织在此演变为与消费者保持长久而亲密关系的主要载体，消费者根据企业的利益承诺及其行为，判断它是否理解自己的需求，是否与它建立或继续保持这种排他性的关系。许多人会有一种疑问，企业、产品与品牌之间到底存在着怎样的关系？可以肯定，就一个企业来讲，可以存在企业品牌，又可以存在产品品牌，企业品牌之下可以有一个或多个产品品牌组成的品牌家族。当企业品牌只有一个产品品牌时，企业名与产品名常常合二为一。无论是企业品牌还是产品品牌，都遵循着品牌建设的基本守则，即核心利益承诺及其行为的一致性。如日本丰田汽车公司的汽车产品，分别有"丰田登丰"、"丰田卡姆利"、"丰田皇冠"等。我国很多企业也有不少使用总商标的，如广州万宝电器公司的"万宝"商标、杭州娃哈哈食品公司的"娃哈哈"商标、扬子电器公司的"扬子"商标等。使用企业品牌所带来的明显优势有：制造商或经营者将生产或经营的若干种产品和品种，使用这种同一商标，表明全部产品品质的一致性或类似性，使消费者有强烈的印象，能迅速提高企业的声誉。同时，对企业推销新产品，节省商标的设计费与广告费、消除用户对新产品的不信任感等方面，都极为有利。但采用企业品牌的方法也有它的局限和风险，如难以强调系列产品中的某种重要产品特性，从而会使消费者认为该产品并不比系列产品中的其他产品有突出品质。而且，使用企业品牌，每一种产品的质量都必须可靠，否则其中一种产品质量不稳定，就会涉及整个系列产品的信誉，所以风险性较大。

（2）商店品牌。关于商店品牌的未来实力的争论随着经济状况的发展而衰落或兴起。经济状况良好时，国家级或世界级品牌，通常用溢价价格统治市场。而经济状况不稳定或衰退时，商店品牌可以赢得市场——因为有力的价格。商店品牌实际上总是以较低价格或以相同价格出售大量商品的方式经营。把商品置于名牌产品的附近，用相似的容器进行包装，这实际上是零售商在力求用名牌产品的威望增加自己商店品牌的价值。没有人知道包装在里面的东西是否真的不同或相同。仅仅因为品牌名称所代表的品牌资产、形象、标识和声誉不同，消费者可能会为相同的产品付出更高的价格。

在超市和药店里，商店品牌的出售是一种普遍存在的现象。几乎所有的大食品杂货店和药店连锁店都有自己的畅销商店品牌。

大型连锁店的兴起在美国和欧洲等主要市场是一种普遍存在的现象。在美国，折扣商店连锁店沃尔玛、凯马特和塔吉特占有所有普通商品销售额的70%之多。事实上，商店品牌为了能在今天的市场中参与竞争，开始改进质量，扩展花色，甚至开始经营高价产品。

商店品牌的成长在某种程度上可以看做是一种经过巧妙设计的品牌战略。这些商店品牌每一个都是销售方面的强大品牌。商店不仅代表品牌而且是该品牌产品唯一的供应地。商店名称和这种形式的独家专有的结合是很强大的。经营它们的零售商通过促销、广告或在零售货架上的反复出现变得拥有越来越大的影响力。

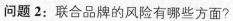

问题 2： 联合品牌的风险有哪些方面?

联合品牌，或者称为品牌束或品牌联盟，是指两个或两个以上现有品牌合并为一个联合产品或以某种方式共同销售。在一个竞争压力极大的时代，品牌仍不失为在顾客心中区分彼此的最好办法。成功品牌已经揭示了品牌联合在竞争、生存以及发展方面的优势。麻省理工学院管理学院营销研究室副教授桑迪·萨普认为我们正在步入商业合作的新时代，考虑问题的基础是"我们"，而不再是"我"个人。联合的概念和精神是创造战略联盟的基础。联合品牌策略也是一种复合品牌策略，是一种伴随着市场激烈竞争而出现的新型品牌策略，它体现了企业间的相互合作。

联合品牌策略的优点在于它结合了不同企业的优势，使定位更独特、更有说服力，可增强产品的竞争力，降低促销费用。对于一些行业，如计算机、汽车等，顾客往往会认为产品的主要部件由某个企业生产的更好，此时注明计算机芯片品牌、汽车发动机的生产品牌，就可以借助计算机芯片、汽车发动机的品牌知名度很快打开市场。概括地说，使用联合品牌策略最大的优点在于合作双方互相利用对方品牌的优势，提高自己品牌的知名度，从而扩大销售额，同时节约各自产品进入市场的时间和费用。例如，Fisher-Price 与康柏联手，推出一系列联合品牌的"神奇工具"软件及计算机附件。为了反映二者的互补性，它们在广告中强调："没有人比 Fisher-Price 更了解乐趣，没有人比康柏更了解电脑。"

但同时，联合品牌策略的使用也存在着很大的风险。长期的使用中，双方企业可能受益不均，甚至产生危及一方的长期利益的现象，借助他人力量也可产生为他人做嫁衣的结果。正因如此，康柏公司（Compaq）由于担心人们忘记Compaq品牌，近来已退出了"Intel Inside"的促销活动，在其销售的计算机上只使用本公司的品牌。另外，两家联合企业的品牌知名度不同，信誉有高有低，高信誉度的品牌有可能因为低信誉度的企业出现的问题而影响到高信誉度的品牌在消费者心目中的形象。换句话说，联合品牌策略使合作企业相互影响从而降低了企业抗风险的能力。

建立一个强大的联合品牌，最重要的一点是，达成协议双方的品牌都要具备足够的品牌知名度和强有力的、良好的、独特的品牌联想。因此，联合品牌取得成功的一个必要但非充分条件是，两个品牌各自都有一定的品牌资产；同时，两个品牌必须能达到逻辑上的一致，合并后的品牌和销售活动能够使各自品牌的有利因素最大化，不利因素最小化。

总的来说，各种品牌策略都有其优缺点，只需熟悉各种品牌策略的特点，灵活地加以使用，就会起到事半功倍的效果，在激烈的市场竞争中处于有利地位。

第四节 品牌管理学的研究对象与体系

问题 1：品牌管理的定义是什么？

品牌管理是指针对企业产品和服务的品牌，综合运用企业资源，通过计划、组织、实施、控制来实现企业品牌战略目标的经营管理过程。品牌管理学是研究品牌管理内容、结构和过程的运动趋势及其发展规律的科学。

品牌管理是近年来组织管理理论的深化和细化。品牌无处不在无时不在，尤其是在市场经济条件下，市场竞争无一不体现为品牌的竞争。在全球市场，各国品牌展开了你死我活的拼杀：可口可乐与百事可乐；联想与惠普、戴尔；海尔与 GE；在运动场上，火箭队与爵士队，刘翔与杜库里；在文化市场上，好莱坞与宝莱坞；等等。正如品牌研究者所言，任何组织和个人都可以成为品牌，都有塑造成品牌的机会，这显示了品牌管理的普遍性、广泛性和长久性。

问题 2：品牌管理学的研究对象和内容是什么？

作为一门学科，品牌管理学的研究对象是关于个人和组织机构实施品牌战略的目标、计划、执行和评估等一系列相关活动及其规律。它的研究内容包括品牌创立、品牌推广、品牌延伸以及品牌维护等工作。品牌管理的目的在于提升组织品牌的知名度、美誉度，增强品牌的生命力，不断提高客户对企业品牌的忠诚度，促进组织产品与服务的销售，增加组织的盈利水平，促进品牌资产的保值增值，进而承担更多的社会责任。本书的研究重点是企业的品牌管理。

本书关于品牌管理学的内容包括品牌管理学概述、品牌产生的简短历史；品牌的定位与设计；品牌个性与品牌传播；品牌文化；品牌关系；品牌资产管理与保护；如何建立强势品牌以及品牌国际化的发展趋势。

在品牌管理学概述中，介绍了品牌的内涵、品牌的基本特征、品牌的种类、品牌管理学的研究对象、内容和体系。

在品牌发展史中，介绍了品牌一词的演化：词源学意义、原初含义以及近现代品牌概念的含义；品牌在各个发展阶段的特征和相关的研究方向。

相信没有人会否认品牌是在与消费者互动的过程中形成的，因此本书将品牌关系作为品牌研究的逻辑起点放在本书的首位。其内容包括关系营销概念，品牌关系含义和价值，品牌关系创建的步骤和方法，品牌关系管理的概念和特点，品牌关系管理的重点。

在品牌定位中论述了定位理论的来源、品牌定位的程序、品牌定位策略。

在论述品牌形象时，本书探讨了品牌形象的定义、品牌形象的构成和品牌形象的塑造，本书还分析了品牌偏好指数。

品牌个性是品牌管理中讨论的重点之一。关于品牌个性的塑造、品牌个性的特征与价值、品牌个性的测量维度、品牌个性的心理学基础以及如何塑造鲜明的品牌个性，在本书中都有精彩的论述。

本书阐述了品牌文化。品牌是以文化为支撑的，或者说品牌只有建立在文化的基础之上才会有长久的生命力，因此本书用整整一章的篇幅探讨了品牌与不同文化层次的关系。

品牌战略是品牌管理的前提，没有品牌战略，品牌管理就无从谈起。不同层面的战略对企业品牌管理机构、管理人员提出了不同的要求。品牌资产管理是品牌管理中的又一重点。品牌资产的建立、评估、保护以及品牌危机管理都与品牌资产的保值增值相关。建立品牌资产的评估标准和模型是品牌研究人员的重要任务，本书将简略阐述上述内容，因为品牌专业教育的全程教育计划中，将有专业的相关教材，引导学生系统地学习相关知识。

本书对品牌的发展趋势作出了展望，即在全球范围内，企业要保持竞争优势，就必须建立强势品牌，同时强势品牌要不断创新，才能永葆其领先地位。经济全球化的后果将是品牌的国际化。跨国公司的品牌管理实践已为我国企业拉开了品牌国际化的序幕。

23

问题 3：本书的体系和逻辑结构如何？

《品牌管理学》一书共分十二章。第一、二章，介绍了品牌、品牌管理的基本概念，品牌与其他相关概念的区别与联系，品牌发展的历程和阶段，品牌管理学的结构、研究对象和本教材的逻辑体系，为全书其他章节的研究奠定了理论基础。

第三、四、五、六、七、八章涉及品牌关系管理、品牌定位、品牌形象、品牌个性、品牌文化以及品牌管理模式内容，回答了品牌创建的基础、目的和技术等方面的问题。企业创建品牌的基础是消费者，根本目的就是创立品牌独特的个性。在技术上，这一问题与品牌定位等问题密切相关。独一无二的品牌形象将向世界展现其独特的品牌文化，而品牌文化与企业文化互为依托，最终与社会文化相联，并融入社会文化中，成为社会文化中不可分割的组成部分。

第九章为品牌资产保护。首先阐述了品牌资产的含义及其管理法则，随后分析了品牌资产的保护。本章是品牌管理学的逻辑结论，即品牌管理的目的就是品牌资产的保值增值。

第十章概括了品牌管理中的其他议题，如品牌战略、品牌资产评估等。这些议题包含在品牌管理范畴之中，但又具有深刻而丰富的内涵，需要进行全面的学习和了解，这些问题在本教材中只作了简要介绍，其完整的内容则将在本专业的其他教材中进行全面的阐述。

第十一章、第十二章是对品牌管理发展的展望。建立强势品牌和实施品牌国际化战略是我国企业的理想。为实现这一理想，企业和企业家们作出了巨大努力。这两章坚持了实现这一理想所要进行的品牌创新，介绍了品牌国际化的相关知识和策略，这两章是全书的终结篇。

关键术语：

1. **品牌**是指企业为满足消费者需要，维护与消费者的良好关系、培养消费者忠诚、参与市场竞争而为其生产的商品或劳务确定的名称、图案、文字、象征、设计或其互相协调的组合。

2. **品牌管理**是指针对企业产品和服务的品牌，综合运用企业资源，通过计划、组织、实施、控制来实现企业品牌战略目标的经营管理过程。

3. **品牌核心价值**是指品牌的内核，是品牌资产的主体部分，它让消费者明确、清晰地记住并识别品牌的利益点与个性，是驱动消费者认同、喜欢乃至爱上一个品牌的主要力量。

24

考试链接

1. 品牌的定义是什么？
2. 品牌内涵和外延是什么？
3. 品牌的核心价值是什么？

 **案例分析**

中国企业品牌战略中要发挥两个积极性

自改革开放以来，中国政府就高度重视推进名牌战略，在国家的名牌战略体系中先后形成了"中国名牌产品"、"国家免检产品"、"中国驰名商标"、"中华老字号"等系列评选，并对入选品牌实施了特殊保护和优先支持等多种扶植鼓励政策。

从总体上看，我国品牌在国际竞争中仍处于追赶和从属地位，自主品牌出口不足 10%。如何抓住中国经济快速发展的机遇，使中国从制造大国转变为品牌强国仍是我们要面对和研究的重要课题。

一、各级政府在企业品牌建设中的作用

1. 政府的首要责任是优化品牌生存的市场和法制环境

政府应破除地方市场保护主义壁垒，完善和执行商标、专利、知识产权、反不正当竞争、反垄断、连锁经营等相关法律法规。建立一个公平公正、法制健全、自由竞争的品牌环境，为企业品牌发展创造良好的生存环境。

青岛做得很好，因此那里出了海尔、海信、澳柯玛、青啤、双星、英派斯、哈德门等一大批著名品牌，也能吸引朗讯、阿尔斯通等世界著名品牌落户。

2. 政府应对企业品牌进行长期的保护和监管

当企业品牌遭受不公正待遇或不正当竞争时，需要政府给予应有保护或协助伸张权益。有越来越多的中国品牌进行海外并购遭遇政治阻挠，进军海外市场遭遇反倾销调查和诉讼等，这时都迫切需要政府发挥不可替代的保护职能，或联络世界贸易组织协调，或进行相关政府间交涉，或组织企业集体应诉，等等。

政府还应依法对企业品牌，特别是成功企业品牌进行经营监管和政策指导，预防和纠正企业经营中可能出现的违法违规、违反商业道德的不良苗头。

3. 政府应为企业品牌的发展和推广创建平台

一方面，各级政府可以组织专家、媒体牵头的品牌专项宣传活动，应用政府信誉平台推广优秀的自主品牌，如 2005 年推出的"品牌万里行"活动就取得显著成效。

另一方面，政府可以通过其他多种形式和途径，在企业与金融机构、投资公司、相关企业、专业人才之间架设沟通与合作桥梁，促使企业品牌建设获得更多资源和提高实力的机会。

二、企业在品牌建设过程中应发挥主观能动性

1. 企业应研究政府的产业政策和相关措施

从中央到地方各级政府在经济发展的不同阶段都会制定一些具有引导性的产业政策和相关措施，其中对某些产业或行业是采取扶植、鼓励的态度并辅之配套一系列在资金、税收、补贴、奖励等方面的利好措施，这应该就是政府扶持企业品牌的最大规则。

企业可以从政策中仔细寻找有利因素并主动向政府争取相关优待，为品牌建设创造更好的环境和条件。

2. 企业可通过支持政府其他社会经济政策与主张获得更多政府支持

企业不能忘记自己还是一个法人社会公民，肩负着社会和社区责任，特别是政府倡导和弘扬的那些责任。为政府分忧解愁、帮忙助力，不仅能得到政策上的回报，还能密切与政府的情感关系。

3. 企业应将争取到的政府支持更多地用于品牌内功的建设

品牌建设是企业经营中伴随始终的"百年大计"，对很多企业特别是中小企业来说，应将政府支持的资金、优惠等宝贵资源用于品牌内功的建设，而不是用于打广告、搞活动进行品牌宣传。

三、正确看待品牌建设中的政府"扶植"和"倾斜"

政府和企业都应谨慎有度地看待品牌建设中的政府"扶植"和"倾斜"。不少地方政府出于"政绩"本位驱动热衷于在辖区内创建名牌或明星企业，挑选"种子企业"进行政策扶植、贷款倾斜等急功近利"增长催熟"，请别忽视"秦池"酒品牌暴富和猝死的背后当地县政府的角色和"功绩"。

这种不顾企业实际揠苗助长、拿企业品牌未来进行赌博的"政绩冲动"，违背公平原则和市场规律的"越位"之举，所导致的必然恶果要由企业来承担。因此，政府对企业品牌建设的支持一定要恪守本位和职责，而企业在面对政府"扶植"、"倾斜"的糖果时要保持冷静和谨慎。

近年来，中国经济快速发展、国际新兴市场升级，为中国品牌的发展提供了重要的战略机遇。我国各级政府应与各类品牌企业一起共同努力，将中国名牌战略实践推向一个新的阶段，努力造就一批世界一流的品牌。

资料来源：杨建欣.中国国家品牌战略与政府扶持下的品牌建设[J].中国品牌与防伪，2009（4）.

问题讨论：

1. 政府为什么要推动企业实施品牌战略？
2. 企业在实施品牌战略中应注意什么问题？

本章小结

本章论述了品牌的基本概念，品牌的内涵、外延，品牌的特征，品牌的种类以及本书的基本框架。

品牌一词来源久远。近代意义上的品牌概念内涵丰富，外延宽泛。事事人人皆可成为品牌。商品极大的丰富使品牌成为人们区分同质商品的重要工具。对于品牌概念，人们的理解并未由于品牌的广泛性而获得一致认同。本章介绍了权威人士、经典作家对该概念的定义。

本章阐述了品牌核心价值。它不仅是品牌给消费者提供的物质层面的功能性利益，同时也是情感性价值与自我表现型（社会型）价值，还可能是一种审美体验、快乐感觉，表现财富、学识、修养、自我个性、生活品位与社会地位。

品牌的基本特征包括识别性特征、价值性特征、领导性特征、双重特性和排他性。品牌与商标、产品等概念具有实质性的区别。

本章还介绍了品牌的种类，如产品品牌、服务品牌和其他种类的品牌。

最后本章介绍了本书的研究对象、体系和逻辑结构。作为一门学科，品牌管理学的研究对象是关于个人和组织机构实施品牌战略的目标、计划、执行和评估等一系列相关活动及其规律。

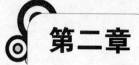

第二章

品牌发展简史

学习目标

★★★★

知识要求 通过本章的学习，掌握：

● 国内外品牌发展的各个阶段
● 国内外品牌发展的特点
● 国内外不同时期的品牌发展状况
● 国内外品牌的相关研究方向
● 品牌管理的发展前景与趋势

技能要求 通过本章的学习，能够：

● 了解国内外品牌发展的阶段
● 区分国内外品牌发展的不同特点
● 掌握品牌发展的未来趋势
● 理解品牌研究的不同领域

学习指导

★★★★

1. 本章内容包括：讲述了品牌成长与发展的简短历史；主要介绍了品牌发展的轨迹和描述其未来发展的趋势；重点论述了国内外品牌发展的各个阶段及其特点，描述不同时期的品牌发展和相关的研究方向。

2. 学习方法：本章主要采取文献研究法、小组讨论法，结合经济史，深刻理解品牌发展的历史轨迹和特点。

3. 建议学时：4 学时。

引导案例

如果我们研究一些名人，会发现这些名人之所以出名，是因为他们留下了许多让人们津津乐道的小故事，这些小故事使他们得以流传，也成为我们对名人的联想之一。很可能，在想到这个名人时，你就会想起那个故事。

肯德基的香辣鸡翅、原味鸡块、鸡腿汉堡……让人回味无穷，百吃不厌。1930年的时候，哈兰·桑德士（Sanders）上校用11种香料调味品配出了今天的美味。"我调这些调味品如同混合水泥一样。"哈兰·桑德士这样说道。这种有趣的说法一直流传下来为人们所津津乐道。而这个"混合水泥一样"却价值百万美元的配方目前正放在一个神秘而安全的地方。

可口可乐的配方到今天仍属于该公司的最高机密之一，据说价值数百万美元，这越来越引起了人们的兴趣。

而史密诺夫伏特加酒却选择了将酒的配方公之于众，这同样使它具备了故事的元素。它的配方真简单，简单得你想告诉你认识的每一个人。公布配方却并没有影响史密诺夫伏特加酒的销售，它每年在全世界120个国家卖出1.5亿瓶，不过你也可以试试在家中将它调配出来。

我们国家的名酒水井坊"600余年不间断生产"，"全国重点文物保护单位"、"最古老的酿酒作坊"、"全国十大考古新发现"、"中国历史文化名酒ZSBJ01-01号"等为水井坊的文化增添了神秘的色彩。水井坊载入"世界吉尼斯纪录"、产地获"原产地域产品保护"，以及"限量生产、元明清古窖群、水井坊一号菌"等成为水井坊吸引人们目光的焦点。

资料来源：世界品牌实验室.听中外品牌给你讲故事［EB/OL］. http://brand.icxo.com/html-news/2006/12/12/978657_0.htm.，2006-12-12.

➡ 问题：

1. 为什么企业会为自己的产品编写引人入胜的故事？

2. 谈谈你对"水井坊"品牌的文化内涵的理解。

第一节　品牌发展史：西方国家

广为人知的肯德基、可口可乐等品牌都是有几十年甚至几百年悠久的历史。它们的故事广为流传。引导案例中的品牌产生本身是经济活动的时代产物，自然会随着时代的变迁而变化，无论是品牌的内容还是品牌的形式，都会趋于多样化。了解历史是为了更好地把握未来。每个时代都有其时代的精神与主题，而品牌从某种意义上就是从商业、经济和社会的角度对其的认识和把握。品牌将不仅是商业现象、经济现象，更是一种文化现象。品牌将越来越成为时代的象征物。

　　西方国家品牌发展历史与市场经济的发展历史一样久远。英语中"品牌"（Brand）一词可能是起源于中世纪（公元 476~1492 年）。[①]根据词源学，品牌一词来源于古挪威语，意思是为牛做上标识，以便分清财产的归属。北欧海盗将这一说法传到了英国，最终融进了英语当中。最早的时候是古希腊和罗马时代，人们将通往店铺的标识或路线刻在石头上，有时甚至将店铺出售的商品的标志贴在一个个银块上。这些标志就是所售商品的画片。由于当时的人们大多不识字，这些画片也就成了店铺与消费者沟通唯一的有效方式。[②]后来发展到手工艺品的标记。古代手工艺人在其制作的产品上打上工匠名字的标识，以利于顾客识别产品的来源。这种标记主要是一些抽象的符号，因此，可以说符号是品牌最原始的形式。一般情况下，工匠名字的标识很小，而且常常被印在商品的底部，正如现在生产餐盘或花瓶的厂家所习惯的做法。之后，除了符号之外，还出现了以手工艺人的签字作为识别标志的情况，它就是最原始的商品命名（即品牌化）。即使到了今天，有的商品命名仍沿袭这种原始的命名方式。但真正意义上的品牌化起源于欧洲。欧洲中世纪出现了很多的手工业行会（如陶瓷业、金银手工业等），它们是品牌化的主要实施者和促进者。当时行会掌管着某一行业的工匠（如银匠、面包师）以确保商品的质量。行会名标识相当于今天的质量认证，这些手工艺人在自己创作的器皿上打上标志，其目的就是为了维持其声誉和产量。除了陶工、金银制品标志以外，还出现了印刷工标志、水印、面包标志、手工业行会标志等。有些是用来吸引顾客，但多数情况是为了保护行会的垄断地位以及维护商品质量（以便找到生产低质量商品的商人）。英国在 1266 年就通过了一项法律，要求面包房在每个面包上打上它的标记，如果面包分量不足就很容易找到生产者。金匠和银匠也要求在他们制作的金银器皿上打上他们的签名或私人标记作为质量的保证。当欧洲人来到美洲

31

---

①〔荷〕里克·莱兹伯斯，巴斯·齐斯特，格特·库茨特拉.品牌管理［M］.李家强，译.北京：机械工业出版社，2004.

②〔英〕斯图尔特·克莱纳，德·迪尔洛夫.品牌：如何打造品牌的学问［M］.项东，译.西安：陕西师范大学出版社，2003.

后，他们也带来了这种传统的命名方法。[①] 中世纪以后，现代意义的品牌商品开始在市场上大量涌现。

问题 1： 西方国家品牌发展经历了几个阶段？

综观西方社会经济文化和消费观念的发展变化，可以看出其品牌建设经历了五个发展阶段。在早期阶段品牌拥有者将消费者看做是信息的消极接受者，忽视了消费者在品牌创立中的积极作用。

正如古德伊尔所指出的，每一种社会环境都会在品牌上印有一种当地消费观念的烙印，反映商品供应商和顾客之间有关品牌的对话层次和关系类型。[②] 随着工业化程度和消费者富裕程度的提高，市场从以产品为中心转向以消费者为中心和品牌驱动。

1. 品牌发展由制造商与销售者主导阶段

品牌发展的第一阶段是由制造商（Manufacturer）与销售者主导市场的阶段。在这一阶段，产品供给不足，任何包装的产品需求都非常旺盛，消费者甚至主动去敲制造商的门要求购买。在这种情况下，不需要提供有吸引力的品牌，不需要定义目标市场和花钱做广告来开展市场研究工作。在这一阶段制造商非常容易出售他所生产的全部产品。品牌的功能只在于区别产品，很少用来与直接竞争对手区别。大多数的产品都是以散装形式销售，这个时候没有品牌，或者说没有真正意义上的品牌。当时多数商品是一些无区别的食品蔬菜之类，加工制成品不多，品牌对它们的作用不太明显，如烟草就是烟草，面粉就是面粉，并没有名称之分；对于购买它们的消费者来说，品牌没有什么意义。即使有些商品有名称，这些名称对顾客来说也是陌生的。这种情况类似于早期牧场主使用的标记，当标记贴在牲畜上时，它只表明牲畜是属于谁的。[③]

2. 产品物质差异营销的阶段

第二阶段是产品物质差异营销的阶段。在这一阶段，制造商面对更多竞争对手，营销工作也随之开始了。因为消费者有了选择产品的机会，开始评价与挑选产品。制造商被迫寻找创造产品物质差别的方法——用独特的和有吸引力的方法使其产品与众不同、脱颖而出。这个时候，品牌开始与它所代表的产品和服务分离并对其起保护作用。广告变成了一种强大的力量，围绕品牌产品种类开始延伸。品牌成为公司有价值的资产（如可口可乐、万宝路品牌）。有些

① [英] 保罗·斯图伯特. 品牌的力量 [M]. 尹英等，译. 北京：中信出版社，2000.
② [美] 马里奥蒂. 品牌和打造品牌 [M]. 时建，译. 上海：上海远东出版社，2002.
③ 周朝琦，侯龙文. 品牌经营 [M]. 北京：经济管理出版社，2002.

消费者甚至为了地位、价值和身份购买品牌。但是与此同时，消费者变得更容易转换品牌。

就全球范围来说，真正大规模的商品品牌化始于19世纪中叶。在美国，大规模全国性品牌的出现是和当时社会经济发展分不开的。19世纪的美国正处于历史上影响最深远的工业革命（Industrial Revolution）进程中，社会发展迅猛，科技日新月异，商品大量生产。中世纪以后出现的很多品牌现在仍活跃在市场上。在工业时代之前，即1760~1830年间，农业仍是人们收入和就业的主要来源，多数"消费者"依然过着自给自足的生活。1830年以后出现了明显的变化，许多品牌在1830~1870年间的工业革命时代诞生了。

商品包装技术的发展使得很多商品可以以小包装的形式出现，而不是散装商品，并且包装上可以很清楚地显示商品的商标。桂格（Quaker）麦片最早采用了小包装而不是散装，这样有利于树立品牌的形象和创建品牌。

在一般消费品品牌兴起之前，美国商品品牌化的先驱是专利药品生产商。它们早在19世纪初期就给药品命名，用瓶子把药品装起来并贴上标签，起一些奇怪的名称以吸引顾客，如Hamilton's Grand Restorative（哈密尔顿的神奇恢复膏）、Robertson's Worm-Destroying Lozenges（罗伯逊的杀虫糖衣片）等。随后对商品采用品牌化的是烟草商，如Cherry Ripe、Rock Candy等。[①]但这些品牌只是昙花一现，没有流传到今天。接下来对商品进行品牌化的主要是食品生产商和面粉商。食品生产商给食品品牌命名并开始采用小纸袋包装食品，而不是散装。当时出现的著名食品品牌在今天已成为全球性品牌，如桂格（Quaker）。

19世纪下半叶，铁路的建设和海上航线的开通为制造商品牌的发展提供了动力。随着基础设施的大大改观，商品可以廉价快捷地运到远方。通过产品的远销，制造商的影响大为增强。消费者的选择范围增大了，可以购买本地货，也可以购买通过铁路或海上运来的产品。商品供应的增加使产品的品牌成为必要，品牌可以对同类产品加以区分。由于生产上的规模优势以及销售地域更加广大，制造商在贸易中资金和技术上的主动权越来越大。这时不管是生产何种商品的制造商都意识到如果商品有一个响亮的名称和漂亮的包装，那么它就有可能在同类商品中处于竞争优势，能够以较高的价格出售。

今天一些著名的国际品牌也诞生于19世纪的欧洲国家。因此，19世纪下半叶是全球品牌化思想成熟与发展的时期。当时，很多品牌就已经具有了坚实的国内基础和强劲实力，这为它们日后成长为国际品牌铺平了道路。

33

---

① 苏勇.品牌通鉴［M］.上海：上海人民出版社，2003.

阅读材料

商品品牌化先驱者：桂格（Quaker）

今天，西方国家的人们吃早餐总是少不了一杯桂格燕麦片。它是美国历史上最早的食品品牌，在其最初的销售中创始人杰出的品牌化战略和命名创意为产品的驰名起了极其重要的推动作用。

1856年，费迪兰德·舒马奇（Ferdinand Schumacher）发明了燕麦片，在俄亥俄州成立了一家面粉厂，其主要业务是加工当时不适合作为主粮的燕麦（过去被认为是苏格兰人和囚徒的粮食）。他的理想是把燕麦片送上普通美国人的餐桌。到了1886年，公司每年销售30万磅并控制了半数以上的燕麦市场。舒马奇虽然最早生产燕麦食品，但他以一种180磅的桶装散卖形式销售，并不将其作为一种有包装有品牌的商品出售。

首先把这种大众化产品当做有品牌的商品销售的是文那市的亨利·克罗威尔（Henry Crowell）。他买下当地一家工厂也生产燕麦食品。他意识到这种产品要想获得成功，必须要使其区别于无品牌的商品使之成为一种有自己特征的商品，因此他首先对燕麦片这种无区分性产品引入了品牌的概念。

为了给他的燕麦食品取一个好的品牌名称，克罗威尔一直想了很久。他在百科全书上偶然看到有关桂格（Quaker）教派的介绍时，感到这一基督教派的某些教义，如纯洁、忠诚、坚强、果敢等与公司所生产的麦片食品似乎有某些相通之处，如选料纯净、质量稳定、注意信誉。于是他选用Quaker作产品的品牌名称，其商标于1878年注册，图案是桂格教徒佩思的画像，这也就成为了美国第一个谷物食品的商标。

Quaker是美国19世纪最著名的品牌之一，也是美国早期进行大规模广告宣传的品牌。在公司创立之初，克罗威尔反对180磅桶装而以2磅的小袋包装，上面印有Quaker商标及人头画像，配以一些食用指南之类的说明。随后他通过广告宣扬Quaker麦片的优点。在1888年Quaker麦片的第一份报纸广告推出它的卓越品质："一磅Quaker麦片相当于三磅肉，是不是值得一试？"此时，俄亥俄州Quaker麦片是当时无区别类商品采取品牌化成功的一个典型例子。

资料来源：丁桂兰.品牌管理 [M].武汉：华中科技大学出版社，2008：30.

19世纪结束以前，批发商一直在经销环节中占有主动权。杂货商的供应品种主要由批发商决定。杂货商从批发商那里购买大宗产品，譬如香料和调味品，然后再为其打包标价出售。除此以外，杂货商也销售自制产品，包括果酱、咖啡和加工过的茶叶。这些自制产品也同样在包装、标价后出售。杂货商品牌由此而来，这便是我们现在所称的"经销商品牌"(DOB) 或"商家品牌"。① 经销商品牌使商家拥有对品牌的控制权，而产品成品的制造仍由独立的厂家负责。

19 世纪末 20 世纪初，在世界范围内，资本主义国家过渡到垄断资本主义阶段，市场经济渐渐趋向发达和成熟，以开拓世界市场为目标的大企业大批涌现，市场竞争日益激烈，为品牌的普遍形成和发展提供了经济条件。

19 世纪与 20 世纪之交，出现了一批杂货店并一直存续至今。1875 年，第一家马莎店 (Marks & Spencer) 在英国正式开业；1928 年，这家零售企业创立了著名的经销商品牌圣迈可 (St. Michael)。1887 年，第一家 Albert Heijn 商店在荷兰正式营业，当时该店的面积只有 12 平方米。到了 20 世纪初，许多零售商的规模都有明显增长。例如，Albert Heijn 的第一家自助商店开张；1950 年以后，零售业趋于集中，通过合并与收购，各个环节变得更加完善，市场地位也日益突出。②

3. 传统的品牌营销阶段

第三阶段是传统的品牌营销阶段。这一阶段首先在食品行业开始，由动机研究和情感性广告支持。因为消费者购买商品时往往难以选择，所以品牌的引入使消费者能以追求愉悦体验的态度对待购买。这时品牌越来越具有独立性，它为公司提供一种实现其世界化理想的手段。品牌开始演变并被信息、娱乐、经验、形象和感情的混合物所强化（如英特尔、迪斯尼）。③ 广告分工越来越细，市场调查变得越来越重要，盖洛普民意调查已被广泛地用于品牌、广告与市场调查中，尼尔森创立了他的市场调查公司。一些世界级的广告公司也于这一时期内在纽约第五大道设立了它们的办公室，如 BBDO、McCann-Erickson。

20 世纪初期，制造商开始使用广告和销售代表等手段来避开批发商的控制。当时的广告强调产品本身的优势，制造商劝说消费者购买公司品牌的产品。在此之前，"独特卖点"(USP) 一直是被广泛而且主要采用的广告策略。制造商采用销售代表，直接削弱了批发商的控制地位。20 世纪上半叶，制造商与批发商、零售商相比，在技术和资金方面都拥有更大的优势，因此在经销过程中处于主导地位。促使制造商品牌出现的一个突出原因来自杂货商。杂货商出售的商品不能保证质量、规格统一，价格也较贵。因此，人们对事先包装好

---

① 余明阳. 品牌学 [M]. 合肥：安徽人民出版社，2002.
② 王永龙. 21 世纪品牌运营方略 [M]. 北京：人民邮电出版社，2003.
③ King, S. What is a Brand? [M]. London: J. Walter Thompson, 1970.

的商品的需要大大增加,这样的商品可以保证价格与质量的相对稳定。大规模生产也保证了制造商品牌商品的价格通常比杂货商出售的商品便宜。

20 世纪中后期,世界技术发展突飞猛进,资本主义由自由竞争阶段向帝国主义阶段过渡。一批著名的品牌伴随着资本的流动走向世界的各个角落并茁壮成长。肯德基于 20 世纪 30 年代问世;麦当劳创立于 20 世纪 40 年代;日本的一些品牌,如丰田、日立、松下、索尼等电器在 20 世纪中期成为世界知名品牌。世界品牌常在新技术出现后的一段时间里,伴随着新的消费潮流、新的消费群体的出现而出现。

这时,大企业开始意识到,在同一类产品中只利用一个品牌通常并不能足以保证长期战胜竞争对手。许多企业认识到了在同一产品中使用不同品牌的重要性。企业开始重视品牌组合。为了避免品牌间相互蚕食,这种组合必须能满足消费者的不同需求和愿望,以达到很好的平衡。在不同市场采用不同品牌的企业开始考虑如何协调这些品牌间的关系,出现了"类别经理"这一职务,用来同时负责多个品牌。[①] 1931 年,宝洁公司首创了品牌经理制,并在宝洁树立了"将品牌作为一项事业来经营"的信念。

1950 年,经销环节的市场结构又一次出现了变化,控制权由厂家渐渐向商家转移。而商家拥有的控制权不在批发商手里,而是在零售商手中。由于集中趋势,零售业获得了强大的政治支持甚至使它有能力在世界范围内采购技术和产品。这样,制造商在金融和技术方面都渐渐失去了优势。

4. 以偶像来驱动的品牌营销阶段

第四阶段是用偶像来驱动的品牌营销阶段。由于市场上同类产品的品牌太多,面对处于供大于求的状况,为了吸引顾客购买自己的产品,制造商不得不花费更多的资源采用偶像来创建品牌。这一阶段的特点是:用偶像来宣传品牌,以此来增加产品的价值。偶像对整个社会的大多数人来说已经成为一种具有识别功能与联想意义的象征物。用偶像创造良好的品牌联想,使这些品牌与消费者购买的基本动机相联系。耐克(Nike)鞋用乔丹体现好胜心;万宝路(Marlboro)香烟用西部牛仔体现大男子气概。这些偶像很好地传递了打动顾客的品牌价值,因此,这些产品成为畅销品。在这一阶段,品牌进入了公共领域。消费者像营销者一样拥有某种品牌。著名的品牌已经成为一种受尊敬的载体,成为顾客所喜欢的一种生活方式的代表。1985 年可口可乐公司为了战胜百事可乐的挑战推出了两个品牌:"新可乐"和"经典可乐"。由于在盲测中,消

---

① 何建民. 创造名牌产品的理论与方法 [M]. 上海:华东理工大学出版社,2002.

费者对味道更甜的"新可乐"表示偏爱，于是公司决定放弃生产老可乐，推出"新可乐"。这一举动却遭到了消费者的强烈反对，愤怒的消费者甚至举行了游行示威，可口可乐公司最后不得不恢复老可乐的生产。这一事实表明，传统可口可乐的品牌中所蕴涵的情感价值使消费者感觉到失去老可乐，不仅仅是失去了个老品牌，而是失去了一个伙伴，失去了一种生活方式，所以不能接受对它的改变。消费者对品牌商品的感受与对一般产品的感受大为不同。这一例子从根本上说明，品牌带给消费者的某些价值是无法从产品的实体本身中获得的。20世纪后半叶，可以说是品牌的竞争时代，品牌越来越受追捧，消费者越来越容易接受甚至尊敬这些品牌。

1970年以后，制造商品牌受到了一系列深远变化的影响。其中，一个最重要的变化是小品牌与大品牌之间的差距越来越明显。超大品牌商品拥有世界范围的营销战略，该商品可以在世界上任何地方都能买到，而且在每个出售其商品的国家里都可以看到为它们做的广告。这样的超大品牌的例子包括：可口可乐、吉列、IBM和万宝路。在这些商品的广告中，品牌所蕴涵的情感因素被极力渲染。在20世纪七八十年代小品牌和大品牌之间的差距初露端倪，从那以后，这一差距开始日渐明显。大公司可以为品牌投入大量资金并不断更新产品，小公司却不具备这样的实力，以至于大品牌的优势更加突出。另一个扩大这一差距的原因是大公司具有规模优势，而小公司却望尘莫及。规模优势不仅反映在生产中，也反映在包装和广告媒体的购买方面。这种规模效应，随着大品牌的标准越来越统一，而得到进一步的加强。

在这段时期，零售商品牌已占据了市场可观的一部分。零售商品牌之所以能够成功，是因为零售商能在货品的出售地以多种方式对消费者施加影响。零售商品牌通常摆在货架上容易被消费者看到的位置。零售商品牌能在货架上获得更多的摆放空间，价格标签令消费者对经销商品牌的价格优势一目了然。零售商成功的另一因素在于，它们往往能更快更准确地获得销售情况。尽管零售商品牌的影响与日俱增，制造商品牌对于零售商来说仍十分重要。著名的制造商品牌不仅能为零售商招徕顾客，而且强烈地影响着零售商在消费者心目中的形象，并且强制价格体系很难让零售商通过低价吸引顾客。

5. 品牌购并渐成趋势，消费者成熟阶段

品牌发展的第五个阶段是品牌购并渐成趋势，消费者成熟阶段或后现代化阶段。金融界于20世纪80年代兴起了兼并、收购狂潮，在企业界影响至深。1988年，雀巢以25亿英镑（约50亿瑞士法郎）的价格收购了旗下拥有奇巧巧克力、After Eight、宝路薄荷糖等子品牌的英国朗利（Rowntree）公司。在这一阶段，消费者已经渐渐成熟，对品牌归属问题有了更深刻的理解，对任何机构都失去了信任。消费者开始对营销者提供的信息进行挑选，他们认识到了自己的力量，对品牌的评价有了新的分析框架。

这一时期内，高科技的发展导致新产品的不断出现，全球诞生了无数的高科技品牌，如 IBM、Dell、Microsoft 等。广告已进入成熟阶段，许多广告大师就是在这一时期内树立起他们的权威和影响的。各种学说也层出不穷，如奥格威（David Ogilvy）的品牌形象学、瑞维斯（Rosser Reeves）的定位学等，对品牌的广告宣传也偏重于品牌形象和个性化，如万宝路的牛仔形象、七喜的"非可乐"定位等。品牌的推广也变得越来越专业化，由专门广告人才来进行品牌的推广。这种专业化使得广告营销手段和技巧有了极大的提高。

随着信息技术的持续进步和数据库营销的出现，下一代品牌的特点可能是"一对一"营销的定制品牌。按照雷吉斯·麦肯纳（Regis Mckenna）的观点，企业正在走向大规模的定制化（Customization），消费者有条件使用互联网来展示他们个人的需求特点并且愿意为个性化产品支付溢价，企业将重新开始构造它们产品的制造系统与物流系统来提供正在发展的个人化品牌所需求的利益。[①]品牌将被解释为公司承诺与顾客保持何种关系的一种工作。

问题 2: 西方品牌发展的特点是什么？

综观西方品牌发展的历程，有其自身的特点。

1. 知名品牌历史悠久

从国外知名品牌的发展来看，大部分品牌都有着悠久的历史，如吉列（始于 1895 年）、万宝路（始于 1924 年）、可口可乐（始于 1886 年）、雀巢（始于 1938 年）等。入选财富 500 强的跨国企业的平均寿命都长达 40~50 年。

2. 在同类产品中拥有核心利益和均衡的理性与感性信息

全力维护和宣扬品牌核心价值已成为许多国际一流企业的共识，是创造百年品牌的秘诀。可口可乐、雪碧的品牌个性承载着美国文化中"乐观奔放、积极向上、勇于面对困难"的精神内涵与价值观。尽管可口可乐、雪碧的广告经常变化，甚至大相径庭，人物、广告语、情节都会有很大改变，但任何一个广告都会体现其品牌个性，就像张惠妹主演的雪碧广告，以"我终于可以做一回自己了"、"表达真的我"、"我就是我，雪碧"等极为煽情的广告语演绎着雪碧"张扬自我、独立掌握自己命运"的品牌价值与内涵。

---

① Brown, Stephen. Postmodern Marketing [M]. London: Routledge, 1995.

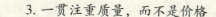

3. 一贯注重质量，而不是价格

品质是品牌形成的根本。品质不能狭义地理解为产品的质量，品质所包含的内容很多，其中三大要素为质量、价格和服务。"质量是企业生存的基础"这一观念已被很多企业所接受和采纳。品牌发展战略最基础的还是抓质量，在质量的基础上发展品牌。产品质量较高、价格合理、服务周到是赢得消费者和社会承认的前提。品质的提升永无止境，它会随需求的变化而不断有新的标准。性能也可理解为设计水平，产品的技术含量、性能特征等。产品性能符合消费者需求的企业，其品牌的价值就会高些。

4. 充分利用营销技巧巩固自己的地位

品牌个性是品牌成功的法宝，是品牌形象的关键点。借助公关来表现品牌个性，是创建与维护品牌美好形象的手段之一。例如，20世纪70年代，美国克莱斯勒汽车公司业务急转直下，市场份额从25%下滑到了11%，克莱斯勒面临着破产的危机。1978年新上任的总裁艾柯卡通过演讲等公关活动，有助于建立克莱斯勒一个全新胜利者的形象，使克莱斯勒重振旗鼓、起死回生。

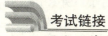

考试链接

1. 西方品牌发展史分几个阶段？
2. 西方品牌发展的特点表现在哪些方面？

第二节　品牌发展史：中国

回顾我国品牌的发展历史、展望未来是发展品牌、实施国家品牌战略的前提。从我国品牌的总体发展水平来看，与西方发达国家相比是存在一定差距的，这主要是由于我国商品经济发展相对滞后、生产力水平不高所造成的。但是，从目前我国企业品牌发展的情况来看，已初步形成了若干个像青岛啤酒、海尔这样的国际著名品牌，我国的名牌工程也正在发挥着越来越明显的作用。整个国家的经济实力得到了壮大，"中国制造"也正成为世界市场上的最有竞争力品牌的标志。下面就介绍一下我国企业品牌发展的轨迹。

问题1：中国品牌发展经历了几个阶段？

1. 古代中国品牌的发展概况

如同最初的商品来源于劳动产品一样，在远古时期的一些产品上，我国的祖先们也曾有过区别器物的标记符号，如一些产品上的铭文、年号等。这些符号只起到表明制造人、所有人或装饰、纪念的作用，而不是商业性的标记。在我国"三皇"时期，即人们渔猎、饲养家禽时，就已经在使用的陶器上面绘图作画，使用各种标记符号，如在陶钵口沿、底部用竖、横、斜、叉、涡纹、二角涡纹、三角纹、条纹和圆点纹以及一些不规则的图文组成二三十种符号，在陶器底部还印着精致的席纹、麻布纹或同心圆线条的割断痕迹。历史证明，它们能作为区别器物所有人、制造人的标记解释。可见，远古时期就有区别器物的标记，算是品牌历史的源头。①

在战国时期出土的楚国铜器，其铭文里就已发现有"工"、"顾客"、"冶师"等几种称呼，这时已经出现用某种名称去标志谁的物品或谁生产的物品的客观事实。这些标记还不具有现代商标的含义，但是它是商品区别生产者的标志。这时的商品标志，仅仅具有区别生产者的单一属性，还没有宣传产品和提供质量保证的功能，所以它们仍然不能算是品牌。

在南北朝后期的北周（公元 557~581 年）文物中，就有以陶器工匠"郭彦"署名的"土定"（粗质陶器）。汉朝时期的经济文化已经居于世界经济文化前列，首都长安已经成为世界贸易中心，北有丝绸之路，南有通商之城。这个时期的商品上就有各种饰纹、图画、鸟兽或几何图案，以及"延年益寿"、"长乐光明"等祝福吉祥的文字或画图。

唐朝时期（公元 8 世纪），民间生产的纸张已普遍使用水印暗纹标记。由于商品交换的进一步发展，商品上的标志也渐渐趋向复杂。随着生产力的发展和商品经济的扩大，很多不同的手工业者、店铺或作坊制造同样的商品，同一行业的商品品种也逐渐增多。例如，在同一地区，手工业者或作坊生产布料，式样各异、花纹不同，质量也不一样。此时生产商或商贩为了使自己所生产、加工、制造或经营的商品尽快卖出去就要进行宣传推广，这样消费者也就逐渐养成了认牌购货的习惯。这时，商业性标记的作用就越来越显著，使用标记的范围也越来越广，产品上的标记也越来越完备。有的采用图案，有的采用文字，或者既有文字又有图案。这些都是商标的雏形。

宋朝时期（公元 960~1279 年），山东济南有一个专造功夫缝纫针的刘家针铺，所用的"白兔"品牌基本上具备了现代品牌的全部外貌。刘家针铺所用的"白兔"标记，其中图是一只白兔，旁边刻有"认门前白兔儿为记"，上端刻有"济南刘家功夫针铺"。图下的文字是"收买上等钢条，造功夫纫针，不误宅院

---

① 叶明海. 品牌创新与品牌营销 [M]. 石家庄：河北人民出版社，2001.

使用"。这个商标的印刷铜版，现陈列在中国历史博物馆，是世界商标史上极为珍贵的文物。①

元明清时期我国商品经济没有得到迅速发展，因此品牌发展也极为缓慢。清代的"六必居"、"泥人张"、"内联升"等字号，仍然是汉唐以后商业性标记的延续，品牌内涵没有实质性地发展，只不过品牌的数量增多而已。这种标记主要起到类似于今天厂商名称的作用，旨在向顾客提供信用保证，如果发现问题负责调换或者赔偿。"头顶马聚源，脚踩内联升，身穿瑞蚨祥"这句旧社会流行于北京城的顺口溜反映了当时的消费时尚。

清朝封建朝廷对品牌没有什么法令，日常的品牌管理一般是由商人行会办理。如当时的上海布商差不多各家都有几个牌子（商标），由行会管理，牌号的登记不能相同，这些都是行业性的品牌制度。如 1825 年（清朝道光五年）上海绮藻堂布业总公所重新校勘，并订立"牌谱"，其规定有："各牌第一第二字，或第二第三字，不准有接连两字相同，并不准接连两字内有音同字异及音形相同之弊，如天泰、天秦或大成、大密等字样"。这种管理目的在于保护行会商人的利益，防止品牌仿冒伪造，客观上也起到了维护消费者利益的作用，因为行会商人为了维护品牌会更关心商品质量。这种品牌制度不是由政府进行，而是由商人行会来管理，在行业、地区等方面都有它的局限性，如品牌发生纠纷后，还是要到官府去打官司，由封建官府来决断。随后一些著名的手工业产品品牌，如王麻子剪刀、张小泉剪刀、曹正兴菜刀等先后出现。但是由于中国市场经济不发达，这些品牌建立在家庭式企业和手工业生产的基础上，因此，品牌只是处于萌芽和初步形成状态之中，很不完善。

2. 中国近代品牌的发展概况

鸦片战争以后，殖民主义、帝国主义的枪炮打开了中国市场，西方的商品和品牌纷纷涌入中国，洋货充斥了中国市场，除了一些老字号中药铺的品牌在苦苦挣扎外，国人开始接受西方的品牌。第一次世界大战期间，帝国主义忙于战事，无暇顾及，中国民族工业出现了短暂的繁荣局面。但战事结束后，洋货再次卷土重来，先是美、英产品大肆倾销，后来日本货渐渐占了上风。以法国白兰地品牌"轩尼诗"为代表的酒类品牌在 1872 年就在上海登陆，并受到国人的认可。1928 年当今世界第一品牌的可口可乐将饮料开始销往上海和天津，并在上海等地建立了装瓶厂，到 1948 年，上海的可口可乐装瓶厂成为美国境外最大规模的生产厂。在中国倾销的大批洋货使弱小的民族工业受到了极大的

41

---

① 岳文厚. 品牌魅力 [M]. 北京：中国财政经济出版社，2002.

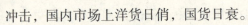

冲击，国内市场上洋货日俏，国货日衰。

3. 新中国成立后品牌的发展概况

中华人民共和国成立后，废除了帝国主义在中国的商标特权和国民党政府的商标法令。1950 年中华人民共和国中央人民政府政务院批准公布了《商标注册暂行条例》，政务院财政经济委员会公布了《商标注册暂行条例》及施行细则，这是中华人民共和国第一个商标法规。实行商标全国统一注册制度，商标由当时的贸易部商标局统一注册。与此同时，还公布了《各地方人民政府商标注册证更换办法》和《商标管理条例》。这样就形成了新中国新的品牌制度。这个品牌制度是为保护本国工业、促进生产服务的。

4. 改革开放后至今品牌的发展概况

改革开放以后，随着国门的打开，我国经济得到迅猛发展，市场经济体制逐步得到完善。国内外商品在中国市场上上演了激烈的品牌大战，推动和促进了我国品牌的发展。跨国品牌凭借在媒体上投放大量广告，树立起良好的品牌形象，进而取胜市场。可以说，中国企业和消费者品牌意识的形成是这个年代在短缺经济时代伴随着日本家电的消费而建立起来的。特别是 80 年代初，以索尼、松下、日立等品牌为代表的日本家用电器捷足先登，进入中国消费品市场，随之世界名牌纷纷抢滩中国，几乎国际上的著名品牌均可以在中国找到踪迹。与之同时，大批民族品牌则在竞争中纷纷败阵，境外品牌与合资品牌对中国民族品牌的兼并与蚕食，中国企业才真正开始认识到品牌是企业最宝贵的财富之一。

1978 年 9 月，国务院决定成立了国家工商行政管理局，下设商标局。随后对全国商标进行了全面地清理，恢复了商标统一注册，重新着手制定新的商标法。1982 年 8 月 23 日，第五届全国人民代表大会常务委员会第 24 次会议通过了《中华人民共和国商标法》（以下简称《商标法》），自 1983 年 3 月 1 日起施行。1983 年 3 月 10 日，国务院发布了《商标法实施细则》，沿用了 1963 年的《商品分类表》。1983 年 2 月 23 日，国家工商行政管理局还发布了《商标印制管理规定》，在此之前，1979 年 7 月 1 日第五届全国人民代表大会第二次会议通过的《中华人民共和国刑法》规定了假冒商标罪，同时通过的《中外合资经营企业法》规定了包括商标在内的工业产权可以作为投资入股。我国的《商标法》是随着"社会主义商品经济"理论的提出而产生的。《商标法》的制定实施，标志我国新的品牌制度和知识产权保护制度的正式诞生。这时，我国的品牌意识才有了较大的提高。[1] 但在此阶段，中国企业对于品牌的认识还普遍停

---

① 晓钟. 品牌资本运营之势 [M]. 北京：经济管理出版社，1999.

留在商标层面，认为品牌只是一种"识别商品的标记"。

随着社会主义市场经济体制的逐步确立，企业日渐发展成为自主经营、自负盈亏、自我约束、自我发展的经济实体，竞争意识贯穿于企业所有的经营决策过程中，品牌意识渐渐形成。伴随着大量新产品的出现，各类品牌纷纷登台亮相，品牌观念进入了人们的思想意识中，品牌的自由发展时期到来。例如，1982 年江苏盐城燕舞公司第一次进京展销，首先在《人民日报》、《北京日报》和北京电视台投放收录机广告，继而在中央电视台连续播出燕舞广告。

我国企业拉开品牌营销的序幕是在 1990 年北京亚运会上。广东健力宝集团出资 1600 万元赞助了这次亚运会，获得该次运动会冠名饮料的专用权，成为当时国内最大的运动会赞助商。① 健力宝的公关赞助活动对我国市场营销的发展具有里程碑的意义，它推动了我国企业和国民品牌意识的发展。随即一大批国产品牌也纷纷登台亮相，有的品牌已获得了较高的知名度，例如，彩电行业的长虹、熊猫、黄河、牡丹等；服装行业的顺美、杉杉、钻石、富豪等；饮料行业的健力宝、山海关、北冰洋、八王寺、正广和等；洗涤剂行业的活力28、白猫、金鱼等；电冰箱行业的雪花、科龙、海尔等；照相机行业的海鸥、华光、长城等。随着国产品牌的大量涌现，产品质量也得到较大提高。② 短短的10 年过后，中国企业依靠技术转让，产品的质量的整体水平上了一个新台阶。中国出口的消费品和机器设备的质量可与日本货相媲美，甚至有过之而无不及。

虽然中国品牌得到迅猛发展，但仍无法与国际名牌相比。时至今日，品牌在中国的发展和认知仍然存在较大落差，有一项统计显示，中国在 2006 年生产的商品平均价值，只有全球平均商品价值的六分之一，用北京大学经济学院原副院长曹和平的话来说，"这就代表中国每生产一件商品，从价值上看是买一送五"。特别是在出口贸易方面，有人总结的"三少三多"基本可以概括出中国出口商品名牌的现状，即出口商品品牌少，有名气的品牌少，能称为名牌的出口商品更少，外贸企业中无品牌企业多，出口业务中使用外商"名牌"商标多，"三资"企业产品使用外商品牌多。③ 这"三少三多"，一方面反映出中国企业品牌意识薄弱，另一方面也如实地反映了中国一时还没有出现响当当、过得硬、在国际市场具有强大竞争力的名牌产品。中国商品品牌发展的滞后，归根到底是思想观念的落后。中国有很多企业管理者还缺少品牌意识，所以才有

---

① 白光. 品牌的故事 [M]. 北京：企业管理出版社，1999.
② 万力. 名牌营销策划 [M]. 北京：中国人民大学出版社，1997.
③ 韩光军. 品牌设计与发展手册 [M]. 北京：经济管理出版社，2002.

盲目生产、重复建设、急功近利、商标侵权，甚至假冒伪劣肆虐。因此，中国的企业在全世界的企业中是属于成长比较慢的一类。这都与企业管理者缺乏品牌意识有关。

国外品牌再次大举进入，让国人认识了国际品牌的威力。20 世纪 90 年代中期，中国香港《信报》曾经发表过一篇题为《外商收编中国名牌　国货面临严峻挑战》的文章。文章指出：随着外资不断地进入中国，海外投资者由中小企业向国际大财团转化，洋名牌通过合资方式排挤民族工业中一批国货名牌产品，国货市场的前景令人忧虑。中国轻工业产品有不少名牌已经纷纷被外商收购、控股，有些甚至从市场上消失。品牌竞争是一场隐蔽的竞争，是一场生死攸关的竞争。

随着我国经济的迅速发展、加入 WTO 组织、国外企业和资本的不断涌入，中国经济的全球化进程在加快。全球化对中国品牌而言，是机遇更是挑战。所谓机遇，是因为中国品牌能够吸引更多的外资进行建设，在更广阔的舞台上大展身手；所谓挑战，是因为中国市场成了世界各大品牌的必争之地。海外投资者由中小型企业向国际大财团转化，通过合资方式排挤民族工业中一大批国货名牌产品，国内市场被蚕食的情况非常严重。中国市场上刮起了"外资并购本土品牌或者变相并购本土品牌"的龙卷风。

在汽车市场上，国家规划后"三大三小"，都是外国品牌的一统天下。例如，上海汽车集团与德国大众公司合资生产"桑塔纳"，一汽与德国大众等合资生产"奥迪"、"捷达"，东风与法国雪铁龙公司合资生产"富康"，北京吉普与美国克莱斯勒公司合资生产"切诺基"，天津与日本合资生产"夏利"。在中国销量颇大的捷达汽车，其品牌 JETTA（捷达），并不归合资公司所有，而是归大众汽车所有，跨国公司的深谋远虑可见一斑。惨痛的教训让中国企业深切体会到"品牌绝非只是商标，品牌知名度决定了市场占有率，只有创'名牌'才是出路"。[①] 2000 年开始，在经济学家中间有一种观点，和平时期国与国之间的竞争，主要表现为企业与企业之间的竞争，而企业间的竞争实际上就是品牌与品牌之间的较量。这样的观点也激发了中国企业家的自豪感和民族责任感。他们开始认识到，有没有中国自己的品牌，能不能在国际上立足，已经不是企业的问题，而是关系民族尊严的问题。另外，我国政府和企业也开始关注品牌的发展、名牌的塑造。我国政府对创立有自己特色的品牌和名牌给予了极大的支持，提出了发展品牌、创立名牌的战略，形成了良好的品牌发展的外部环

---

① 何建民，朱萍. 创造中国的名牌产品［J］. 上海商业，2000（8）.

境。同时企业界也以品牌作为市场竞争的武器，培养顾客的品牌忠诚，开展市场营销活动。

品牌在企业创业初期作为企业的标识符号，作为帮助消费者区别产品和识别企业价值、展示企业信誉的载体，是生产或经营者在自己的产品上来表明产品的来源、信誉、质量、服务的标志，代表着企业的个性。[1]但随着时间的推移，它已逐渐地变成企业精神、企业文化的市场代表了。在当今市场化社会文明的形成与发展过程中，品牌是重要的组成部分与推动力量。

加入 WTO 之后，随着更多国外品牌的进入和扩张，中外品牌开始了新一轮的激烈竞争，市场份额面临着重新分配。在历史上的不同时期，每一个国家的崛起都与一批著名品牌的成长密切相连。我们到世界各地都会发现，无论到哪儿都会买到"中国制造"的产品，"中国制造"的品牌日益变得响亮起来，中国正在成为高附加值的、复杂技术产品的可靠制造中心。中国涌现出了一批像海尔、联想、中国银行等入围世界 500 强的知名品牌，虽然其品牌价值与世界知名品牌还有差距，但这种差距在逐年缩小。中国的市场很大，拥有很多有潜质的企业。中国的经济总量也很大，但是中国还缺乏世界级的品牌。

 阅读材料

老字号的现状

2007 年 7 月 9 日，中国品牌研究院发布了《第二届中华老字号品牌价值百强榜》，其中茅台高居榜首，品牌价值为 145.26 亿元。排在第二名的五粮液品牌价值为 130.42 亿元，第三名利群的品牌价值为 51.19 亿元。排在榜单最后一位的楚河，品牌价值为 0.10 亿元，与榜首茅台的品牌价值高低相差 1450 多倍。而在上榜的 358 个中华老字号中区域分布显示，上海以 41 个老字号仅次于北京（53 个），名列第二，浙江居第三（34 个）。

资料来源：丁桂兰. 品牌管理 ［M］. 武汉：华中科技大学出版社，2008：42.

根据中国经济的发展趋势，今后谁能在中国市场上获得成功，谁就能在很大程度上在全球市场范围内获得成功。

品牌竞争是市场竞争的一个重要组成部分。竞争过程是一个切磋、学习的过程，也是品牌的形成、发展、维护或消亡的过程。创造品牌、发展品牌是企业立足之本，是振兴民族工业的重要步骤，也是我国企业积极参与国际市场竞

---

[1] 苏勇，金新民. 现代公司名牌战略 ［M］. 济南：山东人民出版社，1999.

争的必由之路。

问题2： 中国品牌发展具有哪些特点？

综上所述，我们可以看到，我国品牌建设经历了漫长的历史，但其快速发展是在近代。尤其是在 1978 年改革开放以后的 30 年时间。纵观我国品牌发展的历史进程，可以总结出如下特点。

1. 品牌发展受制于经济文化的发展

我国品牌的创建和管理受经济社会发展影响十分明显。在经济不发达的农业社会，如明清以前，我国基本上没有品牌，有据可查的仅有宋代刘家针铺的"白兔"品牌。明清期间只有清朝的"六必居"、"泥人张"、"内联升"等字号，品牌内涵没有实质性地发展。这种状况是与我国封建社会的农耕经济紧密相连的。农业经济条件下产品生产数量有限，供不应求，使品牌成为多余的东西。另外，自给自足的农业经济特点，使产品无须区分就可以被充分消费，创建品牌无疑是多此一举。但即便以上分析是事实，而作为商品经济标志之一的品牌还是在农业社会中缓慢地、艰难地发展起来了。

在计划经济条件下，由于产品生产、供应、分配和消费全部由国家进行统一调配，不存在市场也不存在企业，因此也不存在竞争。产品供需平衡，甚至供不应求，因此也无须品牌。品牌战略受到制约也就是在情理之中了。

2. 品牌管理以西方品牌理论为指导

由于我国市场经济发展迟缓，企业缺乏品牌管理的实践经验，因此品牌管理理论研究大大落后于西方发达国家。当我们提倡大力发展品牌、实施品牌战略的时候，发现我们原来在品牌建设方面的知识极其贫乏。我们不知什么是品牌，不知如何去做品牌，这时借鉴西方品牌管理理论和模仿西方企业品牌管理的实践就成为我国企业的首选。结果是可想而知。在没有消化和理解西方品牌理论的情况之下，囫囵吞枣地全盘照搬他们的理论，导致严重的水土不服，以至于企业品牌战略收效甚微，有的甚至完全失败。

3. 品牌管理实践发端于改革开放的基本国策之后

如前所述，改革开放为我国企业实施品牌战略创造了良好的外部环境。市场经济快速发展，使企业真正成为市场的主体，买方市场形成，商品供大于求。经济发展带来的可支配收入的提高，使消费者个性化需求得到前所未有的发展。所有这一切使品牌战略显得尤为重要，品牌不仅成为消费者区别不同厂家产品的重要依据，同时也是消费者满足个性化需求的情感载体。

改革开放促使我国经济与世界经济的联系日益密切，跨国品牌乘改革开放之风进入国内市场，使品牌竞争表现为国与国之间实力的较量。我国品牌在国际市场竞争中总体上处于劣势,这种现状使品牌战略在我国经济生活的重要作用日益凸显。大力实践品牌战略和开展品牌战略理论的研究是改革开放国策推动的必然结果。

4. 品牌战略发展呈现不平衡状态

品牌战略发展的不平衡状态是指,从总体上看我国品牌战略发展呈现出地区发展不平衡和行业发展的不平衡状态。在地区层面上,东部经济发达地区较中西部地区更重视品牌战略,企业对品牌战略的资金支持和理论研究都较中西部的力度大。如环渤海湾、长三角、珠三角地区,知名品牌明显多于中西部地区。山东省青岛市出现了像海尔、海信、奥克斯等在国际上具有一定知名度的知名企业和名牌产品。

在行业层面上,家用电器、食品饮料等行业名牌产品和知名企业要多于其他行业。前面谈到的海尔、海信、奥克斯都是家电品牌。娃哈哈、乐百氏、王老吉等是食品饮料行业的知名品牌,而在汽车行业则没有一个知名品牌。

5. 我国品牌是在与西方著名品牌的较量中成长壮大的

如前所述,我国品牌发展的历史较短,企业品牌实践的经验严重不足,其成长的环境充满了荆棘和险滩。尽管我国目前还没有一个能与可口可乐较量的饮料品牌,或没有一个能和劳斯莱斯叫板的汽车品牌,但我们可以自豪地说,没有哪个国家的品牌能像我国品牌那样在市场经济发展的较短历史时期中,遭遇过如此多的、如此强大的跨国品牌的挑战。而我国企业面临这些挑战,毫不畏惧,尽心尽力做品牌,取得了不俗的成绩。在与强大的跨国品牌的较量中,我国企业和它们的品牌不断地发展和壮大。

6. 品牌战略中存在一定误区

我国企业的品牌战略存在一定误区。在实践操作中,企业把品牌创建等同于广告传播,以为投入大手笔广告就能建成知名品牌。它们热衷于竞投广告"标王",沉醉于品牌表面的浓墨重彩,甚少深入品牌文化的底蕴,寻找品牌成功的奥秘。具体表现在为品牌而发展品牌,在品牌战略实施时不是"运营",而是"炒作";将品牌当成是一劳永逸的"铁饭碗",殊不知创名牌不易,守名牌更难。品牌成功还要靠技术的进步、工艺的改进、制度的创新、有序的宣传。缺乏这些薪柴的不断注入,品牌的火便很快熄灭。

在理论研究和认识上,同样存在误区。有的企业认为品牌即是高档高价,以为知名品牌的商品就必须是价格昂贵的所谓"精品"、"极品",在产品开发生产上讲究"帝王风范"、"贵族气派",完全脱离了国民现实的消费水平,脱离了最广大的消费者。还有的企业认为,只有大规模才需要品牌。例如,一些不注重品牌战略的中小企业认为:只要我的东西有人买就行了,品牌是大企业操心的事。这种消极的想法短期看会使企业缺乏激情与进取心，长期看会不可避免地被竞争的巨浪所吞没。

7. 与发达国家相比我国品牌发展还存在差距

与西方发达国家相比，我国品牌发展无论是在观念上，还是品牌实际运作的战略策略上，都显得不够成熟。具体来说，中国品牌发展与发达国家相比存在以下九大差距：

(1) 品牌知名度不高。

(2) 品牌资产价值有待提升。

(3) 品牌国际化进程缓慢。

(4) 品牌自主创新能力有待加强。

(5) 缺乏先进的品牌理念。

(6) 缺乏品牌经营长远战略。

(7) 品牌经营策略有待完善。

(8) 品牌资产运作不够成熟。

(9) 缺乏品牌危机的管理经验。

考试链接

1. 我国品牌发展经历了哪几个阶段？

2. 我国品牌发展的特点表现在哪些方面？

第三节　品牌理论研究史

问题 1：西方国家对品牌理论的研究方向有哪些？

1. 品牌管理的研究

严格地说，直到 1955 年由伯利·加德纳（Burleigh B.Gardner）和西德尼·利维（Sidney J.Levy）在《哈佛商业评论》上发表了《产品与品牌》一文才正式开始对品牌管理的理论研究。在这篇论文里，他们强调要认识品牌的性质，即品牌不仅具有功能性价值，而且具有情感性价值。加德纳和利维阐明了下列原理：品牌的发展是因为品牌具有一组能满足顾客理性和情感需要的价值。他们指出：品牌的创建要超越差异性（Differentiation）和功能主义（Functionalism），应该注重开发个性价值（Personality）。[①] 品牌个性要做到使目标顾客感到清晰而亲密，特别在其他竞争对手的产品具有相似功能的情况下，它会帮助该品牌产品取得成功。莱特（Light）和金（King）对品牌内涵和外延进行了规范性研究。[②] 曼弗雷·布鲁恩提出了品牌生命周期理论，即品牌生命周期由品牌的创立、稳固、差异化、模仿、分化以及两极分化六个阶段组成。[③] 奥格威提出了品牌形象理论，该理论有三个原则，即随着产品同质化的加强，消费者对品牌的理性选择减弱；人们同时追求功能及情感利益，广告应着重赋予品牌更多感性利益；任何一则广告，都是对品牌形象的长期投资。[④]

2. 品牌价值理论研究

1980 年以后，有关品牌的一个最重要的发展，即管理者开始意识到，品牌一旦形成，就可以代表企业的一部分价值。起初，这种观念只存在于金融分析家中，他们认为良好的品牌是企业未来收入的保证。20 世纪 80 年代下半期，品牌价值受到营销界的关注。在营销界看来，即使成功的品牌也不能算做是企业最有价值的财富，可算做是最有价值的财富之一。品牌对企业来说，不仅具有经济价值，也具有战略价值。[⑤]

兰能（J.Lannon）和库珀（P.Cooper）坚持了品牌创建中的情感主题。他们运用了人类学与心理学的理论对这一课题的研究作出了贡献。兰能利用人类学来探索品牌作为一种象征性阶段所增加的价值。

情感型品牌跳出了产品功能的束缚，直接针对消费者的心理进行诉求，因此其带给消费者的消费快感也更加强烈，品牌内涵的发展空间也更加的宽阔。1988 年，雀巢公司（Nestle）以 25 亿英镑的价格买下了英国朗利（Rowntree Mackintosh）公司，当时该公司的股本权益（净资产价值）接近 10 亿英镑，它们之间的差额 15 亿英镑，显示出了品牌的无形资产的财务价值。这就引起了热烈的讨论：品牌的价值是否可以被评估出来？如果可以被评估出来的话，品牌的价值是否应该在企业的资产负债表上得到反映？这时，进一步的讨论提高了人们对品牌作用与价值的认识，由此也进一步提高了学者们的研究兴趣。

1990 年以来，英国国际品牌顾问公司（Interbrand）和美国《金融世界》杂

---

① Burleigh B Gardner, Sidney J Levy. The Product and the Brand [J]. Harvard Business Review, 1995 (33)：33–39.

② King, S. What is a Brand？[M]. London：J.Walter Thompson, 1970.

③ 陆娟. 现代企业品牌发展战略 [M]. 南京：南京大学出版社, 2002.

④ 邓德隆. 两小时品牌素养：面向企业家的中国品牌竞争力分析报告 [M]. 北京：机械工业出版社, 2005.

⑤ Kevin Lane Keller. Strategic Brand Management：Building, Measuring & Managing Brand Equity [M].New Jersey：Prentice Hall, Inc., 1998.

志每年发布的对国际品牌的价值评估，一般是仿照企业其他无形资产评估的方法对品牌资产的价值进行估算。这样的评估，一方面影响和引导全球的消费者自觉或不自觉地产生对品牌商品特别是名牌商品的信任和消费需求；另一方面也对企业创造和发展品牌指出了方向，同时也推动和促进着全球品牌实践和品牌理论向名牌方向发展。

然而，21世纪初品牌创建的模式则是更加注意品牌对顾客消费经历所增加的价值。兰宾（Labium）指出，许多经理仍然十分强调产品功能性价值的重要性，而不关注建立其可持续的品牌心理价值。事实上，竞争对手能很快地模仿产品的功能特性，但要建立起一个品牌的心理价值却需要花费很长的时间。

以美国学者大卫·奥格威（David Ogilvy）和大卫·艾克（David A.Aaker）等为代表的市场营销学者从各自的角度加入了对商品品牌特别是品牌价值的研究，如在艾克的著作《管理品牌权益》、科普菲尔（Kapferer）的著作《战略品牌管理：创造和测评品牌权益的新方法》和凯勒的著作《战略品牌管理》及论文《品牌报告卡》中都对品牌价值作了论述，品牌研究理论得以提高和升华，形成了较为系统的研究理论和方法，为当今企业品牌实践和品牌战略发展提供了理论武器。

问题2：我国品牌理论研究和实践的现状如何？

我国对品牌的研究最早始于20世纪20年代。当时，吴应国翻译出版了斯科特的《广告学》，但此后一直未有大的发展。1993年《中国名牌》杂志的创刊，标志着我国理论界和实务界品牌研究新时代的到来，许多学者和实务工作者开始对品牌进行研究，取得了许多新的研究成果。特别是以卢泰宏教授为代表的中山大学研究团队，在介绍引进西方品牌理论、总结我国企业品牌管理经验等方面，作出了重要贡献。在20世纪90年代中后期，为适应新的环境变化，全新的品牌操作模型开始不断涌现。例如，精信的"品牌性格"（Brand Nature）、奥美的"360°品牌管理"理念、新格品牌管理顾问中心的"720°品牌管理"概念模型、德根的品牌关系管理系统、梁中国提出的"易难"7F（Seven Force）品牌管理模型、陈放提出的MBC（营销系统工程）品牌管理模式、年小山的品牌操作模型以及"全方位品牌管理"、品牌（管理）委员会思想的进一步发展等。同时，由于受企业核心竞争力理论的影响和渗透，品牌力理论、品牌竞争力理论也引起了广泛关注与探讨。李光斗在其著作《品牌竞争力》中对品牌关系进行了研究。

但在进入新千年之后，中国少数学者已开始了建构品牌科学大厦的一系列开创性研究，先后明确提出和撰写了多部不同风格的"品牌学"著作或教材，①例如，陈放的《品牌学》，余明阳等的《品牌学》，年小山所撰写的专著《品牌学·理论部分》，赵琛的专著《品牌学》，本书主编编撰的《品牌管理》等。

在品牌理论指导下，我国企业的品牌管理实践也得到了长足的发展。青岛海尔、四川长虹等一批企业为代表的中国名牌的崛起，让国人对民族品牌在国际竞争中的前景充满了信心。

从品牌发展的历史来看，一个国家拥有名牌的多少，不仅反映了这个国家的综合国力和经济发展水平，还代表着这个国家、民族的精神和形象，显示着这个国家在国际社会中的地位。

第四节　品牌发展的前景与趋势

在讨论了国内外品牌发展的简短历史之后，本书将对品牌在 21 世纪的发展前景和趋势作出一定的预测。在 21 世纪，信息爆炸的局面会愈演愈烈，品牌也仍会有光明的未来。

问题： 在 21 世纪，品牌战略发展有哪些重要的趋势？

51

1. 品牌内涵和竞争形势将发生变化

未来品牌发展的可能趋势之一是品牌内涵将更为丰富，竞争将更为激烈。

未来品牌的内涵，将不像现在的解释那样直观、简单。市场战略中品牌设计范围的拓展，将意味着品牌在企业内部经营中重要性的提升。从财务估价到商标保护，从企业的组织结构到首席执行官的管理方式等方面，品牌已经成为企业管理及策略中的重要议题。企业已经不再将品牌作为单纯的营销工具，而是更多地将其作为衡量企业形象、业绩的标尺，作为向雇员或其他相关的内部人员灌输企业发展目标和理想的渠道。

与此同时，未来的品牌竞争将比现在更加激烈和残酷。以信息革命为代表的科学技术的迅猛发展，尤其是知识经济时代的全面来临，拓宽了竞争的视野，也提升了人们的生活质量，品牌的内涵也将随之得到丰富。"商标"概念出现后，现在又有了"域名"。这将使品牌不仅表现在现有的服务、形象、个

---

① 张燚，张锐. 试论品牌学的概念框架及学科规范［J］. 华中科技大学学报（社会科学版），2004（1）：90–94.

性化、高新技术等视点，还将表现在网络、信息、文化、情感等焦点上。新思想崛起迅速，往往能借助产业革命的浪潮，打败著名品牌，撼动寡头卖主垄断和老牌企业巨头，如微软、英特尔直逼 IBM、苹果等就是这一迹象。超级品牌之间的竞争更为残酷，大鱼吃小鱼现象时有发生，任何一个同等量级的品牌，都不能像以往那样安逸地生活。

2. 品牌资产管理模式将发生变化

未来品牌发展的可能趋势之二是品牌资产将得到特别的管理，品牌管家走上前台。

随着发达国家进入一种更复杂的"增值"型经济，品牌及其使用将变得日益重要。我们需要学会如何更好地管理、开发和发展品牌资产。目前关注如何最佳管理品牌的知识仍是初步的，更好的品牌管理显然将会产生巨大的收益。

在 21 世纪，成功的品牌营销者将不断地设计和调整营销方案的每个方面，以增加品牌资产。营销者将对哪些因素造就了成功的品牌有更深入的了解，并将保持品牌的核心要素长期不变，而调整一些不能增加价值或不必要地增加成本的外围要素。

在许多企业中，品牌管理的职能传统上已成为高层管理者的培训基地，品牌管理者的主要工作是保持企业与广告、促销代理之间的联系。随着品牌逐步成为人们的兴趣中心和工作重点，企业肯定会从根本上重新评价品牌管理的作用和地位。管理者需要用更职业化的眼光看待品牌，并对品牌的赢利能力、有形与无形的收益负责。一些重要企业正在重新定义营销的功能，彻底检查品牌管理系统。

最近，人们日益将品牌视为特殊的资产，有自己的个性、吸引力、现金流和发展潜力。这一趋势使公司要以一种总体上更全面的方式来观察品牌资产。品牌评估模型可对品牌进行细致的调查分析，从而使品牌管理者清晰地从总体上观察品牌的实力、弱点、发展潜力和成长前景，明确阐述品牌发展战略并测试其是否合适。

21 世纪的强大品牌还能通过更深入地了解消费者的需求、渴望与意愿设计营销方案，满足甚至超过消费者的期望，从而取得对其他品牌的优势。成功的品牌将有丰富的、内部紧密结合的品牌形象，它们引起的联想将被消费者高度评价。营销计划将系统地通过产品、定价、分销策略和沟通策略加强品牌联想。

3. 品牌色彩将变化

未来品牌发展趋势之三是未来市场将是绿色品牌的天下。

未来品牌都将是绿色品牌。绿色品牌是指有着丰富的文化韵味、富有人性化，注重环境保护与竞争全球化的品牌。在秋水著的《最后的商战》中，将绿色品牌的内涵概括为四个方面：

（1）有着浓郁的文化味。

（2）环境保护意识得到了强有力的渗透，不再是掠夺资源或是无情地消耗资源。

（3）富有人性化，注重个人情感的表达。

（4）竞争全球化，自由贸易将得到空前的发展。商品的流动性进一步加强，竞争范围涉及整个地球村。①

综上所述，可以预料，现在品牌价值居于前列的烟草、白酒等品牌，都难以发展成为绿色品牌。英国经济学家凯恩斯曾预言："有史以来，人类将首次面对一个真正的永恒的问题——如何利用工作以外的自由与时间，过快乐、智慧和美好的生活。"②作为引导人类未来生活的品牌，将更早地面对这一问题，并能有效地解决这个问题。

4. 品牌竞争的空间将发生变化

未来品牌发展趋势之四是品牌竞争走上网络。

随着信息超载的现象越来越严重，人们处理信息的时间不断减少，品牌提供信号的重要性日益提高，因为节省了信息处理时间。所有这些都改变了品牌原有的性质，直接引导消费者在购买决策时做出选择。品牌是未来成功的关键。"任何事情，任何时间，任何地点——没有别的地方，只有这儿，我们都在这儿。"这句话出自几年前互联网的一则广告，那时它还没有成为通信方式的一部分，还不能够真正实现诺言。网络以光速传递信息的威力，使人们无论身在何处都可以与世界上其他任何地方的任何人联系。这种威力借助于卫星通信已经在全世界变为了现实。

从 1997 年起，人们就开始成为了互联网上名副其实的消费者。在未来社会里，人们将有 1/10 的时间在网络上度过，在网络上进行学习、工作和生活（网络上将建立国际联合高等院校，颁发全世界公认的学历证书）成为常规行为。随着这些的技术革新，广告发生了巨大变化，一些新形式的广告——品牌广告也出现了。更多的网络正在兴起。利用数不胜数的选择和正在不断增加的数百万个网站，品牌广告开辟了一个全新的市场。但是同时提升一个品牌的经济效益变得更加复杂。根据品牌所代表的产品或服务以及它的目标市场，吸引目标消费者可能变得更容易，也有可能变得更困难。

---

① 阿尔文·托夫勒. 第三次浪潮 [M]. 朱忞焱，潘琪，张焱，译. 北京：新华出版社，1996.
② 约翰·梅纳德·凯恩斯. 就业、利息和货币通论 [M]. 北京：商务印书馆，2006.

互联网对于品牌来说还有一个优点，就是可以通过网络社区建立品牌。因为种种地域限制，建立购物者社区在过去是昂贵得无法建立的。基于网络的营销系统的全球触及和目标的准确性，建立这些精选的社区变得容易且更具有吸引力。而互联网则不受地域界线的限制，它可以把消费者集结成一个庞大品牌社区，这样的做法既实际又有赢利前景。① 这种品牌购买者的新型集合对于未来建立品牌来说至关重要。

互联网为实现品牌多样化的功能提供了试验的温床。互联网企业为了与众不同，赢得持久的消费人群，品牌经营和拓展的速度都大大加快。从而为我们观察品牌从创立、发展、管理到拓展的全过程提供了良好的机会。

案例分析

宝洁——众星捧月的神话

1989年，第一批海飞丝洗发水从广州肥皂厂用简易的三轮车送到了广州市场上。从那时开始，宝洁，一个拥有160年历史的世界最大的日用消费品公司开始了在中国建立其洗发水王国的历程，不过短短的十几年，已经占据中国市场的大半壁江山。仅在中国推出的产品就达九种，十几个品牌。

宝洁产品在全世界得到多数消费者的认同，成功的原因除了160多年来一直恪守产品创新性、高质量原则之外，独特的品牌经理制度也是其获得成功的重要因素之一。宝洁公司品牌经理制度的基本原则是：让品牌经理像管理不同的公司一样来管理不同的品牌。此管理系统是品牌管理的鼻祖，并成为其他运用品牌经理制度公司的楷模。这一管理理念目前已成为宝洁公司经营运作的基石之一。品牌经理制度在为宝洁公司创造巨大财富的同时，先后被美国通用公司、福特公司，法国娇兰公司等采用。

传统职能形式的营销是公司各职能部门竞相争取预算，而不对新产品的总体运营负责，公司内部聚集资源来支持新产品品牌的成本非常大。而宝洁的品牌经理制度是一种矩阵式的组织机构，公司每个品牌都只由一个品牌经理全面负责。大的品牌除了一个品牌经理外可能还需要数个品牌经理助理，几个小的品牌也可能同归一个品牌经理负责。品牌经理向公司的营销总监或直接向总经理负责，承担几乎全部的该品牌的管理责任。当一个产品研发出来后指定一个品牌经理，品牌经理对各个部门进行协调，保障各个部门资源的有效调配。每

① Lannon. Mosaics of Meaning: Anthropology and Marketing [J]. The Journal of Brand Management, 1994 (2): 155-168.

个品牌就像一个小公司一样，该品牌被推向市场后，品牌经理负责对产品销售全方位的计划、控制与管理，灵敏高效地观察市场变化，改善公司参与市场竞争的机能，能够覆盖更多顾客需求，延长产品的生命周期，从而为企业赢得更广阔的市场和更具发展力的空间。这就是世界首位品牌经理构思的"一个人负责一个品牌"的具体开展。

品牌经理的责任是：制订产品开发计划并组织实施；确定产品的经营和竞争战略；编制年度营销计划和进行营销的预测；品牌推广；与广告代理商和经销代理商一起研究促销方案；激励推销人员和经销商对该品牌产品的支持，不断收集有关该品牌的资讯；发起对产品的不断改进，以适应不断变化的市场需求；等等。

品牌经理的职责决定了他在管理方面应是通才，在一些核心问题上应是专家。比如飘柔品牌经理就如同飘柔公司的总经理一样，他将决定品牌的市场定位，做品牌3年规划、5年规划甚至10年规划；从品牌近期的市场策略，到推什么产品打什么广告、做什么促销，事无巨细地负责到底。同时宝洁的品牌经理还与各个部门紧密合作。如消费者调研部（CMK）提供消费者定性和定量调查，品牌经理从中提炼出一个新产品的想法，然后与产品开发部（R&D）联系，告诉它市场上还有多大的消费需求没有被满足，进行突破性技术（Breakthrough Technology）研发；新产品由品牌经理拿去做概念测试（Concept Test），回到市场看概念定位准不准，会有多少消费者喜欢它，能带来多大的生意量；通过测试有前途的产品才投入生产；然后是考虑怎样把产品卖到市场，销售部（Sale）会建议应该选择哪些渠道（Channel），如大商店、超市还是便利店等。

每个部门都有公关部（PR）负责与外面打交道，建立品牌及公司形象，有纠纷或冲突时帮忙解决，积极跟媒体沟通。这就是宝洁一直强调的"以数据为基础和直觉相结合"的规范化市场营销模式，它以品牌为中心，每个部门分工明确共同支撑了品牌的运作。企业不再以产品为出发点，而是以品牌所服务的消费者和零售商的需要为出发点，使消费者和零售商的需求从一开始就得到品牌经理的关注与重视，以便获得更丰富、更符合个性需求的产品。

宝洁的各个品牌在内部是独立核算的，公司鼓励各个品牌间进行竞争，当然这种竞争是以相当科学的市场细分为前提的。宝洁的品牌分别针对不同的细分市场，它们之间就可避免相互竞争，同时，对于细分市场边缘的市场还可以进行联合攻击。例如，一个消费者希望寻找一种针对染色后的长发的洗发水，她或许会选择人参飘柔，或许会选择沙宣莹彩，或者干脆两种都购买。多品牌针对不同的相互独立细分市场，采取分疆而治的方法，从理论上可实现 1+1>2。

正是这种独特的品牌经理制度使得宝洁众品牌迅速成长，创造了众星捧月的宝洁神话。

资料来源：丁桂兰.品牌管理 [M].武汉：华中科技大学出版社，2008：51.

问题讨论：

1. 试评价宝洁的品牌经理制度。
2. 宝洁的品牌发展，对你有什么启示？

本章小结

本章介绍了品牌产生的历史，分别介绍了品牌在西方发达国家的发展历程和我国品牌发展的简短历史。

无论是西方国家还是我国，品牌发展的共同之处是都经历了漫长的发展过程。从远古至今，品牌从无到有，从一个方面反映了人类社会物质文明和精神文明的发展进程。品牌是人类物质文明和精神文明的结晶之一。

西方国家品牌发展经历了五个阶段，即品牌发展由制造商与销售者主导市场的阶段、产品物质差异营销的阶段、传统的品牌营销阶段、以偶像来驱动的品牌营销阶段和品牌购并渐成趋势，消费者成熟阶段。

中国品牌发展经历了四个阶段，即古代中国品牌的发展、中国近代品牌的发展、新中国成立后品牌的发展和改革开放后至今品牌的发展概况。

本章还尝试探讨了东西方品牌发展的不同特点。本章归纳出的西方国家品牌发展的特点有四点，即西方知名品牌历史悠久、在同类产品中拥有核心利益和均衡的理性与感性信息、西方品牌一贯注重质量而不是价格，以及西方品牌善于充分利用营销技巧巩固自己的地位。

中国品牌发展的特点共有七点，即品牌发展受制于经济文化的发展、品牌管理以西方品牌理论为指导、品牌管理实践发端于改革开放的基本国策之后、品牌战略发展呈现不平衡状态、品牌是在与西方著名品牌的较量中成长壮大的、品牌战略中存在一定误区以及与发达国家相比我国品牌发展还存在一定差距。

本章还探讨了品牌发展的趋势：未来品牌内涵将更为丰富，竞争将更为激烈；品牌管家将走上前台；未来市场将是绿色品牌的天下；品牌竞争将走上网络。

第三章

品牌关系管理

学习目标

知识要求 通过本章的学习，掌握：

● 关系营销的概念
● 品牌关系的定义
● 品牌关系的价值
● 品牌关系的创建过程
● 品牌关系管理的重点

技能要求 通过本章的学习，能够：

● 创建品牌关系
● 把握品牌关系管理重点

57

学习指导

1. 本章内容包括：关系营销的概念，品牌关系的含义和价值，品牌关系创建的步骤和方法，品牌关系管理的概念和特点，品牌关系管理的重点。

2. 学习方法：理论学习，掌握品牌关系管理相关概念和方法；案例分析，结合实际，分析一些公司的品牌关系创建方法。

3. 建议学时：2学时。

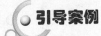

奥利奥网络互动营销

进入 2010 年，篮球传奇人物姚明又多了两件让公众关心的事：生女儿以及代言卡夫食品公司经典夹心饼干品牌奥利奥。

奥利奥饼干是美国最畅销的夹心饼干，诞生近百年来，一直代表卓越的品质以及愉悦温馨的家庭回忆。联手刚刚升级做父亲的姚明，是奥利奥传播这种家庭乐趣的巧妙之举，延续该品牌"扭一扭、舔一舔、泡一泡"的独特吃法。

2010 年 2 月 26 日，卡夫食品公司在上海启动了奥利奥"看谁能泡到"全国宣传媒体见面会，品牌新代言人姚明亲临现场，与到场嘉宾分享奥利奥的经典吃法。在中国内地及中国香港地区推出的奥利奥电视广告中，姚明同可爱的小男孩一起交流奥利奥的"扭一扭、舔一舔、泡一泡"，调皮的小男孩让姚明在远处将饼干投入他捧着的盛有牛奶的杯子，巧妙地从他手中骗到饼干。

单纯以本土明星演绎自然是不够的，必须要引导消费者参与品牌活动，才能加深他们对品牌的印象。所以，奥利奥这项为期一年的推广活动配合了电视、户外、店内广告和一项名为"看谁能泡到"的线上互动活动。

在"看谁能泡到"的活动网站上，消费者可以在卡通化姚明的指导下，完成一些小游戏，例如，用盛有牛奶的杯子接住往下掉的奥利奥饼干，将希望传播的理念融入到互动的过程中。用户每集齐 30 块虚拟饼干就能获得一次抽奖机会，虚拟饼干可通过三种方式获得：购买奥利奥饼干，输入包装上的代码，可以获得 30 块；参加网站小游戏赚取积分，每 100 分兑换 1 块；将活动网站分享给好友，每成功邀请一位可以获得 5 块。参与形式的多样性，是活动一经推出就引起强烈反响的关键。

为进一步提升活动的影响力，卡夫公司还在淘宝首页进行该活动的推广，与淘宝合作准备了 2 万份淘宝网 10 元抵用券，聚集了不少喜欢网购的奥利奥粉丝。

值得强调的是，由 AKQA 上海团队设计的奥利奥活动网站不但充满生气，还使品牌形象保持高度一致，创造多种互动的可能。

例如，整个页面只有蓝、白、黑、棕几种奥利奥产品及其包装涉及的颜色，甚至电视广告中姚明和小男孩穿的衣服也没有超出这个颜色范围，游戏页面下方的供用户分享的开心网、人人网图标也改成了蓝白相间的颜色，页面清新时尚，无论是对于孩子还是带孩子玩游戏的家长，都极具吸引力；游戏的主角就是一块奥利奥饼干或者奥利奥威化，游戏元素的设计也融入了产品的特征，如以奥利奥威化饼干为主角的"密室逃生"的游戏，有巧克力口味版和香草口味版两种，巧克力口味版的游戏界面背景也是巧克力色，而一个个的障碍就是真实的巧克力威化饼干的样子。

页面轻松活泼的氛围也并没有被繁琐复杂的游戏说明破坏，AKQA在设计过程中选择以真人视频的形式演示游戏的玩法，简单直白。此外，活动网站远远超出了一个简单游戏的范围，为提起受众的兴趣，网站上还有供下载的"奥利奥泡一泡"背景音乐，并细分为动感版、电子版、摇滚版和柔情版，电视广告拍摄花絮的视频和图片信息也不断更新。

如果消费者认为线上玩游戏还不过瘾，丰富的线下活动也在陆续推出，该活动网站上一早就公布了奥利奥"看谁能泡到"全国巡回活动在各个城市举办的时间、地点，可谓是整合营销传播活动的信息大本营。

来自加拿大的AKQA上海执行创意总监友汉（Johan Vakidis）在接受《广告主》记者采访时透露："AKQA在服务客户的过程中，更多侧重于'相关性'，而不仅仅是将国际品牌'本地化'。"例如，AKQA敏锐地洞察到，中国的小孩大都背负着沉重的学习压力，父母们则没有太多时间陪孩子开展课外活动，"看谁能泡到"的活动网站就为消费者提供了这样一个亲子互动的机会，与他们的日常生活实现"相关"。

对目标消费者需求的准确把握，对产品特征的贴切表达，使得这次活动在推出仅4周时就吸引了17.3万名用户注册，成为奥利奥巩固中国市场的重要举措。

资料来源：闻涛.奥利奥网络互动营销［EB/OL］.http://www.meihua.info/Knowledge/case/publisher/1134，2010-12-08.

➲ 问题：

1.网络互动营销优点是什么？

2.奥利奥的互动营销给我们哪些启示？

第一节　品牌关系概述

问题1：关系营销的含义是什么？

关系营销的概念是一个划时代的创建和营销新范式，此后，营销焦点从交易转向了关系。可以肯定地说，品牌关系研究正是在关系营销的指导下兴起和发展的。

简而言之，关系营销是指所有目的在于建立、发展和维持同顾客成功的交换关系。关系营销的全面定义，关系营销是为了满足企业和相关利益者的目标而进行的识别、建立、维持、促进同消费者关系，并在必要时终止关系的过程，这只有通过交换和承诺才能实现。

关系营销理论是对传统营销理论的变革。首先，关系营销引起企业经营哲学从以交易为导向转向以关系为导向。传统营销着眼于通过每一次交易实现企业利润的最大化，企业和顾客是简短的交易关系。而关系营销则着眼于关系。将营销视为企业建立市场关系的活动，通过为顾客提供高质量的服务，同顾客建立持久的关系，实现顾客终生价值最大化，最终达到保持顾客的目标。

其次，关系营销引起企业营销战略发生变革。关系营销突破传统营销的目标市场战略，既考虑目标顾客的利益又考虑利益相关者的利益，既考虑外部诸多市场的关系又考虑内部市场的关系，从而使企业营销能够在更大的空间运作；关系营销使企业同顾客、供应商、中间商、竞争者、政府、雇员之间的关系从传统营销的单项、单赢的营销关系战略演变为交互的、多赢的、共同发展、相互依存的营销关系战略；关系营销将服务列入企业的营销战略，将服务与产品统一起来，强调通过对服务高承诺和高兑现，实现留住顾客的目标。关系营销最大的贡献应该说是引起了企业经营哲学的转变，即从以交易为导向转向以关系为导向。

品牌作为企业与顾客联系的桥梁、沟通的媒介能发挥重要作用，品牌关系应运而生。可见品牌关系就是关系营销在品牌层面的运用，即通过品牌来建立企业与顾客的关系。

问题 2：品牌关系的含义是什么？

品牌关系是品牌和顾客通过接触、交换、对话、沟通而产生的物质上的和心理上的联结。[1] 这个定义包括如下三层含义：

（1）在品牌关系结构中，将品牌关系仅限于品牌和顾客两个主体，因为只有这一关系才是最基本最有意义的。

（2）这一定义中，顾客是一个广义的概念，是指和企业有利益关系或者有潜在利益关系的所有人，包括企业产品的接受者（消费者）、企业各要素的提供者、合作伙伴、企业员工以及公众的一部分。

---

[1] 陈鼎藩. 基于价值的品牌关系研究 [D]. 西南石油学院硕士论文，2004.

（3）品牌关系是一个互动的过程。互动包括顾客和品牌企业的产品、服务、员工接触、交流、对话与沟通。通过这一系列的活动，顾客对品牌产生认知、体验、信任及情感，品牌也可以深层次、全面地了解顾客，深度洞悉顾客如何体验品牌旗帜下的产品和服务，从而建立更紧密的关系。

问题 3： 品牌关系的价值是什么？

建立品牌关系的最终目标是建立品牌忠诚关系，有以下五个方面的价值：

1. 品牌忠诚可以给公司带来稳固的利益

根据帕累托法则，顾客并不都是一样的，公司 80% 的利润来自和它建立良好关系的现有顾客。致力发展品牌关系最大的好处在于可以加强顾客的稳定性和提高顾客的终身价值。同时，你也会发现留住一个现有的顾客的花费要比争取一个潜在的顾客更低。现在有很多计算争取潜在顾客和维系现有顾客的成本差异方法，大部分的计算都是根据与顾客的第一次和第二次交易的成本来比较。一般认为，第一次销售成本大约是后续销售成本的 5~10 倍，不过，西尔斯百货公司计算出来的数字却是 20 倍以上。换言之，如果第一次销售成本是 100 元，则第二次的成本只有 5 元。除了这些计算方法，还有一个因素需要考虑，那就是一旦顾客流失了，当初用来争取这个顾客的投资也就随之沉淀了。换句话说，如果顾客对于某品牌的印象不佳，随之而来的，可能是公司必须付出巨大的代价。显而易见，维系现有顾客的关系是降低销售成本、提高公司利益的最佳途径。

2. 品牌忠诚可以形成品牌的竞争优势

品牌忠诚是对竞争者的巨大障碍。成为品牌忠诚的顾客，就意味着其他品牌要想争取他，需要投入大量的资源，因此，新进入市场的公司盈利潜力就降低了。对于有效的障碍而言，有潜力的竞争者必须了解它，对于顾客的易变性，他们不能抱有幻想。

3. 品牌忠诚提供贸易杠杆作用

赢得了顾客强烈忠诚的品牌往往会有优先的货架空间，因为商场知道顾客对这些品牌是钟爱的，具有较好的销路，换句话说，品牌忠诚会影响甚至控制商场的选择决策。例如，一个超级市场，除非它有像海飞丝、佳洁士、海尔这样的品牌，否则，一些顾客将去其他的商场购买。

4. 品牌忠诚有利于吸引新的顾客

现有的顾客对品牌的喜欢，对未来的顾客提供一种保证，尤其当这种购买或多或少地带有冒险性时，通过该品牌已有顾客的言传身教，要远远地胜于直接向顾客宣称自己的产品性能优越、质量可靠、使用安全。同时，这种自发性的宣传也是一种非常有效的销售方式，应该加以利用，看到品牌的真实表现要比记忆广告来得快得多。

5. 品牌忠诚能为竞争威胁争取时间

在激烈的竞争中，新产品层出不穷，而要响应这种创新往往需要一定的回旋余地，如果竞争者开发出一种更能令顾客满意的新产品，那些对该品牌的关系层级不高的顾客就很可能会倒向竞争品牌的那边，这对公司来说无疑是一种损失。但是忠诚的顾客对于这种变化的倾向动机往往较弱，即使要改变品牌也需要经过一段时间的比较，因此公司就可以抓住这段时间改进自己的产品。所以说，顾客忠诚为公司响应竞争活动提供了喘息的空间。

活动：

根据上述品牌关系的概念，学生自己选择一个和自己关系最紧密的品牌，分析自己为什么会和这个品牌关系密切。

考试链接

考试大纲规定考生要掌握关系营销和品牌关系概念，理解品牌关系价值。

第二节　品牌关系创建

根据消费者需求的满足程度和品牌与消费者关系的紧密程度提出品牌关系动态发展的五级模型。五个等级分别是：存在——提示前知名度，相关——满足某种核心的消费需求，功能——产品和绩效，优点——独特的竞争优势，联结——某种情感联系。该模型围绕的主线是消费者需求的满足。其品牌关系建立的逻辑思路是品牌所提供的具有优势的功能性价值和情感性价值满足了消费者的需求，从而最终形成品牌与消费者之间紧密的情感联系。品牌关系动态模型揭示了品牌与消费者关系产生的机理和发展变化的规律，为品牌关系的建立提供了理论依据。

问题： 品牌关系创建的过程是什么？

品牌关系建立的工作流程：第一步就是要了解消费者，关键是了解消费者的需求，这是建立品牌关系的前提。因为所建立的关系是与消费者之间的关系，如果对他们缺乏了解，不知道什么对其是至关重要的，要建立关系就无从谈起。第二步是建立品牌识别系统，目的是通过鲜明的、独树一帜的标识系统引起消费者注意，使他们了解品牌，对品牌产生初步的认知。第三步是塑造鲜明的品牌个性。品牌个性是品牌关系的基础，品牌关系是品牌个性的延伸，这一步是建立品牌关系的关键。第四步是运用品牌传播工具，通过一些传播工具将品牌识别系统和品牌个性进行推广，增加品牌与消费者接触的机会，使其产生品牌联想，提高品牌的知名度。第五步是培育顾客忠诚，开展顾客忠诚计划，将品牌关系向更高一个等级推进，使消费者与品牌的关系更加紧密和牢固。以下将进行详细的论述。

1. 调查消费者行为

如果不能深入、详细地了解消费者，品牌就无法与他们建立深层次的关系。品牌需要找到消费者的动心之处，这是消费者生活的一部分，它反映出消费者对品牌的忠诚以及与品牌相关的程度，表现出消费者的自我观念和认同。找到动心之处的方法之一是观察现有的忠实顾客群，想想为什么他们会如此痴迷？有些量化研究旨在透过表象了解消费者内在的动机，研究数据也十分有帮助。关键是要把消费者当做一个独立的个体而不是一群人去了解品牌是如何与消费者的自我观念和生活方式发生联系的。最后要观察消费者的价值观、信仰、行为、兴趣和拥有物。大多数人的本质从以下三个方面就能体现出来：

（1）价值观与信仰。消费者的价值观与信仰反映了一个人的本质。海尔呼唤"真诚到永远"，引起了有着相同价值观和信仰的消费者强烈的共鸣。雅芳关爱女性健康，创办雅芳乳腺癌认识会及开展"远离乳癌，健康一生"公益活动为女性朋友提供咨询、义诊，在雅芳消费者中激起了很大的反响。苹果公司"换个想法"的口号和耀眼的彩色电脑外壳吸引了那些想法与众不同的消费者，他们极具个性，喜欢挑战貌似强大的竞争者。

（2）行为和兴趣。消费者自我观念的第二个方面是他们的行为和业余爱好，比如说看足球比赛、旅行、做家务、照顾家人、投资和使用产品的方式等。品牌如果成为这些行为或兴趣的一部分，并为消费者带来额外的功能性价值就能深入消费者的生活。像海尔发现一些农村消费者用洗衣机洗红薯后，研制出能够洗红薯的洗衣机，深受这些用户欢迎，他们将海尔当做农民的知心朋友。

（3）拥有物。人所拥有的东西体现了人本身。拥有物的定义在此非常宽泛，包括人员、场所、思想、群体和物件，所有这些都能表现和加深人的自我观念。问题是要把品牌和这些拥有物联系起来。有时候，品牌本身当然就是这个拥有物之一，传达着情感性和自我表现型利益。当一位顾客拿着一件哈雷·戴维森 T 恤说"这个品牌就是我"，告诉品牌如何成为他生活的一部分时，或者当梅赛德斯–奔驰使某人得到一种成就感时，品牌就已经形成了与消费者深层次的关系。

消费者总是喜欢符合自己观念的品牌。每个人对自己有一定的看法，对别人怎样看自己也有一定的要求。他们往往喜欢与自己相似或者与自己崇拜者相似的东西。因此对某一消费群而言，创建与其观念相近的品牌是发展品牌关系的有效战略。品牌的价值观与消费者的价值观越相近，就越容易建立亲密的关系。

2. 设定品牌识别

品牌识别是企业希望创造和保持的、能引起人们对品牌美好印象的联想物，是消费者认识品牌的重要元素，这些联想物暗示着企业对消费者的某种承诺。一个强势品牌必须有一个清晰的、丰富的品牌识别。建立品牌识别特征是使消费者形成鲜明、牢固品牌印象的前提，是一个新品牌创建的核心，也是建立紧密的品牌关系的最基本保障。只有这样才能获得消费者的认知，且在进行品牌传播时言之有物。

品牌识别的努力方向就是要帮助品牌建立与消费者的关系。这可以通过建立的功能性、情感性或自我表现型利益三个方面的认同来表达某种价值取向。完整的品牌识别可以归纳为12项内容，并从四个方面进行归类：作为产品的品牌（产品范围、产品特性、质量/价值、使用体验、用户和原产地）、作为组织的品牌（组织特性、区域性或全球性）、作为人的品牌（个性、关系）、作为符号的品牌（视觉形象/标识和品牌历史）。这些内容构成了品牌识别系统，虽然系统中每一项都和品牌有关，但事实上并非所有的品牌都会反映出所有12项内容。[1]

一般地，一个基本的品牌识别系统应包括核心识别、延伸识别、品牌精髓和价值主题。

（1）核心识别。核心识别是品牌识别中最重要的部分。核心识别的每个方面都要反映组织的战略思想和价值观念，其中至少要有一个方面造成与其他品牌的差异，能与消费者发生共鸣。核心识别不但为消费者也为企业组织提供了注目的焦点，比如海尔意味着真诚与服务至上。这些核心识别比完整的延伸识别更便于在组织内部和外部进行传播。

（2）延伸识别。延伸识别包括品牌核心以外的所有品牌识别的元素，对它们也要进行有意义的分类。核心识别一般是对品牌的简要凝练的概括，但简洁

---

① 戴维·阿克. 创建强势品牌 [M]. 吕一林，译. 北京：中国劳动社会保障出版社，2004.

也会导致内容的模糊，因此延伸识别具体完整的内容就对品牌实施的决策大有裨益。延伸识别里还有一些元素（如品牌个性）常常无法恰当地归入核心识别，但却是非常有价值的，不能忽略。

（3）品牌精髓。品牌精髓一般从2~4个方面精练地概括了品牌的内涵。提炼品牌精髓往往为品牌识别提供了更多的着眼点。品牌精髓不只是简单地把一堆反映核心识别的词组串成一段话，这样做除了复述一遍核心识别外没有其他的意义。相反，品牌精髓在捕捉品牌内涵的同时，还要从某些稍微不同的角度来诠释。品牌精髓是核心识别各要素之间的黏合剂，是带动核心识别各要素协同工作的中轴。

品牌精髓必须具有两个特征：与消费者共鸣和推动企业的价值取向。它是品牌所专有的，能持续不断地造成本品牌和竞争品牌的差异化；它必须不断向企业员工和合作者进行灌输和激励。即使非常简单的话，比如"做得更出色"或"走不同的路"等，也会对认真思考和品味其中含义的人们有所启发。出色地表达品牌精髓的语句往往耐人寻味从而更广为人知。耐克的品牌精髓是"超越"，它包含了耐克品牌识别的各种内容，如卓越的技术、一流的运动员、进取性的人格精神、生产跑鞋的历史和附属品牌"飞腾乔丹"，以及所有希望超越的人们。飞利浦的"让我们做得更好"表现了企业的可信度和追求精益求精。

（4）价值主题。品牌识别系统包括由品牌识别设定的价值主题。除功能性利益外，价值主题还包括情感性利益和自我表现型利益。

情感性利益指的是品牌能在消费者购买和使用的过程中使购买者或使用者产生某种感觉。冲击力强的品牌识别往往包含情感性利益，就像消费者在沃尔沃汽车里能有安全感，在星巴克品咖啡时能体会到温馨、舒适和浪漫，穿上李宁运动服会感到充满青春活力。

当品牌成为人们表达个人主张或展现个人形象的媒介时，自我表现型利益也随之出现了。当然，我们在生活中扮演的角色是多元的，一个人的角色可以是妻子、母亲、作家、青年志愿者和社区合唱团成员，人们扮演不同角色时希望表现的自我观念也不同。购买和使用特定品牌是人们实现自我表现需要的一种方式。例如，一个人拥有一套金利来西装是为了表现他的真正男人味。

3. 塑造品牌个性

品牌往往被赋予人的性格特征或者被描述为具有某种性格的人物角色，品牌因此而获得了个性。品牌个性是吸引人类意识的原因所在。试想一下，我们可以把一个人看做一个品牌。她芳龄二八，金发白肤，身材娇小，漂亮可爱。当你逐渐了解她之后，你们的关系更深入，你就会信任她，喜欢与她相处，甚至当她不在身边时十分想念。有她是一种快乐，你已经被她的价值和关心深深打动。这些就类似于人们与品牌个性所产生的情感效应。总的来说，人类喜欢有人情味的东西。

如果能够为一个品牌创造一个个性，就更容易打动消费者。首先，品牌个性使品牌变得富有情趣、令人难忘，并且使品牌更形象化。无疑，人们对一个人最糟糕的评价莫过于说这个人毫无个性。没有个性的品牌在获得知名度和建立与消费者关系方面困难重重。其次，品牌个性激发起人们关注品牌的活力和朝气，这对许多品牌都非常有益。最后，品牌个性体现了品牌与消费者的关系如朋友、伙伴和良师等。品牌个性所暗示的这些角色模式使品牌与消费者关系的发展更清晰。

4. 进行品牌传播

品牌识别和品牌个性确立以后，不能只停留在纸上，而是要存在于消费者的心里，这只能通过传播来实现。在进行品牌传播时，要确保品牌与消费者的每个接触点都传达一致的、有效的信息，其中包括产品的使用、店内陈列、广告、经销商会议、赞助活动、记者采访、电话、展览会等多个层面和渠道。

品牌关系产生的一个前提条件是消费者必须对品牌有一定的了解和认识，因此，品牌传播的首要任务应是建立起品牌的知名度并形成品牌联想。只有品牌具有了知名度，消费者在购买产品时才能将这个品牌列入考虑的范围；也只有形成了牢固的品牌联想，才能促使消费者形成牢固的记忆，形成对品牌的认知。

5. 品牌忠诚

忠诚顾客会购买其所需要的，同时又是企业所提供的一切产品或服务。他们的购买行为很固定，与品牌有着强烈的、不断加深的关系，并对其他企业或品牌的诱惑具有免疫力。要建立顾客对品牌的忠诚，首先企业要对顾客忠诚，即把用户真正当做朋友。提高顾客忠诚度的方法，就是设法加强他们和品牌之间的亲密关系，以下所讨论的方法有助于关系的加强。

（1）常客奖励计划。留住顾客的一个有效方法就是回报奖励。如今每个人的钱包里肯定有不少诸如会员卡、金卡、贵宾卡、积分卡等类型的卡片，这种始于航空业的"累计航程计划"也被各行各业广泛采用。它不但提高了品牌的价值感，同时让消费者觉得自己的忠诚获得了回报而值得继续忠诚。

常客奖励计划的主要形式是积分制。积分制的基本内容是：顾客每消费一次，都会根据消费机会获得免费消费的产品。既可以是本企业的产品，又可以是相关企业的产品。例如，在许多航空公司推出的里程积分制中，奖品有免费机票，也有某家饭店的免费客房和早餐，还有免费度假的机会。除产品外，企业还可以提供折扣产品和赠品。

常客奖励计划常常带来负面效应，容易被模仿，甚至竞争对手会做得更好。由于竞争形势所迫，如果竞争者都加以模仿，就会加重所有实施者的负担。

（2）会员俱乐部。有学者形象地把会员俱乐部称之为"圈人运动"——将大量的目标顾客圈入自己的势力范围，并且经常举办一些内部活动，提供一些特别的服务，让会员感到自己被重视。会员俱乐部一个很好的例子是哈雷车主俱乐部。哈雷·戴维森公司向会员提供一本杂志（介绍摩托车知识，报道国际国内的摩托车比赛）、一本旅游手册、紧急修理服务、特别设计的保险项目、价格优惠的旅馆，还经常举办骑乘培训班和周末骑车大赛。结果是哈雷摩托车车主们对哈雷有令人吃惊的忠诚，他们将哈雷的标志文在胳膊上或全身，哈雷摩托已成为车主生活的一部分。有人戏言，如果你向哈雷会员推荐本田摩托，那么你会被暴扁一顿。

（3）资料库营销。资料库营销运用储存的有关企业与顾客关系的所有信息来辅助个性化沟通，培育顾客忠诚。资料库让营销人员"看得见"顾客和潜在顾客，并对顾客进行分类，针对不同顾客，采取不同的措施。

（4）创造顾客价值和满意。满意的顾客才有可能忠诚，企业真正要做的是从顾客角度考虑问题。许多企业的"顾客第一"往往只是流于形式的宣传口号。顾客需要的是关心和关切，而不是不理不睬；是公平的礼遇，而不是埋怨；是明白与负责的反应，而不是"抱歉，这是公司政策"；是迅速和彻底，而不是拖延和沉默。顾客在每一次与企业发生接触时，他们会根据自己的感受，对企业的产品/服务作出评价，从而决定是否值得对品牌忠诚。

67

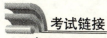

考试链接

考试大纲规定考生要掌握品牌关系创建的步骤，以及每个步骤的具体内容。

第三节 品牌关系管理

问题 1： 品牌关系管理的含义是什么？

品牌关系管理是指一种活动或努力，通过这种活动或努力，建立、维持以及强化品牌与顾客之间的关系，并且通过互动的、个性化的、长期的、以增加价值为目的的接触、交流与沟通，以及对承诺的履行，来持续地增强这种关系。

品牌关系管理不仅仅是一种思想或一种活动与努力，更是一种全新的品牌管理方法，将传统的纯粹收益管理转变为以顾客为中心的收益管理，强调品牌与顾客之间的交流与关系。品牌关系管理是关系营销、定制营销和一对一营销在实践中的具体运用。关系营销、定制营销和一对一营销的思想已经出现了一段时间，但以前限于技术原因一直未能在营销实践中完全付诸实施。随着互联网等新技术的出现和发展，对每个顾客资料的收集和处理成为可能，特别是营销自动化系统的出现将根本性地变革营销过程，并且将关系营销、定制营销和一对一营销的概念由理论变为实践。一对一营销与定制营销不同于过去盛行的大规模营销，大规模营销提供标准化的产品和服务，认为顾客具有互换性，通过抽样和预测技术来获取市场知识，以获取更多的顾客作为成功的标准；而一对一营销与定制营销则将每一个顾客视为独立的个体，用定制的方法提供定制的产品和服务，通过与每个顾客的对话与反馈来获取市场知识，判断成功与否的主要标准不是获得更多的顾客，而是保持顾客和提高顾客的购买量。

品牌关系管理的目标是，在顾客的生命周期中，通过每次卖给同一顾客尽可能多的产品（交叉销售）以及吸引原有顾客持续购买来提高顾客的忠诚度。这与传统的大规模营销形成了鲜明的对比，因为大规模营销的目标是在以后的时间里卖给顾客尽可能多的产品，而且顾客没有选择性。

品牌关系管理是一种互动式的营销管理。在互动过程中，可以培养顾客的品牌体验与品牌感觉，进而提高顾客的品牌忠诚度，增强品牌与顾客之间的关系。

问题 2：品牌关系管理特点是什么？

品牌关系管理与传统品牌管理有着明显的不同，总结如下：[①]

（1）传统品牌管理的核心是交易，企业通过与顾客发生交易活动从中获利，是以交易为导向，指导思想是大规模营销；品牌关系管理的核心是关系，企业从顾客与其品牌的良好关系中获利，是以关系为导向，指导思想是一对一营销和定制营销。

（2）传统的品牌管理围绕着如何争夺新顾客和获得更多的顾客；品牌关系管理则更为强调以更少的成本留住顾客或保持顾客。

（3）传统的品牌管理强调高市场份额，认为高市场份额代表高品牌忠诚度，但是真正的品牌忠诚是一个远比市场份额复杂的概念，因为品牌忠诚还包括顾客的偏爱和态度；品牌关系管理则着重强调顾客占有率，顾客占有率是指企业

---

① 马永生. 品牌关系管理——品牌管理的未来趋势 [J]. 经济管理，2001（22）.

赢得一个顾客终身购买物品的百分比，测度的是同一顾客是否持续购买。

（4）传统的品牌管理考虑的是使每一笔交易的收益最大化，品牌关系管理则考虑与顾客保持长期关系所带来的收益和贡献，即通过使顾客满意并同顾客建立关系，开发顾客的终身价值。许多营销者已经认识到，他们与顾客之间并不是一次交易，而是要留住顾客一辈子。通过与顾客建立更紧密的关系，可以获得更多的收益，因此他们不再考虑每次交易的价值最大化，而是通过建立顾客关系和让顾客满意来使得顾客终身价值最大化。

（5）传统的品牌管理是有限的顾客参与和适度的顾客联系；品牌关系管理强调高度的顾客参与和紧密的顾客联系。

问题 3： 品牌关系管理的关键是什么？

1. 加强顾客数据库建设

许多企业之所以建立顾客数据库及其他一些相关系统，主要是为了销售、开具账单和支付更加自动化和富有效率，目的是让企业受益，而不是让顾客受益，这是典型的、强烈的交易心态，而不是关系心态。建设和管理顾客数据库及相关系统的意义应在于以下四个方面：

（1）加深对顾客的理解。企业可以更深刻地理解和随时掌握随时间变化而变化的顾客的期望、态度和行为，从而可以更好地为顾客提供服务和支持，增加顾客的价值。

（2）有利于决策。品牌关系管理的挑战来自于这样一个事实，即发生在企业的第一线。在许多情况下，少数员工知道对于顾客发生了什么。更为常见的是，新投资及流程设计等主要决策的决策者对于从头到尾的影响知之甚少，而这些决策会对顾客和品牌关系产生影响，顾客数据库可为决策提供信息。

（3）有利于顾客信息的开发和利用。通过顾客数据库来开发顾客信息，可以深刻地理解顾客和获得真实的顾客知识，这不仅有助于驱动差别和创新，而且有助于交叉销售和溢价销售。

（4）有利于传递一致的信息。例如，企业的每个部门都知道谁是该部门最有价值的顾客，通过顾客数据库，可以将这样的部门信息在企业层面上进行整合和实现共享，从而使得每个部门都能识别对于企业而言最重要的顾客。以一家银行为例，假如没有通过顾客数据库共享顾客信息，一位高利润的抵押贷款顾客就可能被其他部门认为是新顾客，则将这位重要的顾客当做"高风险"顾客来对待。顾客信息不仅要在全企业内共享，同时还要与合作伙伴共享，因为合作伙伴的经营活动也是品牌关系管理的一个组成部分。

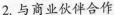

2. 与商业伙伴合作

顾客的要求越来越严格，期望值越来越高，竞争者越来越具有挑战性，企业逐渐地认识到它们既不能依据其现在提供的产品和服务限制市场选择，又不能独自有效地满足顾客的全部需要和更好地服务于顾客。因此，企业必须与商业伙伴进行合作，这对于企业目前及未来的成功极其重要。商业伙伴可能是供应商、分销商、联合的产品开发者或是外购服务的供应商。应该注意的是，在合作之前，企业必须对其自身或潜在合作伙伴的能力作出确切的评估，明确自己与合作伙伴的优势，这样企业才能选择最佳的合作伙伴，才能最有效地利用自身与合作伙伴的经营资源和最大限度地发挥优势。当然，在与商业伙伴进行合作的过程中，不仅要共享物质资源，还要共享信息，整合目标、制度与业务流程。

3. 内部品牌化

（1）全员参与品牌关系建设。顾客永远将企业视为一个整体。品牌关系管理的挑战实质上是企业的每一个员工在其所做的每件事上都应表现出一致的品牌承诺。顾客价值也不能由营销、销售、顾客服务和支持等部门单独去创造和传递，品牌关系管理不仅仅是营销、销售、顾客服务和支持人员的事，从企业高层经理人员到基层第一线的所有员工都要参与到品牌关系管理中，都要切实负起责任。只有这样，才能保证品牌关系管理目标的实现。

（2）企业高层经理人员负责品牌关系管理。企业高层经理人员负责品牌关系管理，其目的或实质是管理顾客关系。全面品牌关系管理只能由企业高层经理人员担任，因为：首先，只有他们拥有全面品牌管理所必需的权力、技能与洞察力，才能够为重大投资决策（如在品牌关系上投入资金、时间与精力）的制定、新产品的开发以及新的业务流程的设计指明方向；其次，能够协调各品牌之间的关系，将企业视为一个整体而建立一致的品牌形象和传播一致的品牌信息，并能够要求品牌经理为达到他们的目标而负责；最后，创造顾客价值涉及整个组织的设置、员工的激励和战略的制定，而这些必须来自于企业高层的支持。

（3）向员工充分授权。向员工充分授权就是上级要赋予下级完成本职工作所必需的自主权和行动权。首先，向员工充分授权不仅会增加员工的责任感，同时更是对员工的激励，激励员工为顾客创造更大的价值；其次，向与顾客直接接触的第一线员工授权，可以最大限度地降低顾客成本（如时间成本、体力成本），增加顾客让渡价值；最后，当员工拥有足够的权力时，就能及时、有效地处理顾客的问题或要求，从而让顾客产生员工能力强、企业办事效率高等感觉和印象，而这种感觉和印象是顾客忠诚的重要影响因素。

（4）打造敏捷业务流程。许多企业的现实状况是：组织结构是刚性的直线职能制，功能性或职能性边界依然保留，业务流程的设计主要是为了使得企业便捷，而不是为了使得顾客便捷，企业文化具有惰性。企业只有对其经营思维模式重新定位，以顾客为中心来设计组织结构、业务流程和建设企业文化，才能保持组织结构、业务流程和企业文化上的敏捷性，最终迅速地对顾客的问题与要求、竞争对手的挑战和市场机会作出反应（如经营战略和策略方向的调整）。

4. 管理品牌体验

体验经济时代已经来临，我们正在进入一个经济的新纪元：体验经济已经逐渐成为继服务经济之后又一个经济发展阶段。在此阶段，体验将超越产品和服务的功能利益，成为满足消费者深层次需求的提供物。

（1）品牌体验的含义。品牌体验是品牌与顾客之间的互动行为过程，是通过令人耳目一新的品牌标识、鲜明的品牌个性、丰富的品牌联想、充满激情的品牌活动来让顾客体验到"快乐"、"酷"、"爽"，从而与品牌建立起强有力的关系，达到高度的品牌忠诚。

运用品牌体验，能够营造一种生活和文化氛围、一个精神世界，这样可以帮助消费者找出潜在的心理需求，激发购买欲望。这种为引起消费者共鸣而进行的体验设计，既要与产品特色相适应，又要与目标消费者的潜意识需求相吻合，从而使得处于感性层面的产品已不仅仅是某种具有自然属性的物，而是一种精神产品。

71

品牌体验通过新颖、形象的创意思路，借助丰富多彩、生动有趣的执行手段来演绎品牌的风格，表达品牌主张，达到与消费者沟通的目的。

品牌体验吸引消费者的参与，并借助参与产生互动，让消费者真正成为活动的主体，从而促使消费者接受品牌所传递的信息，并产生消费的引力。品牌体验已成为越来越多的跨国公司进行品牌塑造、传播和提高顾客忠诚的重要战略方法。

（2）品牌体验的实施。施密特教授提出的 SEMs（战略体验模块）为实施品牌体验指明了方向，即按照消费者心理认知过程，从感觉、情感、思维、行动和关系五个层面来提供体验。[①]

①感觉。品牌体验要给消费者全面的感官刺激。如果消费者的视觉、味觉、嗅觉、听觉、触觉不时受到刺激，那么他们的感受将更深刻：像哈根达斯在冰淇淋大厅准备样品让人们品尝；宝马赞助的网球与高尔夫巡回赛为人们提

---

① 伯恩德·H. 施密特. 体验式营销 [M]. 北京：中国三峡出版社，2001.

供试车的机会；衬衫制造商托马斯·平克的商店里充满了亚麻织物的气味；装在金色或铂金容器里的机油让人感觉比放在蓝色或黑色容器里的机油品质要高，这些都是感觉体验的成功运用。

②情感。在这一层面，要使用情感刺激物（活动、催化剂和物体）引出一种心情或者一种特定的情调，来影响消费者的情绪和情感。星巴克咖啡店堪称是提供情感体验的典范。起居室般的家具摆设、典雅的色调、清雅的音乐、热情的服务、浓浓的咖啡香味、嘶嘶的煮咖啡声，这一切让每一位走进星巴克的顾客无不体验到优雅、安静、和谐、舒适与温馨，成为他们生活的"第三空间"。

③思维。以上两种体验都是感性上的，而思维体验则是理性方面。它要启发的是人们的智力，创造性地让人们获得认识和解决问题的体验。它运用惊奇、计谋和诱惑引发顾客产生一系列统一或各异的想法。比如微软"今天你要去哪里"的宣传，目的就是启发人们去理解"计算机在 20 世纪 90 年代对人们的意义"。

④行动。人们的主动参与将会获得更深刻的感受。在此阶段，品牌体验要通过吸引人们主动参与，提高人们的生理体验，展示做事情的其他方法和另一种生活方式来使品牌成为人们生活的一部分，像耐克的"JUST DO IT"广告家喻户晓，潜台词是"无须思考，直接行动"，颇具煽动性。

⑤关系。品牌体验的最终目的就是要使品牌与消费者结成某种关系。要建立关系必须对消费者有深刻的了解。首先，要找到他们的动心之处——他们生活的一部分，能够表现出自我观念和认同；其次，把消费者当做一个个体而非群体来了解品牌是如何与其自我观念和生活方式发生联系的；最后，要观察消费者的价值观、信仰、行为、兴趣和所拥有的物品。像哈雷摩托车车主们将哈雷的标志文在胳膊上或全身，哈雷摩托已成为车主生活的一部分，象征着一种自由、洒脱、叛逆的生活方式。正如《纽约时报》写道："假如你拥有了一辆哈雷，你就成为兄弟会一员；如果你没有，你就不是。"

活动：

根据上述品牌关系管理内容，学生自己选择一个品牌，分析这个品牌体验的做法，并判断这个品牌体验的做法效果如何。

考试链接

考试大纲规定考生要掌握品牌关系管理的概念、特点和品牌关系管理的重点。

案例分析

体验新宜家（IKEA）

知道宜家这个品牌已经很久了。2010年4月12日，宜家北京新店开门迎客。真实的宜家到底是什么样子，不如亲身去体验一回比较好。

走进宜家乘手扶电梯上三楼，也不去看那导购指南，随着感觉走。宜家对它号称的77个样板间确实花了不少心思，每一个都因地制宜做了不同的设计和布置。浪漫的、优雅的、温馨的、自然的、活泼的……只要你想得到的风格，这里基本上都能找到。你甚至可以坐下来，躺下来，拉开抽屉，打开壁灯，亲自体会一下"自己家"的味道。难怪有来过宜家的朋友说，恨不得把整个样板间都搬回去。想想，这样倒也省事。而事实上，据我所知，无论是欧美还是中国，还真有不少搞装修的家庭拿着《宜家目录》来宜家寻找灵感。

从客厅，到卧室，到厨房，到餐厅，到浴室，到工作室……一路看下来，感受最深的是，宜家"简约"到极致的审美情趣——简化一切可以简化的设计，利用一切可以利用的空间。简单就是美，在这一点上，我与宜家显然是相通的。同时，它的这种简约主义，也迎合了大多数年轻人的居家需要——这年头，蜗居两间已是不错，能有空间把家具随意铺陈的年轻新贵，毕竟是少数。

宜家有些东西，乍一看似乎没什么特别的，可当你亲自去坐坐、摸摸，仔仔细细地去玩味，会感受到一种说不出的舒服。颜色、材质、款式、做工……点点滴滴，方方面面，对细节、品位的完美追求，本就是宜家与别人的最大区别之一。即使是宜家的垃圾桶，也设计得比别家考究。不知不觉逛到宜家的瑞典餐厅，本来我是没打算喝咖啡的，后来发现装咖啡的纸杯精美不已，忍不住就拿了一个。吃饭时端着这个艺术品般的杯子慢慢地把玩，实在是一种享受！不好意思拿出来，最后无限可惜地把它留在了餐厅。

一般人初次来宜家购物，会很不习惯，因为这里没有其他商场那样的销售人员给你介绍、开票。DIY，自己为自己服务，这也是宜家的特色之一。准备进卖场的时候，你最好准备好纸和笔，把商品的信息记录下来，然后到一楼去提货。如果忘记了准备也没关系，宜家卖场里到处可以找到这两样东西——没有主动服务，并不代表没有服务。宜家的大标签上清清楚楚、详详细细地写着各类商品的信息，并教你如何选购被子、枕头、橱柜等商品，有必要的话，你还可以上咨询台求助服务人员。DIY贯穿于宜家的各个销售环节，东西选好后，你得自己去仓库提货，自己搬回家，自己组装（宜家的家具大部分是散件，平板包装，听说是为了便于搬运）——当然，这些活也可以请宜家的专业人员帮忙，只要你不心疼腰包。

宜家一楼是仓库所在地，高度估计有十来米，分类堆放了各类家具和其他家居产品。顾客看好大件东西后凭记录可以自己直接在这里取货，每类商品旁边都放了一个样品，非常直观，即使不打开包装也不会担心搞错——你能想到的，宜家基本上都替你想到了。为了彻底打消消费者的顾虑，仓库上方还挂了这样的条幅，"即使你后悔了，也不要紧，宜家给你60天的退货期"——国外的宜家是14天，从这个角度来说，宜家对咱中国人还是挺够意思的。

资料来源：王逸凡.体验新宜家（IKEA）[EB/OL]. http://www.emkt.com.cn/article/261/26174.html，2006-05-09.

➡ 问题讨论：
宜家卖场给消费者的体验对促进销售有什么作用？

本章小结

本章首先介绍了关系营销概念，关系营销是指所有目的在于建立、发展和维持同顾客成功的交换关系。关系营销是一个划时代的创建和营销新范式，此后，营销焦点从交易转向了关系。品牌关系是品牌和顾客通过接触、交换、对话、沟通而产生的物质上的和心理上的联结。建立品牌关系的最终目标是建立品牌忠诚关系，意义有以下五个方面：品牌忠诚可以给公司带来稳固的利益、品牌忠诚可以形成品牌的竞争优势、品牌忠诚提供贸易杠杆作用、品牌忠诚有利于吸引新的顾客、品牌忠诚能为竞争威胁争取时间。

如何创建品牌关系也是本章重点内容。创建品牌主要有五个步骤：第一步就是要了解消费者，这是建立品牌关系的前提；第二步是建立品牌识别系统，目的是通过鲜明的、独树一帜的标识系统引起消费者注意，使他们了解品牌，对品牌产生初步的认知；第三步是塑造鲜明的品牌个性，品牌个性是品牌关系的基础；第四步是运用品牌传播工具，通过一些传播工具将品牌识别系统和品牌个性进行推广，增加品牌与消费者接触的机会，使其产生品牌联想，提高品牌的知名度；第五步是培育顾客忠诚，开展顾客忠诚计划，将品牌关系向更高一个等级推进，使消费者与品牌的关系更加紧密和牢固。

最后介绍了品牌关系管理的概念和方法。品牌关系管理是指一种活动或努力，通过这种活动或努力，建立、维持以及强化品牌与顾客之间的关系，并且通过互动的、个性化的、长期的、以增加价值为目的的接触、交流与沟通，以及对承诺的履行，来持续地增强这种关系。品牌关系管理中关键有几点：加强顾客数据库建设、与商业伙伴合作、内部品牌化、管理品牌体验等。

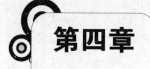

第四章

品牌定位

学习目标 ★★★★

知识要求 通过本章的学习，掌握：

● 定位理论的来源
● 定位理论的发展阶段
● 品牌定位的概念
● 品牌定位的误区、原则及意义
● 品牌定位的程序
● 品牌定位的策略
● 品牌定位图

技能要求 通过本章的学习，能够：

● 掌握品牌定位的程序
● 熟记品牌定位的策略
● 掌握品牌定位的技术

学习指导 ★★★★

1. 本章内容包括：以品牌定位为例展开论述，重点在于理解品牌定位的概念，品牌定位的误区、原则及意义，品牌定位的程序，品牌定位的策略和技术等内容。

2. 学习方法：结合案例和阅读材料，深刻理解定位的理论和原则，通过小组讨论掌握品牌定位的程序，熟记品牌定位的策略，通过做练习掌握品牌定位技术。

3. 建议学时：4 学时。

 引导案例

血尔的品牌定位

中国补血保健品市场硝烟弥漫，竞争十分激烈。在血尔面市之前，中国补血保健品市场的龙头老大是红桃 K。红桃 K 的 CEO 谢圣明醉心于毛泽东的军事思想，并将其用在商战上，在推广红桃 K 时，运用的是"以农村包围城市"的战略，此战略极为成功。其产品迅速被广大农村消费者所接受，红桃 K 一举成功登上补血保健品市场老大的宝座。

后起之秀血尔深知挑战红桃 K 的不易，遂发起进攻誓夺行业老二的交椅。在定位上，血尔避开"红桃 K 补血快"的诉求，以"补血功效更持久"的功能性诉求定位品牌。配合品牌定位，血尔宣传其产品由诺贝尔成果转化而来，其"生血因子 PI 与强身因子 EAA 相溶，实现了效果持久的补血"。此定位一上市就吸引了城市消费者的眼球，并迅速形成一场补血风暴。

虽然红桃 K 是补血市场的老大，牢牢占据着"补血快"的市场，并拥有了很强的实力，但血尔却找准了补血市场的空当，巧妙地将自己的定位区别于红桃 K——两个不同的概念，谁比谁更有优势，无论是圈内人，还是局外人，都无法作结论。但血尔的"功效持久"之说，却击中了红桃 K 的软肋。

城市市场一直是红桃 K 的软肋，血尔通过分析红桃 K 的市场战略意图，首先将战场设在沿海发达地区的大中城市如广州、深圳、福州、厦门等。战线没有拉得过长，毕竟红桃 K 是市场主导者，自知不是红桃 K 的对手，如果一上市就遭到它的打击，其后果不敢想象。血尔悄悄地在海岸线上迂回，进驻红桃 K 的市场"盲点"。血尔的城市攻略无疑是成功的，其销量直线上升，开局得胜！

2002 年年初，血尔在华东大部分城市市场的销量已超过红桃 K，并迅速成长为补血产品市场的第二品牌。血尔的厂家康富来公司被政府有关部门列为实施 HACCP 认证的先行试点，这无形中又提升了血尔的品牌价值。

资料来源：丁桂兰.品牌管理 [M].武汉：华中科技大学出版社，2008.

➡ **问题：**

1. 结合案例分析血尔的定位策略。

2. 结合案例分析上述两个品牌产品的目标市场。

在当今买方市场上，每天都有新的产品和新的品牌与消费者见面。任何一个品牌想要在激烈的市场竞争中脱颖而出，能够在消费者心目中占有一定的位置，使消费者在购买、挑选商品时能够有效地将自己与其他品牌进行区分，就必须进行品牌定位。

第一节　品牌定位概述

问题 1：定位理论经历了几个发展阶段？

1969 年 6 月，艾尔·里斯（Al Ries）和杰克·特劳特（Jack Trout）在美国营销杂志《工业营销》（Industrial Marketing）上发表了一篇题目为《定位是人们在今日模仿主义市场所玩的竞赛》的文章，并首次提出了定位这一概念，引起了极大的反响。1972 年，两人为专业刊物《广告时代》（Advertising Age）撰写了名为"定位时代"的系列文章。1979 年，两位大师再次合作，出版了第一部论述定位的专著《广告攻心战略——品牌定位》，并首次将定位策略上升为系统的定位理论。经过多年的实践和发展，定位理论不断地成熟和完善，其原则、内涵、种类和战略传播等内容得到了不断的丰富，逐步成为市场营销理论中的重要组成部分。

从定位理论的产生和发展历史来看，定位理论的演进主要经历了三个阶段，即 USP 理论阶段、品牌形象理论阶段、定位理论阶段。

问题 2：USP 理论的内涵是什么？

1. 20 世纪 50 年代至 60 年代初期，USP 理论

这个时期正处在市场营销观念从产品观念向推销观念的转变时期。20 世纪 50 年代之前，受世界大战、当时社会生产力发展水平等因素影响，商品供不应求。同时消费者承受能力有限，他们更注重实效。企业只要能生产出高质量且具有特色的产品，并且积极地组织推销和促销，就可以很快占领市场。而消费者这种理性的购买行为，也使得当时的广告人将全部的注意力都集中在产品特性和消费者的利益上，以理性诉求为主。

后来，随着经济的快速发展和生产力的不断提高，商品日益丰富，同质化的产品和信息诉求已经很难吸引消费者的关注。激烈的市场竞争，让差异化营销成为企业主要的营销战略选择。当时的代表理论是美国罗瑟·瑞夫斯

（Rosser Reeves）所提出的 USP（Unique Selling Proposition）理论，即"独特的销售主张"。[①]

这一理论的基本内涵是：找出该品牌的特性——Unique；发现适合消费者需求的销售——Selling；发挥建议的功能——Proposition。同时，USP 理论还提出，每则广告都要向消费者提出一个主张，这个主张必须是自己所特有的，是竞争对手不能或还没有提出的，并且有足够的促销力，可以打动消费者。这一理论在广告界引起了广泛的关注，得到大家的热烈响应，在 60 年代受到了普遍的推广。

2. 20 世纪 60 年代以后，品牌形象论

这个时期正处于推销观念向市场营销观念的转变时期。20 世纪 60 年代之后，生产力水平继续不断地提高，产品市场上开始出现供过于求的状况，买方市场正在形成之中。社会化大生产的分工协作原则使得不同的企业都在按照相同的标准生产出同样的产品，产品之间的差异越来越小，同质性越来越高，市场竞争日益激烈。企业要想在这样的市场中取得骄人的成绩，获取市场竞争的优势，不能仅仅依靠产品自身的特点，还要使自己的品牌具有不同于其他竞争者的形象。在这种背景下，广告大师大卫·奥格威提出了品牌形象（Brand Image）理论，其基本观点是：为品牌树立一种与众不同的形象可以使企业更容易获得较高的市场占有率；每一则广告都是其对品牌印象所做出的长期投资；描绘品牌的形象比强调产品具体的功能性特征更为重要。

3. 20 世纪 70 年代以后，品牌定位理论

这时期，生产力、科技、管理等多方面的因素使得企业和其生产的产品数量急剧增加，导致供远大于求的局面出现，买方市场的格局基本上形成。层出不穷的品牌、眼花缭乱的产品，让消费者无所适从，不知道该怎么选择。与此同时，消费者又在不断分化，强调个性化的需求。而如何打动消费者，并为其提供一个具有诱惑力的购买理由成了所有企业都在思考的问题。定位理论的诞生，给这些企业指明了一条发展道路，使营销管理进入定位主导的时代。艾尔·里斯和杰克·特劳特的基本观点是：定位的起点是目标消费者的心理，而不是产品本身；明确产品的目标市场，将产品在目标市场消费者心中的位置定下来；跟随领先品牌的策略往往效果是不好的；等等。定位理论的精髓就在于告诉企业要瞄准目标市场，集中火力，舍弃普通平常的东西，转而强调富有个性的东西，努力向消费者传达自己的与众不同之处，而这些恰巧是竞争对手都不具备，但是却能给消费者带来巨大利益的。

---

① 汪涛.现代广告学 [M].武汉：武汉大学出版社，1998：72~74.

通过上面的分析可以看出，USP 理论、品牌形象论和品牌定位理论在产生的时间、背景、主要的观点等诸多方面都存在明显的不同之处。

经过这么多年的发展，定位理论日趋完善，并超越了以往的 USP 理论和品牌形象论，被奉为新时代的经典。就连当时正如日中天的广告大师大卫·奥格威，也在 1971 年于《纽约时报》用整版来公布他认为的"38 种具有销售力的方法"时，把定位排在第一位。①

问题 3：如何定义品牌定位概念？

"定位"是什么？艾尔·里斯和杰克·特劳特在其著作中提出：定位是针对现有产品的创造性的思维活动，它不是对产品采取什么行动，而是指要针对潜在顾客的心理采取行动，是要将产品定位在顾客的心中。定位并不是改变产品本身，而是要在消费者心中占领一个有利的地位。以此为基础的品牌定位（Brand Position）理论指的是建立（或重新塑造）一个与目标市场有关的品牌形象的过程与结果。换言之，即指为某个特定品牌确定一个适当的市场位置，使商品在消费者的心中占领一个有利的位置，与其建立一种内在的联系，当某种需要一旦产生，人们会先想到某一品牌。例如，海飞丝长期以来一直定位于"去头皮屑"，当消费者饱受头皮屑之苦、急需解决问题时，就立刻会想到专业的去屑专家——海飞丝，从而产生购买欲望。

81

第二节　品牌定位的误区、原则及意义

问题 1：品牌定位的误区表现在几个方面？

企业谈定位，似乎已成为了一种时尚。然而，综观世界上成千上万的品牌，真正能够在消费者心目中占据一定位置，留下深刻印象的，可谓是少之又少。企业对品牌定位认识的偏差，以及在实施过程中的操作失误，导致其品牌属性淡化，在市场上缺乏持续的竞争力，定位发挥不了应有的效果。具体来说，主要的误区有以下四个方面：

1. 品牌定位缺乏一致性

现实经营中，有很多企业，受短期利益的驱动或是盲目地跟随流行概念，

① 中国营销总监职业培训教材编委会. 品牌营销 [M]. 北京：朝华出版社，2004：47.

在缺乏长远规划的情况下，随意将品牌定位变来变去，使其缺乏一致性。消费者对品牌的深刻印象，是通过企业长期的、一致的营销活动获得的。频繁变换的或混乱的品牌定位，只会让消费者对企业及其品牌的认识日趋模糊，无视其特色，最终为消费者所摒弃。

成功贵在坚持。持之以恒、一以贯之的品牌定位能够使原本平淡无奇的品牌在消费者心目中深深地扎根，留下独特的印象，并为消费者普遍接受，进而成为世界著名品牌，从而获得成功。

2. 品牌定位缺乏整体的规划

品牌定位是一项系统工程。企业在进行品牌定位时，首先要结合其长期战略目标，同时还要借助广告宣传、产品功能介绍、价格定位、渠道选择等其他营销手段，并通过长期的策划与维护，才能逐步建立起强势品牌。这是一个极其漫长的过程，必须从全局考虑、通盘考虑，做整体规划，不能只做品牌而忽视营销组合等方面的协调统一。著名企业诺基亚将其品牌定位于"科技以人为本"。他们除了在广告等宣传中反复强调这一定位，使消费者形成对它的初步印象之外，还通过不断开发和设计出更贴近消费者需求的产品来强化这一主张，实现其品牌定位。通过对消费者需求的研究，真正地把"科技以人为本"的品牌定位全面贯彻到功能开发、外观设计、价格定位、影视广告等一系列研发和营销传播活动中，使诺基亚在全球市场上取得了骄人的业绩。

82

3. 求全定位

求全定位也可以称之为过分定位。企业在宣传品牌时，往往希望能将其所有的优势都传递给消费者，并坚信这样可以更多地获得消费者的认同，刺激购买欲望。事实上，这种求全的做法往往适得其反。

求全定位往往会让消费者产生怀疑，或对品牌形象认识更加模糊，反而使定位的初衷不能实现。例如，通用汽车公司的凯迪拉克分部导入悉米路车，该车的定位是类似于豪华的宝马、奔驰和奥迪。该车有军用皮座位，有行李架，大量镀铬，凯迪拉克的标志打在底盘上，可顾客们只是把它看成一种雪佛莱的卡非拉和奥斯莫比尔的菲尔扎组合的玩具车。这辆车的定位是"比更多还要多"，但顾客却认为它有"多种不足"。①

---

① 李倩茹，李培亮. 品牌营销实务 [M]. 广州：广东经济出版社，2002：88.

宝洁公司的潘婷洗发水，其诉求的主题和品牌的定位却多年来始终如一——"从发根渗透到发梢，使头发健康亮泽"的营养型个性。长期定位的一致性，让消费者将"营养头发"与潘婷紧密结合起来，看到潘婷就知道它是给头发补充营养的，而一旦感觉到秀发营养不足，则会立刻想到用潘婷来解决问题。正是通过对消费者兴趣点的充分挖掘，潘婷品牌在消费者心目中占据有利位置，一旦消费者产生了这种需求，就不会"心有旁骛"。

4. 品牌定位不足

定位不足是一种不充分定位。在激烈的市场竞争中，一个品牌想要从同一类产品的成千上万个品牌中脱颖而出，就必须形成自己独特的卖点，吸引消费者的眼球，进一步刺激其购买欲望。目前市场上的同类产品之间差异很小，再加上雷同的广告宣传，使消费者对于它们之间的差异了解不足。定位的模糊，让消费者意识不到这些品牌的独特之处，不能在其心目中树立起明确的品牌形象。例如，顺爽用女明星舒淇来演绎"一顺到底才叫爽"，试图通过明星与大投入去满足消费者对"头发柔顺"的需求，但是飘柔长期以来的"头发柔顺"定位，注定了顺爽的失利。

问题 2：品牌定位有哪些原则？

在进行品牌定位的过程中，全面、正确和灵活地运用定位原则，是确保品牌定位成功的关键。一般来说，品牌定位需要把握以下原则：

1. 以目标消费者为中心的原则

品牌定位，其实是要借助传播等手段使品牌在消费者心目中占据一个有利的位置，因此要将品牌的利益与消费者心理上的需要结合起来。企业在进行品牌定位之前，必须考虑目标消费者的特征，通过科学的市场调查了解消费者的需求，以求其定位与消费者的需求相吻合，并通过一系列营销活动向目标消费者传达这一定位信息，让消费者感觉到这一品牌就是他们所需要的，这样才能真正占据消费者的心。

2. 符合企业实际的原则

品牌定位之前还要考虑企业的规模、技术水平、管理能力等。企业的品牌定位，一方面要能促进资源的充分利用，发挥最大的效能；另一方面也不能好高骛远，不顾实际情况，做力所不能及的事。例如，企业品牌定位于"时尚的代言人"，就必须拥有年轻、时尚、敢于不断创新的团队；定位于国际性的大品牌，就要有先进的经营管理水平、雄厚的资金支持等。

3. 差异化原则

任何一个品牌的定位，都要与竞争对手有所不同。只有拥有自己的特色，才能具有个性，给消费者留下深刻的印象。否则，消费者很难对后进入市场的品牌产生信赖感。1994年年末白加黑推向市场时，并没有跟进当时感冒药的领导品牌康泰克的"长效"定位和泰诺的"速效"定位，而是另辟蹊径，提出"白天服白片，不瞌睡；晚上服黑片，睡得香"，将两位领先者重新定义为黑白不分的感冒药，自己是"日夜分服"。凭此定位，白加黑上市仅180天其销售额就突破了1.6亿元，在拥挤的感冒药市场上占据了15%的份额，登上了行业第二品牌的地位，从此进入了三强品牌之列。

4. 符合产品自身的特点

产品是品牌的载体，任何品牌都不可能脱离产品孤立地存在。因此品牌定位也要结合产品自身的特点、属性、实用价值等来考虑。

例如，服装可以根据不同的市场细分，以时尚、商务、休闲等不同的定位来满足消费者的不同需求。

5. 动态性原则

品牌定位不是一成不变的，要根据社会的进步、人们生活方式和价值观念的变化，消费者需求的改变，产品的升级换代以及周围市场环境的变化而不断调整，进行再定位，使品牌拥有活力，始终贴近消费者的需求。例如，由于年轻人普遍将威士忌视做祖父辈的杯中爱物，苏格兰威士忌品牌Dewar's的消费群体老龄化现象日益严重，为维持现有市场、扩展新的市场，兼顾新老顾客，Dewar's被重新定位为"自信、有个性人士的佳酿"。不过，虽然从长期看，品牌定位需要不断进行调整优化，但在一定时期内应该保持相对的稳定性。

问题3： 品牌定位有哪些类型？

品牌定位的策略多种多样，归纳起来，可以从品牌产品、品牌目标消费者和品牌竞争者三个角度来寻找和开发品牌的定位点。

1. 与品牌产品相关的品牌定位

即品牌的定位从产品的属性、给消费者带来的利益、产品类别以及产品的质量与价格之间的关系等来寻找定位点，如高露洁牙膏的防蛀牙、采乐的"药物去头屑"功能等。

2. 与品牌目标消费者相关的品牌定位

即品牌的定位围绕着目标消费群展开，一般来说，可以从使用者、使用或应用的场合和时间、消费者的购买目的以及生活方式、文化、个性等不同的角度来定位。例如，太太口服液就定位于 30~35 岁的女性，而静心口服液则围绕着处于更年期的女性来开展营销活动。

3. 与品牌竞争者相关的品牌定位

即品牌的定位以行业内的竞争者作为参照物，在通过详细分析描述出竞争者的品牌在什么位置之后，再确立本品牌的定位。具体来说，有"首席或第一"定位、关联比附定位、空当定位等。例如，美国玛氏公司（M&M），针对普通巧克力容易在手里融化、不易携带的特点，开发出了"只溶在口，不溶在手"的巧克力，这个定位一经推出就给消费者留下了深刻的印象，迅速确立了玛氏的市场领导地位。

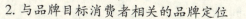

问题 4： 品牌定位有什么意义？

品牌定位之所以在企业界普遍受到推崇，一再成为大家关注的焦点，是因为成功地实施品牌定位具有以下重大意义：

1. 品牌定位是联系品牌形象与目标消费者的无形纽带

品牌定位是把企业品牌的某些特征与消费者的某种需要联系起来，通过一定的沟通方式，把品牌确定在消费者的某一个特定的心理位置上，形成与竞争品牌的差异性特点，突出鲜明的品牌形象，以获得消费者的偏好，增加品牌价值。

以万宝路香烟为例，在美国被塑造成自由自在、粗犷豪迈、浑身是劲、四海为家、纵横驰骋的西部牛仔形象，而这无疑迎合了美国男性烟民对那种不屈不挠、四海为家的男子汉精神的渴求；但在中国香港，万宝路的牛仔形象为了适应香港的文化特征，摇身变成年轻洒脱、事业有成的农场主；而在日本，其又变成了依靠自己的智慧和勇气征服自然，过着诗歌田园生活的日本牧人。正是由于品牌定位不断地为适应世界市场而改变，万宝路香烟才能在市场竞争中保持不变的领先地位。[①]

2. 品牌定位是市场细分过程的结果

任何一件产品都无法满足所有消费者的需求，任何一个品牌都只能以部分顾客作为服务对象，才能发挥其优势。企业要根据不同消费者的需求偏好、购

---

① 蒲楠. 打造品牌 ［M］. 北京：中国纺织出版社，2004：48—49.

买习惯、生活习惯和价值观念等不同的细分标准，把该产品的整体市场划分为若干个消费者群体。然后选择符合自己产品特色，企业能为之提供有效服务的目标市场，并根据目标消费群体的消费特征进行合理的定位，才能更经济、更合理地使用有限的资源，让与之相关的品牌推广等营销活动达到最大的效果。如奶粉市场就根据使用者的年龄细分为婴幼儿奶粉、儿童奶粉、学生奶粉、中老年奶粉等几大类。所以说，品牌定位是企业对市场进行细分，并选择适合的目标市场提供服务的结果。

3. 品牌定位是确立品牌个性的必要条件

品牌定位是品牌经营者向消费者宣传的品牌认同，它是由内而外的，而品牌个性却是消费者对它人格化的评价，它是由外而内的。如果品牌定位不明确，那么消费者所感知到的品牌个性就会模糊不清。随着科学技术和生产力的不断发展，产品之间的差异日益缩小，而同质化程度却在不断提高，在质量和服务上已经很难再形成比较优势，只有其人性化的表现才会深深地感染人们，成为消费者的情感归宿。例如，锐步被认为是冒险、年轻和充满活力的，柯达是淳朴且诚恳的，而惠普则是称职、有教养和影响力的。所以，品牌定位是确立品牌个性的必要条件。品牌定位不明，品牌个性就会模糊，产品也就无法引起消费者的共鸣。

4. 品牌定位是品牌传播的基础

所谓品牌传播就是指品牌所有者通过广告、公关、人际传播以及各种媒介资源等传播手段，持续地与目标顾客交流，以期获得他们的了解和认同，最优化地增加品牌资产的过程。企业在进行品牌定位的同时，还必须通过品牌传播，有效地向目标消费者传递品牌策划时所设计的整体形象。

品牌定位与品牌传播在时间上存在着先后次序，正是这种先后次序决定了二者之间相互依赖、相互制约的关系。企业的品牌定位要想让消费者熟知、引起共鸣，甚至是在消费者心目中占据一个独特的位置，就必须借助品牌传播来实现。如果不能做到这一点，那么该定位就是无效的。同时，在进行品牌传播的过程中，企业对其所投入的资金往往是有限的，如果不紧紧围绕着品牌定位来开展传播活动，就会造成资源的浪费，使其不能发挥最大效用。

考试链接

1. 品牌定位的定义是什么？

2. 品牌定位有什么重要意义？

第三节　品牌定位的程序

问题：品牌定位的程序包含几个部分？

品牌定位是个复杂的过程。具体来说，品牌定位的程序主要有以下五个部分：

1. 品牌竞争者分析

所谓"知己知彼，百战不殆"。企业要成功地进行品牌定位，首先就必须对同行业内竞争者的相关情况进行分析。具体来说，要了解行业内竞争者的数量、它们有哪些产品以及所占的市场份额、在市场中处于什么样的竞争地位、它们有着什么样的优势和劣势以及最近的发展动向，等等。

要回答这些问题，需要品牌经营人员运用一切调研手段，对市场和消费者等展开深入调查，运用科学的方法系统地分析所收集到的资料，形成有价值的分析结果，使决策者对品牌竞争者有一个客观而深入的认识。

2. 目标消费者分析

产品的最终购买者和使用者是消费者，因此对目标消费者进行分析，详细研究他们的需求，对于进行成功的品牌定位以及打动消费者来说是必不可少的。

这里要注意的是品牌定位一定要与目标市场的个性化需求相吻合。如很多化妆品都笼统地定位于"美白"或是"保湿"，从而使产品"千篇一面"，在诸多这样的品牌面前，消费者由于无从比较，往往感到无所适从，不知道如何去进行选择，究其原因就是由于没有结合特定目标市场进行准确定位所致。

应该说，品牌定位后的产品是为特定消费者群量身定做的产物，企业应该仔细研究这部分消费者的需要，紧紧抓住这个需求来开展经营销售活动，没有必要也没有可能奢望通过品牌定位去吸引目标市场上所有的顾客。

3. 了解竞争品牌的定位

拥有属于自己的品牌特色并与竞争者区分开，是企业在进行品牌定位时不可忽视的，因此事先需详细了解竞争品牌的定位。

了解竞争品牌的定位，进行相关信息分析，其目的就是力图寻找与竞争品牌的差异点，结合产品特色，选择与众不同的定位，提炼个性。这个差异点可以从与竞争者在内在功能和品质等客观方面的不同入手，也可以从品牌中是否有某种身份、地位象征等延伸差异方面来考虑。

应该注意，分析竞争者的定位信息，是为了赢得与竞争产品的比较优势，而这种比较优势是针对同一顾客群的，所以，只有目标市场与本企业相同或类似的竞争者的定位信息才对本企业有价值。

4. 品牌定位决策

本企业的品牌与竞争对手的品牌在产品、技术、质量或服务等多方面都会存在差异，而品牌定位不可能将这些差异点都顾及到，因此要选择与消费者需求相符、最具特色、能展示其独特的竞争优势的差异点进行品牌定位。

同时，品牌定位还要考虑企业的规模、技术水平和实力等相关因素。品牌定位是为了让产品占领和拓展市场，为企业带来利润，在品牌定位上的投入与企业所得到的经济效益是企业经营者应该着重考虑的问题之一。

另外，企业在初步确定了品牌定位后，最好能针对这个定位在部分目标消费者中进行调查或是在某个区域市场进行试验，根据调查和试验结果进行分析以及适当的修改，以保证在更大的销售范围内其品牌定位能被目标消费者接受。

5. 品牌定位的监控与调控

品牌定位已经设计好，相应的品牌传播和推广活动开始后，企业并不能就此高枕无忧了。品牌经营人员应该密切注意产品在市场上的销售情况以及竞争对手和目标顾客等对于品牌定位的反映等。若消费者、中间商等各方面反映平平，则说明这个品牌定位没有达到应有的效果，企业要调查原因所在，并作出适当的调整。若各方面反映都一直良好，企业也不能掉以轻心，要时时监控市场上的反映，以防品牌定位由于时间原因变得落后、陈旧、跟不上时代的发展要求。

第四节　品牌定位的策略

问题 1: 什么是属性定位?

在实际操作中，属性定位可能是使用最多的。它主要借助产品的某项特色来表达与同类品牌的区分。例如，不同的汽车品牌，沃尔沃通过在商业广告中演示它的碰撞试验并引证该车平均寿命的统计数字来强调安全性能，宣传自己的耐用性；相比之下，菲亚特则努力做到将自己的车定位成欧洲的轿车，使用欧洲的技术工艺；宝马侧重于驾驶性能和工程技术效率，它使用的广告主题是"最完美无缺的汽车"，并不断强调驾驶的乐趣；奔驰则很大程度上等同于高级或豪华车的同义词，奔驰的乘坐舒适性是世界公认第一流的。[①]

问题 2：什么是利益定位？

利益定位就是根据产品所能满足的需求或所提供的利益、解决问题的程度来定位。在现实生活当中，消费者总是按自身的偏好和对各个品牌利益的重视度来选购产品。利益定位实际上就是将品牌的某一特点与消费者的关注点联系起来。两者利益点的一致，能够刺激消费者的购买欲望，强化品牌在消费者心目中的位置，有利于品牌和消费者关系的发展。

这里的利益可以是产品的利益，也可以是品牌的利益。产品的利益是指产品如何能满足消费者的需求，如夏士莲向消费者提供的利益点是"中药滋润"，飘柔的利益承诺是"柔顺"；而品牌的利益更多的是带给消费者的一种感觉和结果，如花花公子、袋鼠等，都是地位、时尚和个性的代名词，穿上它就会让消费者感到很有品位，很有档次，得到心理上的满足。

问题 3：什么是应用定位？

根据产品的某项使用或应用的定位。例如，红牛饮料"累了困了喝红牛"的广告宣传，将自己列为功能饮料，强调其功能是迅速补充能量，消除疲劳。而消费者在运动完之后，或精力需要尽快恢复的时刻，就能联想到红牛，进而实现购买行为。

问题 4：什么是使用者定位？

这是把产品和特定用户群联系起来的定位策略。它直接以这类消费者为诉求对象，突出产品专为其服务，并试图让他们对产品产生一种独特的感觉，比如归属感等。例如，"太太口服液"定位于太太阶层，其口号是"太太口服液，十足女人味"；而中国移动推出的动感地带，针对如今年轻人追求时尚和独立的个性等特点，邀请周杰伦演绎了一系列的广告宣传片，提出"我的地盘我做主"，获得了众多年轻人的认同，尤其是大学生一族，这些都是使用者定位策略的运用。

———————————

① 郭丰庆. 品牌定位的五种模式——品牌定律之三 [J]. 中国品牌，2005（1）.

问题 5：什么是竞争者定位？

竞争者定位又称为比附定位，是指企业通过各种方法和同行中的知名品牌建立一种内在联系，使自己的品牌迅速进入消费者的心智，占领一个牢固的位置，借名牌之光而使自己的品牌生辉。比附定位主要有三种方法：

（1）甘居"第二"，即明确承认自己在行业中只能排名第二，与最优秀的品牌还存在差距。这种策略会使人们对公司产生一种谦虚诚恳的印象，相信公司所说是真实可靠的。例如，美国安飞士（Avis）汽车租赁公司强调"我们是老二"，随即笔锋一转，"但我们更努力"（We Try Harder），突出其谦虚、耐心、热情的特性，从而赢得了更多忠诚的客户。

（2）攀龙附凤，即也承认自己不是行业中最有领导力的品牌，但在某些特定地区或在某一方面还可与之相提并论的，借领导品牌的地位、声望来提高自己的地位和形象。例如，内蒙古的宁城老窖，宣称是"宁城老窖——塞外茅台"。

（3）高级俱乐部策略。公司如果不能取得第一名或攀附第二名，便可采用此策略，借助群体的声望和模糊数学的手法，打出限制严格的俱乐部式的高级群体牌子，强调自己是这一高级群体的一员，从而提高自己的地位形象。典型的例子是美国克莱斯勒汽车公司宣布自己是美国"三大汽车生产商之一"，使消费者感到克莱斯勒和第一、第二一样都是知名轿车了，从而收到了良好的效果。

问题 6：什么是产品类别定位？

根据产品类别建立品牌联想，称做类别定位。类别定位力图通过挖掘品牌产品和与之相关的更加知名和熟悉的产品之间的区别而得到品牌定位点，继而成为这个产品类的代名词。

类别定位成功的典范当属美国的七喜汽水。当时可口可乐和百事可乐是市场领导品牌，地位非常稳固。七喜汽水为了成功地进入市场，宣称自己是"非可乐"型饮料，与两乐不是同一类产品，是代替两乐的消暑解渴饮料。这种定位，不仅避免了与实力强大的两乐的正面冲突，还巧妙地将自己与它们并列在同一位置。得益于其成功的类别定位，七喜汽水成为了美国第三大软性饮料。

问题 7：什么是质量定位？

质量定位，即结合质量和价格来定位。质量和价格通常都是消费者最关注的因素，直接关系到买卖双方的直接利益。不同的消费者关注点有所不同。如果某产品的目标市场是工薪阶层，则可定位于"物美价廉"或"物有所值"，如雕牌用"只选对的，不买贵的"暗示雕牌的实惠价格；沃尔玛超市则定位于"天天平价"，其良好的声誉为其提供了产品质量保证，让消费者买得放心；戴尔电脑采用直销模式，降低了成本，并将降低的成本让利给顾客，因此戴尔电脑总是强调"物超所值，实惠之选"。而目标市场是高收入者，则可定位于"高质高价"，如"喜悦"香水，称自己是"世界上最好的香水"，暗示了其商品的质量高及地位的尊贵。当然，将价格和质量结合起来的定位方法还有很多种。

问题 8：什么是文化象征定位？

文化象征定位是指将文化与品牌特征联系起来，为品牌注入文化内涵，形成文化上的品牌差异。文化定位不仅可以大大提高品牌的品位，而且可以使品牌形象独具特色，更容易获得消费者的心理认同和情感共鸣，使产品及其形象根植于消费者脑海中，达到稳固和扩大市场的目的。

目前，国内企业运用文化定位有不少成功的案例。金六福从中国传统福文化的字符中，挖掘出"祝福、吉祥、美满"，将金六福与消费者联系起来，置"福"于酒之中，使金六福品牌迅速崛起。广州珠江云峰酒业推出的"小糊涂仙"酒，就成功地实施了文化定位，借"聪明"与"糊涂"反衬，将郑板桥的"难得糊涂"的名言融入酒中；由于把握了消费者的心理，将一个没什么历史渊源的品牌在市场上运作得风生水起。

问题 9：什么是情感定位？

情感定位是将人类情感中的关怀、牵挂、思念、温暖、怀旧、爱等情感内涵融入品牌，使消费者在购买、使用产品的过程中获得这些情感体验，从而唤起消费者内心深处的认同和共鸣，最终获得对品牌的喜爱和忠诚。就像恋人们穿情侣衣、戴情侣表等，就不是为了保暖、看时间，主要是想表达一种情感心理。

浙江纳爱斯的雕牌洗衣粉，借用社会关注资源，在品牌塑造上大打情感牌，其"下岗篇"的广告片，就是较成功地运用了情感定位策略。以小男孩纯真的语言"妈妈，我能帮您干活啦"，引起了消费者内心深处的震颤以及强烈的情感共鸣，自此，纳爱斯雕牌跳出了价格诉求，转而以情感诉求来打动消费者，更加深入人心。

第
四
章
品
牌
定
位

问题 10: 什么是生活方式定位?

生活方式定位就是按照产品与某类消费者的生活形态和生活方式的关联作为定位。它将品牌人格化,把品牌当做一个人,赋予其与目标消费群十分相似的个性。而市场研究表明,仅从消费者的自然属性来划分市场越来越难以把握市场了,消费者的生活方式、生活态度、心理特征和价值观念越来越重要,成为市场细分的标准。① 例如,广东省哈根品牌服装,推崇"时尚、丰富、浪漫"的生活方式,品牌定位于这种生活方式或崇尚这种生活方式,且年龄在 25~35 岁之间的都市女性。他们以这个群体的生活形态为依据设计开发了一系列的服装和饰品,深受消费者的喜爱。

第五节　品牌定位的技术

对品牌进行定位可借助一些技术图形。下面介绍几种常用的图形。

问题 1: 什么是定位图?

定位图是进行简单分析(两个变量)时最常使用的一种定位分析工具。一般利用平面二维坐标图的品牌识别、品牌认知等状况作直观比较,以解决有关定位问题。其坐标轴代表顾客评价品牌的特征变量,图上各点则对应市场上的主要品牌,它们在图上的位置代表顾客对其关键特征的评价。如图 4-1 所示是啤酒品牌的定位图,图上的横坐标表示啤酒口味的苦甜程度,纵坐标表示口味的浓淡程度,而图上各点的位置反映了消费者对其口味和味道的评价。如百威(Budweiser)被认为味道较甜,口味较浓,而菲斯达(Faistaff)则味道偏苦及口味较淡。

通过定位图,可以显示各品牌在消费者心目中的印象及之间的差异,在此基础上作出定位决策。

定位矩阵图是经常使用的定位图之一。它在进行定位分析的时候,将从消费者对品牌认知的过程:知晓—认同—关联—归属四个层次做整体性分析,进而推出它的两个特征变量。

---

① 中国营销总监职业培训教材编委会.品牌营销 [M].北京:朝华出版社,2004:51.

图 4-1 啤酒品牌定位图①

（1）声誉。在消费者的感知中，知晓度与认同度更多地是以该品牌的名声、名气、知名度、名望等来被认同和体现的，因此，将这些消费者感知的不同元素归纳为"声誉"。在具体的运用中声誉以量化的分值来表达。

（2）档次。在消费者的感知与体验中，关联度与归属度往往以对该品牌与消费者是否有关、是否能够代表消费者的消费观念、消费主张甚至是消费者的生活品位、社会价值体现出来，同时也反映了消费者对该品牌的档次认同、感受等。在品牌定位时，档次以量化的分值来表达。

如图 4-2 所示，声誉和档次作为矩阵分析的两个主轴。在品牌营销过程中，当消费者认为一个品牌的声誉较高时，他愿意支付的价格往往也较高；反之，当他认为该品牌的声誉较低时，他愿意支付的价格也较低。同样，当一个消费者对一个品牌的档次认同越高，他愿意承受的价格也越高，由此推出产品的定位。

问题 2：什么是排比图？

如果需要做更复杂的分析（两个以上的特征变量），可用其他的定位工具，如排比图和多元分析的统计软件。排比图就是将特征变量排列出来，在每一个变量上分别比较竞争品牌的各自表现，最后在此基础上确定定位。排比图最大的特点是适应多因素分析，有助于在纷繁的变量中寻找定位。现以一管理顾问公司定位的图例来具体讲述一下如何运用排比图。

---

① 李业. 品牌管理 ［M］. 广州：广东高等教育出版社，2004：126.

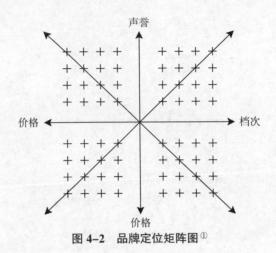

图 4-2　品牌定位矩阵图①

　　如图 4-3 所示，描述顾问公司的八个特征因子的重要性系数由 8 到 1 不等，专业程度是顾问公司应具有的最重要的特征，作业能力次之，作业知识再次。图 4-3 中 B、P、R、A、S 代表各主要的竞争对手。它们在这八个方面的各自表现我们可一目了然地看出。S 公司不失为最强的竞争对手，它不但在最关键的方面——专业程度上口碑过人，而且在作业能力、动员能力、主管亲和

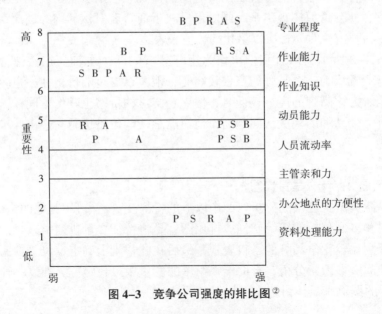

图 4-3　竞争公司强度的排比图②

① 李业. 品牌管理 [M]. 广州：广东高等教育出版社，2004：127.
② 同①：128.

力等方面都有不俗的表现。至于作业能力这点，A公司守住了最强势的位置。不难发现，在前两个重要的因子上已是强手如林，再把自己的定位硬插进去，多会无功而返。但我们还可以退而求其次，在重要性系数为6的因子"作业知识"上，排在最前面的R公司也不过表现平平，连出众的公司也在这方面蹩脚得很。此时定位范围的问题一下子就豁然开朗了。作业知识虽重要性稍逊于前两点，但在顾客心目中也占相当的位置，所以仍不失为一个有价值的定位位置。

问题3： 什么是配比图？

配比图是通过配比品牌的优缺点与消费者的需求，从而发现市场空当，找到定位范围。如图4-4所示。

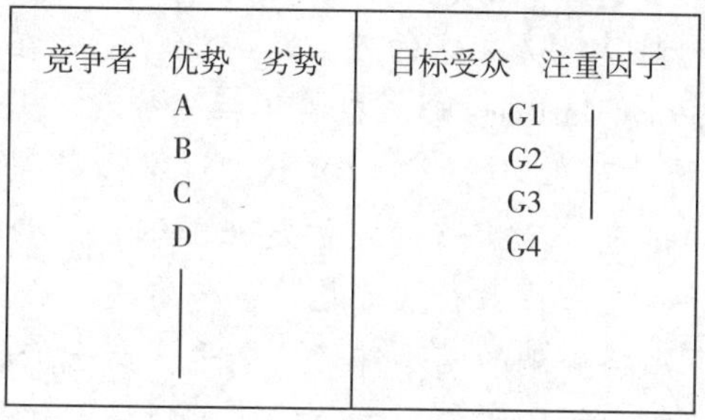

图4-4　品牌定位配比图[①]

配比图左边列出的是竞争者及自己的品牌的优缺点，而右边罗列的是经细分的消费群对产品的各自要求。经左右配比，定位成功的品牌都可以击中某一群消费者的心，如A→G2，C→G1。至于定位不成功或缺乏定位的品牌，则游离于市场需求之外，任何消费群都不会对其青睐。需要注意的是哪一群消费者被冷落了，他们的需要未得到满足，即意味着那是一个潜在市场。

关键术语： 品牌定位

品牌定位指的是建立（或重新塑造）一个与目标市场有关的品牌形象的过程与结果。

---

① 李业.品牌管理 ［M］.广州：广东高等教育出版社，2004：128.

考试链接

1. 品牌定位有几个步骤？
2. 品牌定位的策略主要有几种？

案例分析

万宝路品牌再定位——从"淑女"到"牛仔"

一提到万宝路（Marlboro），在全球消费者心目中便涌现出了那粗犷豪放、自由自在、纵横驰骋、浑身是劲、四海为家、无拘无束的美国西部牛仔的形象。在当今世界，万宝路无疑是知名度最高和最具魅力的国际香烟品牌之一。就销售而言，全球平均每分钟消费的万宝路香烟就达 100 万支之多。

大概谁也不会想到，风靡全球的万宝路香烟曾经是在 1854 年以一小店起家、1908 年正式以品牌 Marlboro 形式在美国注册登记、1919 年才成立的菲利普·莫里斯公司生产的，而在 20 世纪 40 年代，这家公司曾宣布倒闭过。

在万宝路创业的早期，万宝路的定位是女士烟，消费者绝大多数是女性。广告口号是：像五月天气一样温和。可是，事与愿违，尽管当时美国吸烟人数年年都在上升，但万宝路香烟的销路却始终平平。女士们抱怨香烟的白色烟嘴会染上她们鲜红的口红，很不雅观。于是，莫里斯公司把烟嘴换成红色。可是这一切都没有能够挽回万宝路女士香烟的命运，莫里斯公司终于在 20 世纪 40 年代初停止生产万宝路香烟。

"二战"后，美国吸烟人数继续增多，万宝路把最新问世的过滤嘴香烟重新搬回女士香烟市场，并推出三个系列：简装的一种，白色与红色过滤嘴的一种，以及广告语为"与你的嘴唇和指尖相配"的一种。当时美国香烟消费量一年达 3820 亿支，平均每个消费者要抽 2262 支之多，然而万宝路的销路仍然不佳，吸烟者中很少有人抽万宝路的，甚至知道这个牌子的人也极为有限。

在一筹莫展中，1954 年莫里斯公司找到了当时非常著名的营销策划人李奥·贝纳，交给了他这个课题：怎么才能让更多的女士购买、消费万宝路香烟？

在对香烟市场进行深入的分析和深思熟虑之后，李奥·贝纳认为万宝路香烟不畅销的主要原因是由于该香烟带过滤嘴且焦油含量较低。由于多年的宣传，当时的美国消费者普遍认为万宝路是"女性香烟"，由此影响了销路。为此，只有改变品牌的形象才能争取到更多的消费者，特别是男性消费者。李奥·贝纳完全突破了莫里斯公司限定的任务和资源，对万宝路进行了全新的品牌定位，大胆向莫里斯公司提出：将万宝路香烟定位改变为男子汉香烟，变淡烟为重口味香烟，增加香味含量，并大胆改造万宝路形象；包装采用当时首创的平开盒盖技术，并以象征力量的红色作为外盒的主要色彩，用粗体黑字来描画名称，表现出阳刚、含蓄和庄重；广告上的重大改变是：万宝路香烟广告不再以妇女为主要诉求对象，广告中一再强调万宝路香烟的男子汉气概。菲利普·莫里斯公司在起用过马车夫、潜水员、农夫等广告形象后，最后将理想中的男子汉落定在美国牛仔这个形象上，他目光深邃、皮肤粗糙、浑身散发着粗犷豪气，人们在广告中总是见"他"袖管高高卷起，露出多毛的手臂，手指间夹着一支冉冉冒烟的万宝路香烟，时刻流露着美国西部牛仔的英雄气概，魅力非凡。"他上马的姿势、骑马的神态、遛马的手势，这一切必须具有男子汉气魄。"这就是使菲利普·莫里斯公司一时名噪全球的广告有力武器——"绝不矫饰的男子汉气魄"。这个广告于1954年问世后，给万宝路带来巨大财富。仅1954~1955年间，其销售量就提高了三倍，一跃成为全美第十大香烟品牌；1968年，其市场占有率上升到全美同行的第二位。

菲利普公司投入数额巨大的广告费，终于在人们心目中树立起"哪儿有男子汉，哪儿就有万宝路"的名牌形象，那粗犷豪放、自由自在、纵横驰骋、浑身是劲、四海为家、无拘无束的牛仔代表了在美国开拓事业中不屈不挠的男子汉精神，而这也作为"万宝路"的形象深入了人心。

在20世纪90年代中期，万宝路已经成为全球仅次于可口可乐的第二大品牌，其品牌价值高达500亿美元。

资料来源：陶云彪.从"淑女到牛仔"万宝路品牌变性[J].成功营销，2003（6）.

97

问题讨论：

1. 万宝路为什么要进行重新定位？
2. 重新定位为万宝路带来哪些利益？
3. 从万宝路案例中我们获得了哪些启示？
4. 万宝路的定位策略是什么？

本章小结

本章阐述了品牌定位理论，品牌定位的误区、原则及意义，品牌定位的程序，品牌定位的策略等内容。

定位理论由美国学者艾尔·里斯和杰克·特劳特提出。定位是针对现有产品的创造性的思维活动，它不是对产品采取什么行动，而是指要针对潜在顾客的心理采取行动，是要将产品定位在顾客的心中。定位理论的演进主要经历了三个阶段。

在我国企业品牌定位存在误区，如对定位的认识不统一，定位时缺乏整体规划，求全定位或定位不足，等等。

定位有其固有的原则。一般来说，我们需要把握以目标消费者为中心的原则；符合企业实际的原则；差异化原则；符合产品自身的特点、动态的定位原则。品牌定位的类型主要有三种。

品牌定位应遵循一定的程序。首先要对竞争者进行分析，其次要分析目标消费者，再次要了解竞争品牌的定位，最后才能作出品牌定位决策。品牌运营过程中还要注意对品牌定位进行监控与调控。

品牌定位常用策略有属性定位、利益定位、使用/应用定位、使用者定位、竞争者定位、产品类别定位、质量/价格定位、文化象征定位、情感定位、生活方式定位。企业应根据实际情况，运用相应技术提高品牌定位工作的效率。

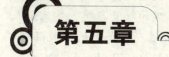

品牌形象

学习目标

知识要求 通过本章的学习,掌握:

● 品牌形象的分析和策划
● 品牌形象的内涵
● 品牌形象的构成和塑造

技能要求 通过本章的学习,能够:

● 深刻领会品牌形象构成的四个重要方面及联系
● 科学地执行品牌形象塑造过程

学习指导

1. 本章内容包括:品牌形象定义,品牌形象内涵,品牌形象塑造过程。

2. 学习方法:抓住重点,理解记忆,结合实际模拟练习,参与实际品牌形象塑造过程等。

3. 建议学时:4 学时。

 引导案例

报喜鸟品牌的"成名"之路

我国是世界公认的服装出口第一大国,这几年中国服装业竞争力系数始终保持在 93% 以上,一直居世界最高水平。但是,国内产品的品牌软肋现象同样

非常突出。作为服装生产、出口和消费大国，中国巨大的消费市场和已达到国际先进水平的生产制造能力，但没有孕育出一个世界级的服装品牌，反倒是人口不怎么多的意大利、法国、英国和美国等造就了许多世界著名的服装品牌，比如宝姿、YSL、ESPRIT、范思哲、FOGAL、CAPTAINO、ELLE、PLAYBOY、贝纳通等。

报喜鸟——这个中国最新锐的男装品牌之一，自组建集团的第一天起，目标就锁定国际化、时尚化，即走品牌国际化、形象时尚化定位。公司将质量作为品牌的基础，设计作为品牌的灵魂，逐步确立报喜鸟"产品国际化、设计工艺国际化、形象时尚化以及品牌国际化的定位"。

在技术和质量保证的前提下，"报喜鸟"以跟踪欧洲最新的设计理念为起点，逐步形成"报喜鸟——正装时尚先锋"这一独特的设计风格和服饰文化，聘用中国香港影星任达华为形象大使，宣传自己的品牌文化主张，传达自己的时尚流行文化，形成了报喜鸟"东情西韵，古风新律"的品牌风格。自1997年开始，报喜鸟集团每年开发出一种新产品，1997年推出新风格西装，1998年推出挺柔西装，1999年推出非粘合衬西装，2000年推出清凉西装，2001年推出高级休闲风格报喜鸟SPORT系列，2002年又推出报喜鸟明兜系列。这一系列举措使报喜鸟引领正装时尚走向。

为了进一步提升品牌形象时尚化魅力，营造良好的服饰气氛，报喜鸟公司将品牌形象管理中心置于企业的核心地位，赋予品牌形象极大的发挥空间，策划实施了一系列成功的形象推广活动来推动企业的发展。

短短六年时间，"报喜鸟"起舞于瓯江之滨，飞跃大江南北，驰名海内外，令同行仰慕以视。"报喜鸟"荣获"中国驰名商标"从一个侧面印证了报喜鸟品牌形象运作的成功。服装产业是时尚产业，服装的时尚特点决定服装获得市场美誉必不可少的要素是：品牌、文化内涵和美感。

透视"报喜鸟"的品牌国际化、形象时尚化定位之路，可以欣喜地看到，中国服装企业在与国际接轨的品牌运营中渐渐成熟，扬长避短，逐渐形成全方位的品牌经营理念，中国服装打造国际化品牌的梦想日渐真实。

资料来源：案例专题：温州民营企业公共关系，案例二："正装"里追赶时尚的另类 [EB/OL]. http: //jp.wzvtc.net/sbc/disnews.asp?lm_id=MTU=&btype_id=64&id=MTQxNA==, 2011-01-24.

➡ 问题：

1. 你认为报喜鸟品牌成功的原因有哪些？
2. 报喜鸟公司是如何塑造品牌形象的？

第一节　品牌形象概述

品牌定位的成功只是企业打造品牌的第一步，是企业选定了通向成功的方向，但能否创造一个吸引潜在顾客的品牌形象才是品牌真正走进消费者心里，并在和竞争对手的对抗中取得胜利的关键。

问题 1： 品牌形象的内涵和作用有哪些？

品牌形象是广告界广泛流行的一个概念，是存在于人们心智中的图像和概念的群集，是关于品牌知识和对品牌主要态度的总和。它曾因解决了产品同质化给市场营销带来的难题而风靡 20 世纪整个 60 年代。至今，这个概念也并未失效，相反，它仍被当做品牌经营的一种通俗代号，这说明它是品牌经营的一个重要基础。

品牌形象的创造和形成基本上是基于心理和传播的结果。因此，这个概念更为广告界所重视。相对于依靠产品属性的"硬销"策略，品牌形象代表着一种更为细腻微妙的"软销"策略。今天，为产品塑造品牌形象已成为营销和传播的一项基本工作。在企业界广泛运用长期投资回报的财务观点评价品牌经营的背景中，品牌形象仍是一项核心的策略要素。

问题 2： 品牌形象主要具有哪些特点？

品牌形象主要有多维组合性、复杂多样性、相对稳定性、可塑性和情景性等特点。

1. 多维组合性

多维组合性是指品牌形象不是由单维或两三个指标所构成，而是由多种特性所构成并受多种因素的影响。

2. 复杂多样性

复杂多样性是指由于企业及产品覆盖率的差别、产品信息传播效果的差异，以及消费者的特点不同等，造成消费者对企业和产品的认知、理解，以及使用情况不一样，从而使品牌形象在不同时间、不同地点呈现多样性的特征。

3. 相对稳定性

相对稳定性是指品牌形象在一段时期内会保持稳定。符合消费者愿望的企业理念、良好的产品品质、优质的服务等因素，是品牌形象保持稳定的必要条件。由于赢得消费者长期的喜爱，优秀的品牌能够保持其形象长久稳定。例如，可口可乐充满活力的品牌形象，贝尔公司科技创新、不断进步的形象等。

4. 可塑性

可塑性是指企业通过努力，可以按照自己的意图建立品牌形象，改造原有的品牌形象、增加品牌内涵的新特征，甚至重塑品牌形象。品牌管理的目标就是在消费者心目中塑造企业需要的形象。

5. 情景性

情景性是指在特定的条件下，不管是一些重大的事件，还是一些细微的事件，都可能完全迅速地改变原有的品牌形象。这种特点是由品牌形象本身的心理因素所致，虽然建立品牌形象必须具备强有力的客观基础，如长期稳定的企业规模和产品质量、标准化、系统化的服务体系等，但是由于人的心理具有流动性与复杂性特征，在周围环境与事实的影响下，会出现相应的心理变化，导致品牌形象随之发生变化。个别消费者的心理发生变化，品牌形象可能会出现轻微的波动，品牌形象保持总体上的稳定；而消费者普遍的心理波动，可能会导致品牌形象的重大变化。

第二节 品牌形象的构成

品牌形象为品牌提供了方向、目标和存在的意义。它是品牌战略远景的核心内容，也是品牌联想的驱动因素，而联想构成了品牌的灵魂。这些联想表达了品牌所代表的东西，还表达了组织成员对顾客的承诺。它们通过形成包括功能、情感或自我表达利益的价值体现，帮助品牌和顾客建立联系。

问题：品牌形象的划分方法及其具体的构成内容是怎样的？

按表现形式分，品牌形象可分为内在设计形象和外在形象，内在形象主要包括产品形象、符号形象、个性形象、组织形象，外在形象主要是指品牌标识系统。为确保品牌形象的广度和深度，企业需要从这几个方面共同考虑品牌形象战略，它们的共同目标是帮助战略制定者考虑不同的品牌元素和模式，以明确、丰富和区别一种形象。同时，更全面、深刻的形象还有助于指导决策的实施。为实现品牌的最大实力，品牌形象的范围应该宽广，而不是狭隘；动力应该是战略性的，而不是战术性的，且应在创建品牌的同时关注组织的内部和外部环境。以下是对品牌形象构成的分述。

1. 产品形象

产品形象是指品牌形象中与产品的牢固联系，这意味着当顾客看到这种产品时，是否会回忆起这个品牌。将品牌与某类产品联系起来的目的并不是为了在这个品牌被提起时，让人们回忆起该产品种类。产品形象从来都是品牌形象中的重头戏，因为由它引发的联想直接与品牌选择决策和使用体验发生联系。

首先，购买或使用产品可以为顾客提供功能性利益，满足物质需要，有时还会带来情感利益；产品相关属性还可以通过提供额外内容，如服务和特色来建立价值展示。其次，产品质量是一个需要单独考虑的、重要的产品相关属性，在每个竞争领域内，品质是准入费（提供最低限度的质量水平以求生存，或是竞争的关键，即为拥有最高质量的品牌才能获胜），许多品牌都将质量作为一种核心形象。再次，品牌形象通过塑造使用场合这个产品相关属性，拥有特定的用途而形成竞争优势。最后，将品牌与一个能够为品牌增加信誉的国家或地区联系起来，获得原产国效应，这将是一个更具战略性的选择。

2. 符号形象

符号形象是指能够代表品牌的所有事物而形成的统一、整体的标识。此处的所有事物，并非只包括广告形象、产品代言人等具体形象，也包括其对外战略规划所体现的与消费者直接有关的那部分形象，如麦当劳的罗纳得·麦当劳屋计划等。

符号形象可以归纳为三种类型的象征：视觉形象、比喻和品牌传统。首先，与视觉形象相关的象征容易记忆、力量强大，像麦当劳的金色拱门，只需一瞥，就能想起该品牌，每一种知名品牌的强大视觉都能体现相关的品牌形象，因为该标志与识别元素的联系非常紧密而且由来已久。其次，如果在形象设计中运用比喻和良好的品牌传统要素，拥有代表某种功能性、情感或自我表达利益的形象或形象特色，品牌则更具深刻意义。强烈的符号形象可以帮助品牌形象获得凝聚力和建立结构，并使品牌更容易得到识别和再现，还可以作为品牌开发的关键因素；反之，如果缺乏象征性的符号则会成为品牌发展的制约因素。

3. 个性形象

个性形象是指作为个人的品牌角度而产生的品牌形象。品牌个性可以解释一个特定品牌拥有的一系列人性特色，包括如性别、年龄和社会阶层的特点，以及如热情、关心他人和多愁善感等标准体现的人类个性。

品牌个性与人类个性相同，都是独特且具延续性的。通常情况下，如果品牌使用者认为某品牌拥有强大的个性，他们会认为，使用该品牌产品是为了实现其自我表达，与一个拥有坚强个性的组织和产品保持联系使他们感到满意和值得，与一个拥有共同价值观和生活方式的集体保持联系也会产生同样的效果；反之，使用者则不会。

个性形象比建立在产品属性上的品牌形象更丰富、更有趣。它可以通过多种途径加强品牌实力，首先，它可以帮助消费者表达消费者想要传达的自我个性，获得自我表达利益；其次，正如人类自身个性会影响与他人的关系一样，品牌形象中的个性形象也会影响消费者和品牌之间的关系，从而建立消费者与品牌的情感联系。

阅读材料

几乎所有的运动服装品牌，都有个性运动观，耐克认为运动是无拘无束，想做就做；阿迪达斯认为运动是科学意义上的精确演算；锐步认为运动是人类回归自己，拥抱自己的星球；而康威则认为运动就是自由。每一个品牌都在演绎自己对运动的理解，以此唤起目标消费者的认同，进而培养对品牌的认同，而作为中国运动服装第一品牌的李宁更加应对运动的意义作深邃的思考，李宁公司广告部修订的李宁品牌定位强有力地反映了李宁牌对运动本质的思考：李宁牌认为，运动就是存在！而且这种存在必须通过个体——"我"的感知去发觉，去证实。因此，李宁女装确立的理念是"我运动，我存在！"，完全符合新时代女性的个性主义——吸引、竞争、超越。

资料来源：讲述最新李宁女装品牌背后的故事［J/OL］，http://www.sport.org.cn/chanye/jujiao/2004-06-15/202213.html，2006-03-06.

4. 组织形象

组织形象是指品牌形象中所体现的企业组织形象，如由公司的员工、文化、价值观和企业活动而建立的创新、质量驱动力和对环境的关注等组织属性。

品牌的形象表现在某些情况下可以被认为是产品属性，而在另一些情况下则可以被认为是组织属性。例如，质量和创新如果建立在特定产品的设计和特色之上，就可以作为产品相关属性；但如果建立在组织文化、价值观和企业活动中（从而超越了某个特定产品模型的情况），则可以成为组织的相关属性，以品牌组织形象展现。

组织形象比产品形象更持久，更具竞争力。这是因为：仿制一种产品比复制一个拥有特别的员工、价值观和活动的组织简单得多；组织形象通常用于多种产品大类，面对仅仅一类产品领域内的竞争者挑起的竞争，拥有较强组织形象的品牌则具有更强的抵抗竞争能力。另外，组织形象有助于价值体现，如对顾客的关注、对环境的关心、对技术的投入、本地化导向等组织属性，都可以实现建立在崇拜、尊敬或简单的喜爱之上的情感利益和自我表达利益，还可以为子品牌的产品诉求提供可信度，这点对品牌延伸具有重大意义。目前，世界上很多公司，尤其是日本公司，它们看待品牌战略的视角首先是关注自身的形象，实施办法常是将公司名称用于多种产品之上，并使公司品牌成为终极系列品牌。这样做的最大好处就是品牌形象会在建立组织联想方面，产生巨大的规模经济效应。

第三节　品牌形象的塑造

随着时代的不断发展，企业的营销手段不断成熟，营销重点也在不断转移，品牌已悄然成为了营销阵营中不可或缺的一分子，品牌形象的塑造也日益成为品牌设计中的重要组成部分，其作用和魅力也日益突出。品牌形象是一个综合的概念，它是受感知主体的主观感受、感知方式、感知背景影响的。不同的消费者，对品牌形象的认知和评价是不同的。但企业总是希望能在所有消费者心目中都树立一个清晰、健康、良好的品牌形象。

105

问题 1： 塑造品牌形象应遵循的基本原则有哪些?

1. 科学性原则

塑造品牌需要在科学地了解企业、产品或服务、公众及公司需求等要素的基础上，运用科学的方法、程序来塑造品牌形象。这将在本章品牌塑造过程部分详细讲解，此处不再展开。

2. 民族化原则

从品牌诞生之日到国际化的今天，品牌的民族文化特质仍是品牌的成功之源。品牌在空间上的国际化，并不意味着品牌自身的文化丧失。因为品牌的文化内涵从来都是民族性的，而不是国际化的。一个成功的、历史悠久的国际品牌，总是体现着这个国家、这个民族最根本的民族性和文化内涵。例如，香奈儿被认为是永恒的法国品牌，斯沃琪是瑞士的，贝克啤酒和梅赛德斯是德国的，红牌伏特加是俄国的，与此类似，香槟意味着法国，正如布鲁明戴尔意味着纽约。

3. 求异原则

如果品牌形象与其他已有品牌过于相似，就难以在消费者心中留下深刻印象，甚至落入被认为是恶意模仿的尴尬境地。例如，宝洁公司的著名洗发水品牌"飘柔"，在品牌塑造时一直抓住柔顺、飘逸功能不放，如果某新推出的洗发水品牌在广告宣传中也强调其柔顺、飘逸功能，就难以胜于"飘柔"和吸引消费者的目光。因此，个性化是品牌形象塑造中非常重要的一个环节。

4. 长期性和兼容性原则

品牌形象还是企业形象的重要组成部分，塑造品牌形象也应与塑造企业形象相互一致，相互促进，以谋求企业的长远发展。例如，日本公司非常着迷于自身的形象，它们常常将公司名称用在许多产品上，使其公司品牌成为终极系列品牌，保证其子品牌与公司品牌形象相一致，延长品牌的寿命和增强品牌的组织形象，令消费者更加信服。

5. 支持品牌战略原则

树立良好的品牌形象就是为了结合品牌实力，营造品牌优势，并最终创造出强势品牌，从而实现品牌战略目标。因此，品牌形象必须支持品牌战略，与其保持一致。

问题 2：实际操作中，品牌形象塑造应遵循怎样的过程？

品牌形象塑造的过程可依次分为市场调研与分析、品牌形象塑造战略制定、品牌形象塑造设计、品牌形象传播。确定品牌形象塑造的过程，使工作按规则展开，有利于品牌形象的树立。分述如下：

1. 市场调研与分析

调研是一切营销活动的前提，也是树立品牌形象的前奏。品牌形象塑造工作展开之前，也要做好调研工作。品牌的市场形象调研主要是根据市场品牌形象的反馈收集行业内的尤其是竞争者的品牌形象，重点分析行业特征，以及分析竞争者的形象优势，以制定品牌形象塑造战略决策。

品牌形象调研是品牌了解自己的学问，是品牌寻求新发展机会和空白点的有力手段，因此必须对品牌形象进行全面、客观的调查研究。对品牌形象进行调查、分析，是品牌形象战略的一项前期工作，对品牌长期目标的确定则是建立在对品牌全面、客观的认识基础上的。为保证调查全面有效，必须遵循以下的原则去开展：

（1）系统性。品牌形象调查不仅应了解外部的市场情况，也应反映内部的条件、现状和远景规划，如企业规模、产品状况、人员素质、财务状况、中期目标、长期目标等。

（2）纵向调研与横向调研相联系。纵向调研是指对品牌所在行业及其在历史不同时期上的不同表现作出的调查；横向调研则是对当前行业内同业竞争者形象的调查研究，二者结合能为品牌找到准确的形象坐标，使品牌实现准确的形象定位决策。

（3）客观性。调查方法、范围和对象的选择，问卷的设计，调查过程的控制，结果的汇集和整理等各个环节的工作质量，都会直接影响到调查结果的真实性和可靠性。品牌在开展具体的调查研究工作之前，应认真分析每一过程或环节的实施，将误差控制并减少到最低限度。

（4）时效性。品牌要了解的不是过去，而是现在和未来可能出现的问题，所以无论是针对竞争者还是品牌的实态调查一定要注意信息资料的时间性，并进行必要的筛选取舍，保证其使用价值。

积极有效的品牌市场调研也可以参照下面的顺序进行开展。具体的市场调研工作程序如下：

（1）设计调研方案。确定调研的目的、宗旨；分析有关基础资料；拟定问题；编制方案；制定资料收集方式。

（2）拟定问题。品牌形象调研不能就形象论形象，必须对竞争者形象背后的理念、定位、特征、心理暗示等作出系统化的全面调查，收集与分析资料信息，以帮助决策者作出准确的判断和选择。所以首先就要了解企业的现实问题或潜在问题，在分析相关的资料之后，拟定企业的问题与造成问题的可能原因假设，以便限定调查的范围。

（3）确定调查内容。要收集的材料包括竞争者的理念系统、定位系统、视觉形象系统、产品质量、档次、特点、消费者评价、营销方法等；公众对产品及企业评价的依据；对市场的调查（相关品牌在市场上的知名度、信誉度、市场占有率等）；等等。资料的性质不同，收集的方式也会有很大差别，对于竞争者的市场评价常采用观察法或询问法。

（4）监控调查。监控调查包括开始各项调查前的准备工作，选择调查人员，进行实地调查和监督，并撰写调查报告。

（5）资料整理。检查核对调查的数据资料，进行资料的注册登记和编号，用电脑处理信息并整理。

（6）分析资料。综合资料结果，作出对行业市场、竞争者及品牌状况的评价和讨论，撰写调查报告，准备向品牌组提案。具体步骤为：品牌形象调研小组首先把处理好的行业分析及竞争者的相关结论编排好，把收集到的竞争者公司简介、产品上印有的较全面的形象系统，编制好顺序和内容，确定提案时间，做好调研报告的提案准备工作。

2. 品牌形象塑造战略选择和制定

品牌形象是一种感觉，但这种感觉绝不是华丽而空洞的，它通过产品、服务或者商标、包装等视觉系统散发出来，无处不在，它是一种气氛、一种精神、一种风格，需要战略制定者去挖掘、去表现。目前在竞争激烈的行业，产品功能的差别越来越小，单纯依靠宣传其功能已经难以突出独树一帜的品牌形象，此时应当从更广泛的意义上去挖掘并赋予品牌以鲜明的风格。通常有以下六种策略可供选择：

（1）情感导入策略。品牌不是冷冰冰的牌子，它特有的思想、个性和表现力，是沟通企业和消费者的桥梁。情感是人心目中最柔软的东西，以情动人、以情诱之是品牌经营者的不二法宝。因此，如果品牌能在消费者的心中而不是大脑里占据一席之地，占据一方情感空间，那么这个品牌的塑造就是成功的。

（2）专业权威形象策略。专业权威形象策略是一种极具扩张性、竞争性和飞跃性的形象策略，一般为那些在某一行业占据领先地位的企业所采用，以突出该品牌的权威度，提高消费者的信任度。宝洁公司在这方面表现比较突出，例如，在它的牙膏品牌"佳洁士"系列广告中，一个中年牙科教授的形象多次出现，她通过向小朋友讲解护齿知识等，来肯定佳洁士牙膏不磨损牙齿还防蛀的效果，而且还有佳洁士医学会的认证，更权威；洗发水品牌"海飞丝"也多次借专业美发师之口，强调产品出众的去屑功能。

（3）心理定位策略。美国市场营销专家菲利普·科特勒认为，人们的消费行为变化分为三个阶段：第一个是量的消费阶段，第二个是质的消费阶段，第三个是感性消费阶段。在现代社会，随着商品的极大丰富和消费者品位的提高，消费者追求的是产品与自己的密切程度或是追求商品与理想自我的吻合，日益看重商品对于自己情感、心理上的满足，而不仅仅是量和质的满足。所以企业应顺应这种变化，恰当运用心理定位策略，树立良好品牌形象。

（4）文化导入策略。品牌文化是在企业、产品历史传统基础上形成的品牌形象、品牌特色以及品牌所体现的企业文化及经营哲学的综合体。品牌需要文化，品牌文化是企业文化的核心，品牌文化可以提升品牌形象，为品牌带来高附加值。

品牌形象所具有的感性色彩决定了文化是品牌构成中的一个重要因素。品牌本身就是一种文化，凝聚着深厚的文化积累，在品牌中注入文化因素，使品牌形象更加丰满，更有品位，更加独具特色。

（5）质量管理策略。影响品牌形象的因素有很多，包括产品的品质、功能的多寡、安全性、创新性、价格等，但最基本的还应当是产品的质量。例如，柯达、海尔的成功多半取决于消费者对其品牌质量保证的充分信任。

（6）品牌形象代言人策略。这里所指的代言人，是那些为企业或组织的盈利性目标而进行信息传播服务的特殊人员。例如，宝洁公司众多品牌的广告中大多采用明星作为其代言人，在消费者心目中留下深刻印象。成功运用品牌形象代言人策略，能够扩大品牌知名度、认知度，近距离与受众沟通，受众对代言人的喜爱可能会促成购买行为的发生，建立起品牌的美誉度与忠诚度。

3. 品牌形象设计

品牌形象设计是品牌营销、推广和广告等经营活动中最关键的要素，任何一类企业活动，最终目的都是为了经营品牌，而品牌形象的市场认知度、知名度是品牌达成此目标的重中之重。另外，品牌形象设计要注意的一个问题是品牌的最初形象设计、应用（广告、推广等）一定要是统一形象，否则无法取得良好效果，一旦不完善的品牌形象在消费市场中被定格，固有的消费者态度是很难改变的。

品牌形象设计主要是指品牌基础部分设计，具体包括名称设计、标志设计、吉祥物设计、专用字体设计、品牌专用色设计等内容。具体设计细节在上章中已详细说明，此处不再展开。它是一个系统工程，需要专业人士进行操作，企业可以选择由企业内部设计人员实施或者委托专业的 CI 公司或者二者共同协作完成。

4. 品牌形象传播

品牌形象是消费者对品牌的认知和评价，因此，只有通过销售或宣传活动将其传达给消费者才有意义。首先，企业可以通过电视、报纸、杂志等媒介有意识地向公众介绍品牌形象；其次，企业也要做好公共关系工作，尽快形成品牌的良好印象；最后，品牌形象塑造是一个不断重复的循环、反馈过程，需要企业在实践中不断改正、完善和提升。品牌形象塑造流程图如图 5-1 所示。

5. 品牌形象的维护

企业通过品牌名称设计、品牌标志设计等一系列品牌形象的塑造，目的是为了使其与竞争对手的品牌形成差异化优势，并据此获得超值利益，促进品牌和企业的不断发展。但是，如果企业的努力与辛苦被竞争对手干扰或窃取，则得不到理想的回报，甚至令企业失信于消费者，最终也会被市场所抛弃。因此，品牌经营者常常需要通过法律、策划等手段维护品牌形象、保护品牌市场地位，并不断探索各种各样的品牌形象维护手段。

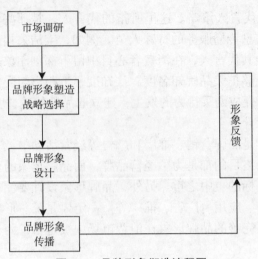

图 5-1　品牌形象塑造流程图

**关键术语：** 品牌形象

品牌形象指的是存在于人们心智中的图像和概念的群集，是关于品牌知识和对品牌主要态度的总和。

考试链接

考试大纲规定考生要掌握品牌形象的内涵、品牌形象的构成要素，以及品牌形象的塑造过程等内容。

案例分析

伊士曼·柯达公司的品牌形象

柯达标志以明黄色为背景，衬以黑色粗体字母。这一标志已经用了 100 多年，明确传达了柯达创始者乔治·伊士曼的产品和公司的精髓。这一品牌能够生存至今，主要源于对质量的承诺、品牌忠诚度的培养，其中最为重要的是对强大且明晰的品牌形象的开发。

长期稳定的质量和创新产生的一项副产品，使得柯达这一品牌的知名度与日俱增。促销、广告以及无所不在的主题语同样为建立柯达的知名度作出了贡献。1897 年，柯达资助了一次业余摄影比赛，那次比赛有 25000 人参加；1904 年，公司资助了由 41 张照片组成的畅游柯达盛大展览活动；1920 年，公司沿公路建了众多风景摄影点，设置了"前方可照相"的小型路标，以提醒驾车者。这些同时进行的广告宣传，提高了消费者对柯达及其黄色标志的熟悉感，以至几乎很少人在看到柯达标志能不对这个熟悉的名称产生正面联想的。而且，每当提到照相机、胶卷或者家庭照片，第一个出现在人们脑海中的词便是柯达。

柯达建立起独特的品牌形象，使消费者产生一系列的联想，并成为顾客忠实关系的基础。柯达强大的品牌形象是多年来其对产品和营销投入的结果，这一形象可归纳为两个词：简洁和家庭化。

通过类似的坚持不懈的品牌营销投入，消费者形成了一种观念：柯达是家庭的朋友，经常和家庭分享快乐时光。这一形象也是柯达巩固顾客忠诚的关键因素。

资料来源：[美] 大卫·艾克. 创建强势品牌. 吕一林, 译. 北京: 中国劳动社会保障出版社, 2004.

问题讨论：

1. 品牌形象的内涵和特征是什么？
2. 品牌形象构成的四个重要部分是什么，各自有哪些特点？
3. 如何进行品牌形象的塑造？
4. 品牌形象要注意哪些重要问题？
5. 你认为柯达品牌成功的原因是什么？

本章小结

本章主要学习和掌握品牌形象的分析与策略，主要内容有品牌形象的内涵、品牌形象的构成要素、品牌形象的塑造三个主要部分。

品牌形象是在企业界广泛流行的一个概念。它曾因解决了产品同质化给市场营销带来的难题而风靡整个20世纪60年代。至今，这个概念也并未失效，相反，它仍被当作品牌经营的一种通俗代号，这证明它是品牌经营的一个重要基础。品牌形象的创造和形成基本上是基于心理和传播的结果。今天，为产品塑造品牌形象已成为营销和传播的一项基本工作，在企业界广泛运用长期投资回报的财务观点评价品牌经营的背景中，品牌形象仍是一项核心的策略要素。

品牌形象可分为内在设计形象和外在形象，内在形象主要包括产品形象、符号形象、个性形象、组织形象，外在形象主要是指品牌标识系统。为确保品牌形象的广度和深度，企业需要从这几个方面共同考虑品牌形象战略，它们的共同目标是帮助战略制定者考虑不同的品牌元素和模式，以明确、丰富和区别一种形象。同时，更全面、深刻的形象还有助于指导决策的实施。为实现品牌的最大实力，品牌形象的范围应该宽广，而不是狭隘；动力应该是战略性的，而不是战术性的，且应在创建品牌的同时关注组织的内部和外部。

　　本章还讨论了品牌形象设计的各种原则，包括科学性原则、民族化原则、求异原则、长期性和兼容性原则、支持品牌战略原则。依据以上原则，企业应尽力在所有消费者心目中都树立一个清晰、健康、良好的品牌形象。

　　目前在竞争激烈的行业，单纯依靠宣传其功能已经难以突出独树一帜的品牌形象，因此企业在进行品牌形象塑造战略选择和制定时，应当从更广泛的意义上去挖掘并赋予品牌以鲜明的风格，可使用情感导入策略、专业权威形象策略、心理定位策略、文化导入策略、质量管理策略、品牌形象代言人策略等。

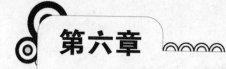

第六章

品牌个性

学习目标 ★★★★

知识要求 通过本章的学习，掌握：

● 品牌个性的定义
● 品牌个性的特征
● 品牌个性的塑造策略
● 中国品牌个性维度

技能要求 通过本章的学习，能够：

● 进行品牌个性分析
● 进行品牌个性塑造
● 分析某个中国企业品牌的个性

学习指导 ★★★★

1. 本章内容包括：本章将重点讨论品牌个性。企业品牌管理的重要任务就是塑造品牌个性，因此本章将展开对品牌个性的探讨。它有哪些特征，如何成功地塑造品牌个性，中国文化背景下品牌具有哪些个性，这些都是品牌创立者感兴趣的问题。

2. 学习方法：通过学习理解书本知识，理解品牌个性的内涵和外延，然后尝试运用定位图，对中国企业的品牌进行分析研究，以掌握品牌个性塑造的基本技巧。

3. 建议学时：4 学时。

引导案例

认真的女人最美丽——台新银行玫瑰卡品牌个性塑造

台新银行玫瑰卡在上市的短短一年半时间里突破了 10 万张的发卡量，并以独特的诉求建立了其女性的、认真的品牌个性，一跃成为中国台湾女性信用卡的领导品牌。

资料显示，女性持卡人拥有较好的信用历史，工作稳定，发生呆账的情形少，女性消费者较容易被感性诉求打动，进而产生认同。加上女性消费能力的不断提升，台新银行预测女性的信用卡市场将有很大的发展空间，因此将女性锁定为台新银行信用卡的主要目标市场。

她们的个性写真是：喜欢煮咖啡，不喜欢煮饭；工作全力以赴，表现一流，男人开始习惯；渴望有女强人的成就，又渴望如小女人般受宠；热情、爱冒险，却又心思细密；喜欢出国旅游，会赚钱，也会花钱，高兴就好；有自己的生活品位，有自己的消费主张，有专属于女人的信用卡——台新银行玫瑰卡。她们就生活在你我的四周。

一、个性塑造步骤

步骤一：最女人的信用卡。

玫瑰卡第一阶段的定位是："最女人的信用卡"，清楚地表达了玫瑰卡的属性。

广告以展现玫瑰卡的气质并且塑造玫瑰卡独特的个性来取得目标群的认同，让目标消费群接触到广告时会被诉求所感动，相信自己便是那一位拥有玫瑰卡的独特女人。

步骤二：认真的女人最美丽。

第二阶段则对"最女人的信用卡"进行升华，以"认真的女人最美丽"为个性写真，因为"认真"是一种生活态度、消费主张；"美丽"则是女人热衷追求，喜爱被赞美的心理。

二、个性塑造策略

品牌个性一经设定，所有的营销广告活动便围绕其展开。为此，台新银行采取了以下策略：

策略一：产品优势建立。

第一代玫瑰卡，发卡初期为 VISA ONLY，因 VISA 卡的市场接受度远较万事达卡高。第二代玫瑰卡，则重新规划玫瑰卡卡面设计，发行玫瑰卡万事达卡，以区别第一代玫瑰卡。

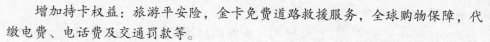

增加持卡权益：旅游平安险，金卡免费道路救援服务，全球购物保障，代缴电费、电话费及交通罚款等。

策略二：直效行销。

直接针对目标女性现场办卡。通过业务员在全省人流集中处如百货公司、电影院等门前摆摊位，直接与目标对象接触，缩短犹豫期，成功率非常高。

策略三：针对性的推广。

在细分出女性市场以后，台新银行又针对不同的女性进行了一系列有针对性的推广活动。如针对应届毕业的大专女学生，寄发 DM，可以年费 6.6 折优惠申请，并获得免费的 A 试用组。针对 50000 名高使用率之玫瑰卡会员，鼓励她们推荐自己的亲朋好友，申请台新银行信用卡。

策略四：与女性杂志结合。

参与《美丽佳人》杂志三周年庆，由《美丽佳人》引进法国巴黎名模，展现当季流行秀，并举办《美丽佳人》杂志音乐会。后又由《美丽佳人》杂志邀请国内知名音乐家举办演奏会，邀请玫瑰卡会员欣赏。在由《ELLE》杂志所举办的女性电影展上，选择多部知名女性电影，嘉惠玫瑰卡会员免费欣赏。

策略五：创造持续的情人节活动。

辅以成功的事件营销运作，与女人最爱的"情人节"紧密结合，在每年西洋情人节及七夕，举办大型现场办卡活动，以女人喜爱又与玫瑰卡相关联的玫瑰花、巧克力以及玫瑰花茶做赠品。情人节已成为玫瑰卡的节日。

由于一系列的卓越策划，台新银行玫瑰卡成功地在信用卡市场绽放，成为女性信用卡第一品牌。"认真的女人最美丽"更成为广告流行语，被人们广泛引用，成为台新银行玫瑰卡最重要的品牌资产。

资料来源：曾朝晖. 如何塑造品牌个性 ［EB/OL］.http：//www.boraid.com/darticle3/articleread.asp？id=17133&page=1，2011-01-14.

➡ 问题：

1. 玫瑰卡的品牌个性是什么？
2. 玫瑰卡的品牌个性是如何塑造的？

第一节　品牌个性概述

品牌人格化理论认为，品牌也是人，因此品牌也具有个性，这是品牌与品牌之间识别的重要依据。人们选择某一种商品，越来越多地取决于其精神感受。

价值观念的多元化，是品牌个性存在的基础，人们需要不同个性的品牌。那些随大流毫无性格试图争取所有人的产品，实际上将被所有人所不屑，这就是绝大多数产品至今仍默默无闻的真正原因。而那些具有鲜明个性的品牌正大行其道。

问题1：什么是品牌个性？

1. 个性

个性（Personality）一词来源于拉丁文"persona"，原指古希腊、古罗马时代的喜剧演员在舞台上戴的面具，用于表现剧中人物的身份和性格特征。后来个性被心理学家引用来表示人生舞台上个体所扮演社会角色的心理和行为。

对于个性的解释，不同的学者从哲学、伦理学、法学、教育学、心理学等不同的研究角度有不同的看法。菲利普·科特勒从营销学的角度出发，将其定义为："个性是指一个人所特有的心理特征，它导致一个人对他或她所处的环境相对一致和持续不断的反应。"一个人的个性通常可以用自信力、控制欲、自主性、社交能力、保守和适应能力等性格特征术语来加以描述。[①]

人的个性千差万别，有的热情豪爽，有的拘谨畏缩，有的时尚新潮，而有的却古板守旧。消费者的这些个性常常会影响其对某个企业的产品、品牌、宣传手段、服务等各方面的评价，继而会影响品牌的选择和购买。当某种产品被选择，往往是因为品牌与消费者自身个性的一致。因此，对于个性这个概念的了解，可以帮助企业和商家更好地研究消费者的行为，开展有声有色的营销活动。

2. 品牌个性

关于品牌个性，也有诸多种定义。这里将介绍有代表性的三种。

（1）品牌研究专家大卫·艾克（David Aaker）指出品牌个性是品牌所联想出来的一组人格特性。

（2）作为实务界专家的林恩·阿普绍（Lynn Upshow）认为，"品牌个性是指每个品牌的向外展示的个性，……是品牌带给生活的东西，也是品牌与现在和将来的消费者相联系的纽带。它有魅力，也能与消费者和潜在消费者进行情感方面的交流。"[②]

---

① 菲利普·科特勒. 营销管理 [M]. 第11版. 梅清豪，译. 上海：上海人民出版社，2003：206.
② [美] 林恩·阿普绍. 塑造品牌特征 [M]. 北京：清华大学出版社，1999：223.

（3）詹妮弗·艾克（Jennifer L.Aaker）作为品牌个性研究的知名学者，她给品牌个性的定义是：品牌个性是指与品牌相连的一整套人格化特征。她举例说，人性化的绝对牌伏特加倾向于被描述成"酷的、赶时髦的 25 岁当代青年"。因此她定义的品牌个性，既包括品牌气质、品牌性格，又包括年龄、性别、阶层等排除在人格、性格之外的人口统计特征。她又进一步指出，和产品相连的属性倾向于向消费者提供实用功能；而品牌个性则倾向于向消费者提供象征性或自我表达功能。[①]

总的来说，品牌个性就是使品牌具有了人的特征，是品牌通过其在各种营销活动中表现出来的类似于人的个性，它使消费者有了与品牌进行情感交流和建立关系的可能性。

问题 2：品牌个性的特征表现在哪些方面？

1. 稳定性

一般来说，品牌个性都需要保持一定的稳定性。因为稳定的品牌个性是持久地占据顾客心理的关键，也是品牌形象与消费者体验相结合的共鸣点，如果品牌没有内在的稳定性以及相应的行为特征的话，那么消费者就无法辨别品牌的个性，自然就谈不上与消费者的个性相吻合了，消费者也不会主动地选择这样的品牌，最终失去品牌的魅力。[②]

2. 差异性

从根本上来说，创造品牌个性的目的就是帮助消费者认识品牌、区隔品牌，以至让消费者接纳品牌。品牌个性可能最能代表一个品牌与其他品牌的差异性。在茫茫的产品世界中，许多品牌的定位差异不大，而个性却给了品牌一个脱颖而出的机会，并在消费者脑子里保留自己的位置，展示出自己与众不同的魅力。例如，当年的孔府家酒与孔府宴酒，两个品牌都是生产以孔府文化为背景的白酒，都有高频率的广告支持，价格、目标人群等定位也相差不大。但是，两者的品牌个性迥然不同，孔府家酒被看成是纯朴的、顾家的、诚恳的个性，而孔府宴酒拥有外向的、人文气质的、略显世故的个性，这让它们在消费者的心目中留下了完全不同的印象，并都获得了较大的成功。

① Jennifer L. Aaker. Dimensions of Brand Personality ［J］. Journal of Marketing Research，1997，Vol.34（3）：347.

② 江品醇. 塑造品牌个性的十步曲 ［EB/OL］. http：//boraid.com/darticle3/list.asp? id=53828，2010-12-27.

3. 排他性

如果品牌个性引起了目标消费者的共鸣并得到他们的接纳，那么，它就会表现出强烈的排他性，建立起品牌的"防火墙"，使竞争品牌无法模仿，有利于品牌可持续的经营。例如，许多著名品牌都有自己鲜明的品牌个性，如柯达的纯朴、顾家、诚恳；锐步的野性、年轻、活力；微软的积极、进取、自我。当产品的品牌个性与潜在消费者的人格个性相吻合时，它不仅征服了消费者，还表现出强烈的排他性，使竞争对手无法模仿，形成独特的竞争优势。

4. 一致性

在品牌时代，品牌可以充分表现真正的自我，表达人的追求。至于选择怎样的品牌，如何体现人的生活方式、兴趣、爱好以及希望，它给每个人提供了展示个性的机会，比如你穿的衣服、开的车、喝的饮料等，都有着个人的取向。如果把你所购买的品牌构成一幅美丽的图案的话，那么它就可以描绘出你是怎样的人，你是如何生活的。正是品牌个性的这种外在一致性，才使得消费群体在这个多元化的社会里，找到了自我的消费个性，这也是品牌个性化的必然。特别在张扬个性的时代，人们按照自己的个性选择自己喜欢的品牌，随着全球经济一体化的发展，这种趋势会越来越明显，同时，只有在品牌个性与消费者个性相一致的情况下，消费者才会主动购买，否则，就很难打动消费者。比如目前的中国汽车消费市场，你会发现许多有趣的现象：商场精英一般不选择奥迪，大学教授一般不选择奔驰，政府官员一般不选择宝马，原因是什么呢？因为这些品牌彰显的个性与消费群体的个性不相符，相反，正好说明了品牌个性与消费群体的个性相一致的重要性，从精神层面上真正打动消费者，从而促进产品的销售，实现品牌价值。当然，随着环境和观念的变化，人们的消费习惯也会发生变化，品牌个性也要作出相应调整，在此不作阐述。

以上四个特征，给予品牌以生命，赋予品牌形象和活力，使其有了成长的基础。

问题 3：品牌个性的价值表现在哪些方面？

品牌个性可以说是品牌特征最重要的组成部分，之所以这样说，是因为它具有以下四个方面的重要价值：

1. 品牌个性的人性化价值

品牌个性的精髓是品牌人格化。它使企业提供的原本没有生命的产品或服务变得具有人性的特征，从而使消费者消除戒备心理，拉近与品牌之间的距离，甚至能让消费者产生某种亲切感，更加容易接受企业的产品和服务。

独特而鲜明的品牌个性能够吸引消费者的注意力，并在其心中占据一定的位置。当消费者决定购买某类产品时，在品牌的汪洋大海中，他当然只会选择那个具有他所欣赏的个性的品牌，因为在作出购买决定之前，这个品牌的个性已经把他征服了。

2. 品牌个性的购买动机价值

这是品牌个性的又一重大价值。明晰的品牌个性可以解释在成千上万个令人眼花缭乱的品牌堆中消费者购买某个品牌产品的原因，也可以解释他们拒绝其他品牌的理由。

品牌个性让本来毫无生气的品牌具有了人的个性，赋予了消费者一些精神化的东西，这使得品牌在消费者的眼里变得鲜活起来，超越了产品本身的物理属性，它们不再是一堆冷冰冰的物体。正是品牌个性时时通过各种途径所传递出来的个性化的内容，让消费者能够根据自己所喜欢的个性，来挑选具有相应的品牌个性的产品或服务，从而不再选择其他的品牌。比如年轻人喜欢喝可口可乐，因为它代表着活力、激情，跟自己的个性比较符合；成功的商业人士都喜欢坐奔驰车，因为它代表着大气、稳重、高档、高品位。

正是由于品牌个性触动了消费者内心的东西，以人性化的表达触发了消费者的潜在购买动机，继而使他们选择那些具有独特个性的品牌。所以说，品牌个性是消费者购买动机的起源。

3. 品牌个性的差异化价值

品牌个性是品牌的人格化表现，最能代表一个品牌与其他品牌的差异性。差异性是现今品牌繁杂的市场上最重要的优势来源。没有独特之处，一个品牌很难在市场上脱颖而出。

如今还有很多企业在一味地追求产品差异性，而忽视品牌差异性。殊不知，在科技高度发达的今天，这种建立在产品上的差异性很难保持，极易被模仿和剽窃。而由品牌个性建立起来的差异则会深入到消费者的意识里，它提供了最重要、最牢固的差异化优势。

百事可乐在刚进入市场时，在口感、包装、宣传等各个方面都模仿可口可乐，结果出师不利。后来，它改变了游戏手法，站到可口可乐的对立面，在可口可乐宣扬自己是"真正的可乐、永远的可乐、美国精神的代表"的时候，掀起了"新一代"的旋风，把品牌蕴涵的那种积极向上、时尚进取、机智幽默和不懈追求的精神，发扬到百事可乐所在的每一个角落，其矛头直捣可口可乐的死穴——可口可乐甚至被指为"你父亲喝的可乐"。百事可乐树立了"新一代的选择"的形象，形成了"独特、创新、积极"的品牌个性，获得了无数年轻消费者的认同和喜爱。

4. 品牌个性的情感感染价值

品牌个性反映的是消费者对品牌的感觉或是品牌通过各种途径传递给消费者的感觉，它主要来自于情感方面，而少部分来自于逻辑思维。品牌个性具有强烈的品牌感染力，它能够紧紧地抓住潜在消费者的兴趣，不断地与他们进行情感方面的交流与转换。法拉利快速、刺激的品牌个性，深深地感染着跑车爱好者，它激发了消费者内心最原始的冲动，一种作为冒险者的自豪感，因此深受跑车爱好者的推崇，以致消费者用法拉利作为展示年轻人激情与冒险精神的重要媒介。

品牌个性也可以深深地感染消费者，这种品牌的感染力随着时间的推移会形成强大的品牌推动力，使消费者成为该品牌的忠实拥护者，这是品牌个性的重要价值所在。

阅读材料

"车到山前必有路，有路必有丰田车"的广告语，曾道出了丰田公司的自信与豪迈。然而 2004 年推出的 "Prando" 越野车为丰田带来了公共关系上的麻烦。首先，该车的中文取名为 "霸道"，在中国市场上引起了一片申讨声。其中文名很容易让消费者想到一个毫不讲理的、横行霸道的痞子个性。其次，"霸道" 一词在中文中是贬义词，描述的人格形象是 "横行乡里、称王称霸" 的地痞和流氓。品牌推广人本想塑造该款车 "马力强劲、驰骋千里、无坚不摧、所向披靡" 的品牌个性，结果其名称和其他传播因素结合在一起，深深地伤害了中国消费者的感情，以致在互联网上掀起一场抵制风波。最后，"Prando" 不得不采用音译作为品牌名，即 "普拉度"。

品牌名称对于塑造品牌个性有先声夺人之功。但如果取名不当，不但不能塑造个性，相反会带来诸多问题。

"普拉度" 的个性形象，没有 "霸道" 那么鲜明，但为中国人所接受。这是品牌推广人无奈的选择！

资料来源：丁桂兰. 品牌管理 [M]. 武汉：华中科技大学出版社，2008：110.

活动：

为某家电品牌打造品牌个性。

第二节 品牌个性的维度

关于品牌个性的维度一直是营销理论研究和营销实践领域中的一个热点课题。詹妮弗·艾克于 1997 年首次系统地发展了基于美国的品牌个性维度及量表，日本和西班牙的品牌个性维度及量表也相继诞生。然而，中国的本土化品牌个性维度及量表却仍然是一个空白。2003 年，中山大学卢泰宏教授和他的学生，就中国文化环境下的品牌个性维度进行了研究，得出了一些有价值的结论。

问题 1：品牌个性的维度有哪些？

来自美国加利弗尼亚大学的詹妮弗·艾克教授，于 1997 年 8 月在《市场研究杂志》发表了一篇题为《品牌个性维度》的论文，第一次根据西方人格理论的 "大五" 模型，以个性心理学维度的研究方法为基础，以西方著名品牌为研究对象，发展了一个系统的品牌个性维度量表（Brand Dimensions Scales，BDS），得到了品牌的五大个性要素，即品牌个性的五大维度：纯真（Sincerity）、刺激（Exciting）、称职（Reliable）、教养（Sophisticated）和强壮（Ruggedness），在学术界引起了较大的轰动。这五个维度下面又有 15 个层面，包括有 42 个品牌人格特性（见表 6-1）。

121

表 6-1 美国品牌个性维度量表①

个性要素	不同层面	品牌个性特质词语
纯真	纯朴 诚实 有益 愉悦	纯朴的、家庭为重的、小镇的 诚心的、真实的、真诚的 新颖的、有益的 感情的、友善的、愉悦的
刺激	大胆 有朝气 富于想象 新颖	时髦的、刺激的、勇敢的 年轻的、活力充沛的、酷酷的 独特的、富于想象力的 独立的、现代的、最新的

---

① Jennifer L. Aaker. Dimensions of Brand Personality [J]. Journal of Marketing Research, 1997, Vol.34 (3): 347.

个性要素	不同层面	品牌个性特质词语
称职	信赖 聪明 成功	勤奋的、安全的、可信赖的 技术的、团体的 领导者的、有信心的、成功的
教养	上层阶级 迷人	有魅力的、好看的、上层的 女性的、迷人的、柔顺的
强壮	户外 强韧	男子气概的、西部的、户外的 强硬的、粗犷的

　　这五大个性要素将很多品牌个性描述得很好。例如，康柏、柯达在"纯真"这一项上非常明显；LEVI'S、万宝路、耐克在"强壮"这一项上表现清楚。

　　2001 年，为了探讨品牌个性维度的差异性，詹妮弗·艾克教授与当地学者合作，继续沿用了 1997 年关于美国品牌个性维度开发过程中使用的方法，对日本和西班牙这两个来自东方以及拉丁文化区的代表国家的品牌个性维度和结构进行了探索和检验，并结合 1997 年对美国品牌个性的研究结果，对三个国家的品牌个性的维度以及原因进行了分析。结果发现，美国品牌个性的独特性在于"强壮"（Ruggedness）；而日本是"和平的"（Peacefulness）；西班牙却是"热情/激情"（Passion）。

　　这个研究总体上证明了"品牌的五大个性要素"在跨文化中的有效性，即它具有一定的通用性。

问题 2：中国文化环境下的品牌个性维度有哪些？

　1. 中国品牌个性维度的测试

　　（1）施测。为了发展中国本土的品牌个性维度，卢泰宏等人[1]于 2001 年 11~12 月，在北京、上海、广州三个一线城市、成都和长春两个二线城市进行了一次调查研究。这次研究最后回收了有效样本 552 个，其中，男性 258 人，占 47%，女性 294 人，占 53%，年龄从 17 岁到 40 岁，平均为 24.3 岁。调查中选取的品牌主要是国内知名品牌，也有部分跨国品牌。这些品牌共 40 个，分为十组，见表 6-2。

① 黄胜兵，卢泰宏. 品牌个性维度的本土化研究 [J]. 南开管理评论，2003（1）：4-9.

表6-2 中国品牌个性测试的十组品牌

第一组：长虹、佳得乐、太太、中央电视台	第六组：金利来、力士、五粮液、光明日报
第二组：飘柔、喜之郎、TCL、春兰	第七组：摩托罗拉、中华牙膏、太阳神、佐丹奴
第三组：乐凯、联想、美的、娃哈哈	第八组：乐百氏、万科、耐克、马爹利
第四组：海尔、柯达、康师傅、大宝	第九组：微软、家乐福、非常可乐、夏利
第五组：李宁、达能、雕牌、同仁堂	第十组：小护士、格兰仕、健力宝、奥迪

（2）调查结果及分析。为了获取中国品牌个性维度，问卷调查中使用了98个描述品牌的词汇，并使用因子分析的方法对这98个品牌个性词汇的调查结果作了主成分分析以及方差极大正交旋转。通过仔细观察因子分析的结果，对于这98个品牌个性词汇，认为抽取前五个因子的方案比较适合。

无论是从年龄（年轻的 VS 年长的）还是从性别（男性 VS 女性），其至从品牌分类（国外品牌 VS 国内品牌）来看子样本群的因子分析，或者基于个体样本与整合样本数据因子分析，最终得出的结果都是认为五个因子的析取方案是最为可靠、稳健和一致的。

（3）结论。运用五个因子的析取方案，最终纳入因子分析的品牌个性词汇共有66个。然后再对这66个品牌个性词汇按方差极大正交旋转法以及主成分法重新进行因子分析，析取出五个因子。因子分析的结果表明，这66个品牌个性词汇的共通性都较高。

第一个因素包括的品牌个性词汇主要是：平和的、环保的、和谐的、仁慈的、家庭的、温馨的、经济的、正直的、有义气的、忠诚的、务实的、勤奋的等。这些词语都是属于古汉语中"仁"的范畴。因此，可以把第一个中国品牌个性维度命名为"仁"。

第二个因素包括的品牌个性词汇主要是：专业的、权威的、可信赖的、专家的、领导者、沉稳的、成熟的、负责任的、严谨的、创新的、有文化的等。这里使用"智"来命名，因为在古汉语中，"智"能更加贴切地描述本维度中所包括的词汇，也更加能体现中国文化传统。

第三个因素包括的品牌个性词汇主要是：勇敢、威严、果断、动感、奔放、强壮、新颖、粗犷。这些词汇具有"不惧"、"不避难"的个性特征，可以用"勇"来形容所具有的品牌个性特征。

第四个因素包括的品牌个性词汇主要是：欢乐、吉祥、乐观、自信、积极的、酷的、时尚的。这些词语都反映的是"乐"，只是乐的表现形式有所不同。因此，对于这一品牌个性维度，可以命名为"乐"。

第五个因素包括的品牌个性词汇主要是：高雅的、浪漫的、有品位的、体面的、气派的、有魅力的、美丽的。这些词汇可以用"雅"来命名。

2. 中国品牌个性维度的层级识别

为了有助于今后不同研究者所获得的个性维度结构进行对比分析，识别差异点和相同点，卢泰宏等人还对中国品牌个性维度的内部结构进行层级细化。"层级"也就是二级维度。它们帮助把一级维度剖分为若干个在意义上更加狭义、具体，更加容易理解和解释的部分。

具体的方法是：首先对所获得五个维度的每一个维度内所包括的品牌个性词语再分别进行因子分析。一共获得了 14 个因子，其中第一个维度"仁"所获得的二级维度最多，达到 5 个，其次是"智"有 3 个，其余三个维度各有2 个。[1]

3. 品牌个性维度的跨文化比较

为了识别中国品牌个性维度的独特性以及与西方品牌个性维度的一致性，卢泰宏等人还比较了美国、日本品牌个性维度量表与中国品牌个性维度量表，得出的结论是：中国品牌个性一方面继承了中国文化传统，保留了本土化的独特特点，但另一方面随着中国与世界经济文化的交流和融合，中国的品牌个性也不可避免地受到西方文化的影响。这也是中国向现代化过渡过程中的必然。"仁"(Sincerity)、"智"(Competence)、"雅"(Sophisticated) 这三个维度具有较强的跨文化一致性，这是共性。"仁"是中国品牌个性中最具有文化特色的一个维度，其次是"乐"。中国品牌与美国品牌相比，品牌个性最具有的差异性是，中国品牌更加强调群体性利益，而美国品牌更加重视个人利益、强调个性的表现，这是两种不同文化的差异在品牌个性中的体现 。而中国品牌与日本品牌相比，中国品牌个性中存在着"勇"，而日本品牌个性则不存在着这样一个单独维度，而"勇"与美国品牌个性维度的"Ruggedness"比较相似，这一维度在中国的出现，表明中国品牌在一定程度上受到西方理论及文化影响。

问题 3：如何理解品牌与消费者的关系？

品牌是产品与消费者之间的关系，是一种消费体验。品牌要真正做到不同凡响，就要建立一种与消费者之间的联系。如果品牌不仅与消费者建立了理性的关系，而且让他们感受到强烈的情感联系，那么品牌创建就能取得成功。

现代品牌理论重视和强调消费者在创立品牌中的作用和地位，指出品牌是一个以消费者为中心的概念，没有消费者，就没有品牌。品牌的价值体现在品

---

[1] 丁桂兰. 品牌管理 [M]. 武汉：华中科技大学出版社，2008：114.

牌与消费者的关系之中。品牌之所以能够存在，是因为它可以为消费者创造价值，带来利益（这个问题已在本书的第三章作了详细讨论）。

 **阅读材料**

全球最大的药厂 Merch 公司买下美国最大的药剂邮购公司——Medco Containment Services，Inc.，成交价高达 60 亿美元，这是因为 Medco 拥有 3300 万人的处方药剂的使用资料，运用这些资料，Merch 可以使品牌销售个别化或针对特定消费者需求，在最适当的时间与最适当的对象建立起联系。

资料来源：丁桂兰.品牌管理［M］.武汉：华中科技大学出版社，2008：116.

第三节　品牌个性的塑造

问题 1： 品牌个性理论的心理学基础有哪几点？

1. 潜意识理论

现代心理学认为，人类的一切活动，包括消费者行为，总是以人的需要为基础的。消费者需要是指消费者生理和心理上的匮乏状态，即感到缺少些什么，从而想获得它们的状态。个体在其生存和发展过程中有各种各样的需要，如冷的时候有穿衣的需要，渴的时候有喝水的需要，在与人交往的过程中有获得被人尊重的需要，等等。

在市场经济的条件下，消费者的需要直接表现为购买商品或使用服务的愿望。有两类不同的需要对消费者的购买行为产生影响：一种是消费者能够意识到的需要；另一种是消费者在购买活动中的确存在而又无法被其所意识到的感受或冲动，这就是潜意识的影响。

弗洛伊德把心灵比喻为一座冰山，浮出水面的是少部分，代表意识，而埋藏在水面之下的大部分，则是潜意识。他认为人的言行举止只有少部分是受意识控制的，其他大部分则由潜意识所主宰，而且这种主宰是主动地运作，人却没有觉察到。潜意识是指被长期压抑、个体当时感觉不到的本能欲望或经验。潜意识中的本能欲望不可能随心所欲地获得满足，它一定会受到文化、道德、法律等多种因素的压抑和排挤。即便如此，它们也不可能被泯灭，相反一定要得到释放。

依据弗洛伊德的潜意识理论，研究消费者人格的学者相信，人类的驱动力大多是无意识，而且消费者可能也不了解其购买行为背后的真正原因。这些学者将消费者的外表及拥有物都视为其个人人格的反映及延伸。当消费者坚持要穿耐克运动鞋、买诺基亚手机以及开奔驰轿车时，都或多或少地可以折射出他们潜意识中的本能欲望和潜在的心理需求。

如著名品牌万宝路，"男子汉的香烟"，其品牌个性正是通过充分挖掘当时美国人的潜意识需求才获得巨大的成功的。万宝路广告持久地以美国西部牛仔作为其个性表现形象，以充满原始西部风情的画面衬托着矫健的奔马、粗犷的牛仔，突出了男子汉放荡不羁、坚忍不拔的性格，尽显硬汉本色。这一品牌个性的塑造恰恰迎合了大多数美国人的心理欲求，很快便博得了美国烟民的喜爱与认同。

2. 自我概念

自我概念是个体对自身一切的知觉、了解和感受的总和。每个人都会逐步形成对自己的一些看法，如是高是矮、是胖是瘦等。它主要回答的是"我是谁"和"我是什么样的人"这一类的问题。

消费者的自我概念不止一种，而是包括多种类型。

（1）真实的自我，是指消费者实际上如何真实地看待自己。

（2）理想的自我，是指消费者希望如何看待自己。

（3）社会的自我，是指消费者感到别人是如何看待自己的。

（4）理想的社会自我，是指消费者希望别人如何看待自己。

（5）期待的自我，是指消费者期望在将来如何看待自己，是介于实际的自我与理想的自我之间的一种形式。

一般认为，消费者根据认为自己是什么样的人（真实的自我）和希望自己成为什么样的人（理想的自我），来指导自己的消费行为。因此，消费者比较倾向于购买那些与他们自己具有相似个性或那些能使他们感到自己的某些个性弱点得到补偿的产品。

在不同产品类别的品牌个性与消费者自我概念研究中发现，消费者自我概念与品牌个性越是一致，对该品牌的购买意愿也就越强。无论是消费者卷入程度较低的手机、手表或电池等产品，还是消费者卷入程度较高的汽车、房子等，消费者在购买过程中都会尽量使购买的产品符合长期以来对自我的认识。

这是因为商品的购买、展示和使用，不仅可以向消费者提供产品的功能功效，还可以向个体或者其他人传递一种象征意义，体现他们的价值观、人生目标、生活方式、社会地位等，如购买"宝马"、"劳斯莱斯"就不仅仅是购买一种交通工具那么简单，主要是作为身份地位的一种体现。消费者为了维护和强化其自我概念，就必然会使消费行为与自我概念相一致。

在市场产品极大丰富的今天，消费者完全可以在不同品牌之间进行自由的选择。在追求一致性的影响下，消费者将根据其对真实自我所持有的概念而消费。他们通过购买与其真实自我概念相类似的产品或服务来保持一致性。

例如，一个认为自己过于传统守旧、不太勇于接受新事物的女性消费者，对于长期以来在穿着方面没有特色感到很苦恼，她希望自己能变得时髦和有魅力，能吸引他人的注意力，这种想法会促使她极力地想在衣着方面改变自己。其实，在每个人的心目中，都有一个理想的自我形象，希望有朝一日自己能成为这种理想中的人。当现实的自我概念与理想中的自我概念差距越大的时候，消费者对自己就可能越不满。而这种不满的情绪就会使消费者在购买产品时尽量挑选那些能弥补自己个性弱点的品牌，也就是购买具有自己缺乏但又非常希望拥有的个性的品牌产品。因此，上面我们提到的对自己守旧的形象不满、希望能变得时髦的女性消费者，就会为了弥补自己个性方面的不足而成为了时尚服装、高级美容化妆品的购物大军。

总之，从心理学的角度看，消费者的购买行为既是为了满足消费者的潜意识的本能欲望、释放一种心理压力、获得某种心理的补偿，同时其购买行为又是试图与长期以来的自我概念保持一致。因此，品牌管理者完全可以通过市场细分的策略区分出该品牌的使用人群，只要充分挖掘出该使用人群的潜意识需要和自我概念，就可以为品牌的个性定位和塑造提供富有针对性的策略和途径，在未来的市场营销中立于不败之地。

问题 2： 品牌个性有哪些来源？

品牌个性是消费者对品牌人格化的评价，是由外而内的，因此，在谈到如何塑造品牌个性之前，我们有必要了解消费者主要是通过哪些方面来体验和感知品牌人格的，即品牌个性的来源，以保证品牌个性的成功塑造。品牌个性可以来源于与品牌有关的领域中的任何一个角落，以下是品牌个性来源三个比较重要的方面：

1. 产品自身的表现

企业的任何品牌行为都要围绕着产品展开，它是品牌活动的核心和最主要的载体。企业产品本身的发展随着其在市场上的发展而逐渐为人们所了解，而消费者也可从产品的发展中形成对品牌的看法，即品牌的鲜明个性。

沃尔沃是一家以安全性能绝佳著称于世的汽车公司，其品牌个性就是安全，几十年来，公司每年都要投入大量的费用进行安全方面的产品研究和开发。例如，20 世纪 40 年代的安全车厢，60 年代的三点式安全带，90 年代的防侧撞保护系统。有人曾经统计过，从 1945~1990 年，沃尔沃公司在各式新车上配置了 32 项主动或被协安全装置。在国际汽车工业界有许多安全技术是沃尔沃首创的。正是由于沃尔沃在安全方面的不懈努力，消费者感到在汽车界沃尔沃就是安全的代名词，这也就形成了其独特的品牌个性。

2. 品牌的使用者

品牌的个性也可以来自于品牌的使用者。每个品牌都有一群经常使用的消费者，久而久之，这群消费者的个性也就会附在产品上，逐渐成为品牌的个性。

LEVI'S "结实、耐用、强壮"的品牌个性，就在很大程度上来源于使用者形象。LEVI'S 的创始人 LEVI STRAUSS 原籍为德国，1847 年发迹于美国旧金山，当时他以卖帆布来维持生计。后来他发觉当地矿工十分需要一种质地坚韧的裤子，于是把原来造帐幕的帆布做了一批裤子，卖给当地矿工。由于这种裤子不容易破，因此很受矿工们的欢迎。眼见成绩理想，他便迅速成立了 LEVI STRAUSS AND CO.，主要生产牛仔裤，其神话由此展开。而牛仔裤最初的使用者——矿工，他们结实、耐用、强壮的个性特征也逐渐演变成为 LEVI'S 的品牌个性。

3. 品牌的代言人

通过品牌代言人也可以塑造品牌个性。通过这种方式，企业可以将代言人的个性传递给品牌，这有助于品牌核心价值的塑造。

百事可乐在这方面做得是非常成功的。它将自己定位于"新生代的可乐"，通过不断地变化代言人来树立"年轻、活泼、时代"的形象。在美国本土，有迈克尔·杰克逊和小甜甜布兰妮等超级巨星作为其形象代言人；而在中国，继邀请张国荣和刘德华做其代言人之后，百事可乐又力邀郭富城、王菲、周杰伦、郑秀文等加盟，将百事可乐"独特、创新、积极"的品牌个性演绎得淋漓尽致，迷倒了无数的年轻消费者。

除了这些方法外，品牌个性还可以来源于企业形象、企业领袖、广告风格、生产国等多个方面，这里我们就不一一介绍了。

问题 3：如何塑造品牌个性?

所谓"条条道路通罗马"，要想成功地塑造一个品牌的个性，具体的方法有多种多样。而试图寻找出一种适合每个企业的固定模式来建立品牌个性是非常困难的，因为每个品牌都会有自己不一样的背景、资源和特色等。但是，在品牌个性的塑造过程中，还是有一些共性的东西的，了解这些共同点，对于企业塑造品牌个性能起到有效的指导作用。

1. 品牌个性塑造的原则

企业在实施品牌个性策略的过程中要遵循以下四个原则：

（1）持续一贯原则。品牌个性是消费者对品牌由外而内的整体评价，它的形成是一项长期的、系统的工程。稳定的品牌个性是持久地占据消费者心理的关键，也是品牌形象与消费者经验融合的要求。品牌个性如果缺乏持续一贯性，就会使消费者无法认清品牌的个性，自然也就无法与消费者自己的个性相吻合，他们也就不会选择这样的品牌。正如美国某公司创始人大卫·马丁在他的《品牌的罗曼化》一书中写到的那样，著名的品牌是在很长的一段时间里塑造起来的，一直都会有广告诚实地介绍产品个性……品牌个性需要稳定性，失去稳定性，也就失去了品牌所具有的感染力。

保持品牌个性的持续性和一贯性，可以从内容和形式两个方面来入手。从内容上说，品牌个性的内在特质及其内涵，对目标顾客的生活态度和价值观的理解等，要始终保持一致；从形式上来说，品牌的包装和设计、传播的方式和风格，也要尽量保持一贯而持续，具体的图文音色可以更换，但设计的精髓和灵魂，以及传播所体现出的个性风格、气质要尽量保持连续性。而长期的持续一贯，也可以有效地防止其他品牌在短时间内就可以克隆成功。

（2）独特性原则。世界上没有两片完全相同的树叶，市场上也不存在完全相同的两个成功品牌，每个成功的品牌都是独特的、与众不同的、唯一的。

独特新颖制造了差异化，这样的事物总是很容易让人记住。品牌个性作为品牌的独特气质与特点，同样也必须具有差异性，如果与竞争品牌雷同，就会丧失个性，无法发挥品牌个性的巨大魅力。

当然，我们也要注意到，独特不是奇特，不是为新而新、为奇而奇。个性只是手段，不能特意为了个性的独特性，而选择与消费者个性格格不入的一些离奇古怪的个性，这样的标新立异是毫无价值的。所以，要评价一个品牌个性的独特性是否有效，就要看它是否能成功地打动目标消费者，引起情感的共鸣。

宝洁公司可谓是这方面的行家里手，多年来它的品牌经营管理经验一直成为各个公司研究和学习的焦点。以洗发水为例，它同时拥有飘柔、海飞丝、潘婷、沙宣等多个品牌。虽然都是洗发水，但是不同的品牌通过不同的广告形象代言人、品牌标识、广告诉求等多方面传播的一致性，树立了它们与众不同的品牌个性。例如，"飘柔"代表的就是"自信"，"海飞丝"是"潇洒"，"潘婷"是"靓丽"，而"沙宣"则意味着"时尚"，等等。

（3）人性化原则。为什么要对品牌进行人性化塑造？这是因为品牌个性的树立是一个浇灌情感的过程，人性化的品牌能够使消费者产生某种情感，而此时的品牌则不再是缺乏生命的产品和服务，而是消费者的亲密伙伴和精神上的依托。

在如今产品极为丰富、消费者生活水平有了较大提高的背景下，消费者购物时更加注重心理需求的满足。海尔的"真诚到永远"，诺基亚的"科技以人为本"，全球通的"沟通从心开始"等，都体现了企业通过以人为本，充分地满足人性的需要来达到企业经营目的的宗旨。

（4）简约原则。有的企业为了能让品牌有更好的表现，让其品牌有十多个个性特点，这其实是一个错误的认识。著名的雀巢品牌强调"温馨的"和"美味的"，只有两个特点，但品牌管理始终相当出色，这使得它多年来一直跻身于世界最具价值的品牌行列。

品牌个性过多、过于复杂，会使企业很难面面俱到地表达众多的个性，这样反而容易把消费者搞糊涂。一个品牌究竟应该有多少个个性特点，这没有什么标准答案。一般来说，最多不应该超过七八条。最好能重点建立三四项个性特点，并使之深入人心。

2. 如何塑造品牌个性

品牌个性的塑造不是一朝一夕就可以做到的，它需要几年甚至几十年的持之以恒的努力，也需要企业经营管理部门全方位的通力合作，还需要企业具有科学的营销观和娴熟的营销技能。具体来说，品牌个性塑造可从如下五个基本方面入手：

（1）考虑消费者未来的期望。企业为了和消费者保持更长久的关系，品牌个性就不仅要考虑消费者现在的想法和需求，还必须根据社会的发展趋势及时预见到消费者未来的期望。如今社会每天都在发生着巨大的变化，消费者的期望也会跟着改变，如果品牌个性仅仅满足于消费者现在的需要，那么就有可能在将来落伍。如果是食品品牌的个性，可以预见到未来的消费者会对绿色环保等提出更多的期望。

（2）根据品牌定位，塑造品牌个性。品牌定位是品牌个性的基础，而品牌个性是品牌定位的延伸。品牌定位与品牌个性联系得越紧密，消费者被品牌吸引的可能性也就越大。柯达的"真实的颜色"的广告宣传活动，将公司的胶卷定位成最完美的自然色的再现。为了将其人性化，柯达公司使用了格外清楚的标志，也就是一个明亮的童声男高音，配合漂亮的彩色照片翻片的声音，其效果实际上是广告媒介与信息的完美结合，烘托了柯达的品牌特征，表示柯达是这个领域里的专家。

（3）通过情感树立品牌个性。品牌个性与人的情感是密不可分的，每一种情感都可能帮助形成品牌个性。比如在海尔的星级服务计划之中，其核心的品牌情感就是真诚。当然，除了真诚，还可能包含了细心、期望、成功甚至谅解等多种情感因素，这其中每一种情感都有可能形成海尔品牌个性，但核心的情感只能有一个，如果全部都是，那海尔品牌个性就太杂乱了。

（4）展示品牌个性的潜力，增强信心。人们对品牌的信心也是很重要的。没有信心，潜在的消费者就不会相信品牌在广告宣传中所说的话、作出的各种承诺，也就不会有购买行为的发生。因此，企业不能单纯地向消费者空洞地描述未来，要通过多种方式，充分发掘品牌个性的潜力，增强消费者对品牌的信心。

（5）进行再投资。塑造一个品牌的个性，是一项十分艰巨的工作。它需要工作人员像照顾和抚养小孩子一样，在很长的一段时间里不间断地投入大量的时间、精力、财力和才智等。这些投资可能在刚开始的时候成效不大，但通过长年累月的累积，就会最终形成一个鲜明的、独特的个性特征，这才是品牌的持久竞争力。

关键术语：品牌个性

品牌个性就是使品牌具有了人的特征，是品牌通过其在各种营销活动中表现出来的类似于人的个性，它使消费者有了与品牌进行情感交流和建立关系的可能性。

考试链接

1. 企业实施品牌个性策略应遵循哪些原则？
2. 如何塑造鲜明的品牌个性？

案例分析

"动感地带"的品牌个性塑造

据有关统计资料显示，自 2003 年 3 月 "动感地带" 在全国推出之后到 2004 年 9 月，以每 3 秒钟新增 1 名客户的速度迅速拥有了近 2000 万年轻客户，创造了中国移动通信市场的奇迹。

一、品牌命名

"动感地带" 的命名突破了传统品牌命名时所强调的 "正、稳" 的特点，以 "奇、特" 彰显，充满现代的冲击感、亲和力，易传播，易记忆，富有冲击力，非常符合目标顾客群的特征。

二、市场细分

随着联通、小灵通等竞争对手的相继进入，中国移动通信市场的竞争也变得异常激烈。价格战就成为当时可以利用的武器，以资费为标准对产品进行细分是这一时期的主要做法。同时，与其他运营商一样，中国移动旗下的全球通、神州行两大业务品牌缺少差异化的市场定位，目标群体粗放，大小通吃，服务、业务内容上趋于同质化。

然而根据资料显示，25岁以下的年轻新一代消费群体将成为未来移动通信市场最大的增值群体。抓住这部分年轻客户，也就抓住了当前移动通信市场大多数的新增用户。

从移动的品牌策略来看，全球通定位高端市场，针对商务、成功人士，提供针对性的移动办公、商务服务功能；神州行满足中低市场普通客户通话需要；"动感地带"有效锁住大学生和公司白领为主的时尚用户，钳制住了竞争对手，形成预置性威胁。因此，中国移动将以业务为导向的市场策略率先转向了以细分客户群体为导向的品牌策略，在众多的消费群体中锁住15~25岁年龄段的学生、白领，产生了新的增值市场。

三、品牌个性的塑造

第一步：清晰定位——"我是你的"。

数量庞大而潜力非凡的年轻人市场，是"动感地带"要争取的目标客户。在全国性"动感地带"的品牌推广阶段，中国移动旗帜鲜明地打出了"我是你的"、"我专为你而生"的宣传口号。这步棋，移动走得相当成功。在短短三个月内，"动感地带"就获得超过300万年轻用户的支持。

第二步：满足需求——"我这里有你喜欢的一切"。

中国移动在借助"第一个年轻人专有的移动通信品牌的概念"吸引不少年轻用户后，为其量身定做个性化的服务也就提上了议事日程。

对此，"动感地带"打出的口号是"我这里有你喜欢的一切"。具体的动作则在年轻人最有兴趣的短信类服务上展开。根据中国移动年报披露，2002年四季度的短消息使用量为133亿条，而2003年第一季度就达到了174.5亿条。此后，为迎合年轻人爱玩的心态，"动感地带"又提供了大量新的数据业务，如游戏、聊天、天气预报等，更具吸引力。

第三步：整合传播——"你在任何地方都能感受我的存在"。

品牌个性一经设定，所有的营销活动便围绕其展开。为此，"动感地带"推出了以下一系列活动：

1. 周杰伦代言

之所以决定重金力邀周杰伦担任形象代言人，主要是因为看重了他身上那股特立独行的叛逆和对一切满不在乎的青涩与"动感地带"的形象相得益彰，对浩若繁星的拇指一族而言，其在广告片中的典型 M-Zone 人扮相无疑为 M-Zone 文化作了最好的诠释。

2. 出版《动感地带》客户杂志

中国移动委托第三方编辑出版了《动感地带》客户杂志，它以"追逐动感节奏，品味流行生活"为己任，免费提供给年轻时尚客户，意在逐步加强"动感地带"客户的群体认同感。

3. 组织各种线下活动

明星代言和出版杂志，都无法给"动感地带"客户提供面对面交流的机会，而这种机会正是提升品牌客户群体归属感、文化认同感的最佳时机。因此，中国移动各地的分支机构不遗余力地开展各种线下活动，如参加周杰伦歌友见面会、代表本地域参加全国"动感地带"街舞大赛、出席"动感地带"校园行活动晚会等。

4. 平权时代的特权诉求

"动感地带"自问世之初即全力倡导"特权"主义，后期更是旗帜鲜明地提出"我的特权全面升级，我就是 M-Zone 人!"的宣传口号。这种特权诉求在很大程度上迎合并满足了年轻一代渴望与众不同，希望得到他人关注的内在需求。

中国移动还广泛开展协同营销。先是与麦当劳结成"MM 联盟"，共同推出"动感套餐"，让利给"动感地带"用户；紧接着又与 NBA 达成长期市场合作伙伴协议，方便"动感地带"用户能够通过无线方式与 NBA 保持紧密联系，赋予了"动感地带"用户另一特权；后期还推出了作为"我的特权升级"核心内容的 M 计划，让用户享受到更多的具有个性的反馈，享受更多特权。

5. 参与公益事业

"动感地带"并不仅仅停留在时尚、前卫的形象上，其在社会责任上也作出了同样努力，如在世界地球日推出的环保志愿者行动等系列活动。这些公益活动的开展，进一步丰满了其品牌形象。

总而言之，"动感地带"通过一系列围绕目标消费者的强有力的品牌推广活动，抓住了市场明日的高端用户，塑造了鲜明独特的品牌个性，为中国通信业在品牌经营和客户细分等方面带来相当重要的启示。

资料来源：丁桂兰.品牌管理 [M].武汉：华中科技大学出版社，2008：123-125.

问题讨论：

1. "动感地带"的品牌个性体现在哪些方面？

2. "动感地带"通过哪些方式来传播品牌个性？

本章小结

　　本章我们讨论了品牌个性的定义、不同文化环境下的品牌个性维度、品牌个性的塑造原则和方法等问题。

　　关于品牌个性，也有许多种定义。本书介绍了多位著名的美国学者关于品牌个性的定义。

　　品牌个性具有的特征是稳定性、差异性、排他性和一致性。品牌个性的价值体现在人性化价值、购买动机价值、差异化价值和情感感染价值等方面。

　　本章重点讨论了品牌个性的维度以及比较了在不同文化背景下品牌个性维度的差异。首先介绍了美国加州大学詹妮弗·艾克教授有关西方文化背景下的品牌个性维度，即品牌个性的五大维度：纯真、刺激、称职、教养和强壮。其次，本章还较系统地介绍了我国学者有关品牌个性维度的研究成果以及他们关于中西方品牌个性维度的异同的观点。中国品牌个性维度是：仁、智、勇、乐、雅。在比较东西方文化背景下品牌个性差异时，他们得出的结论是：中国品牌个性一方面继承了中国文化传统，保留了本土化的独特特点，但另一方面随着中国与世界经济文化的交流和融合，中国的品牌个性也不可避免地受到西方文化的影响。

　　本书提出要重视和强调品牌个性的塑造受潜意识的影响和自我概念的影响。它的来源一是产品自身的表现；二是品牌的使用者；三是品牌的代言人。

　　塑造鲜明的品牌个性要遵循四个原则，即持续一贯原则、独特性原则、人性化原则和简约原则。同时要持之以恒、坚持不懈地进行品牌个性的塑造。

第七章

品牌文化

学习目标

知识要求 通过本章的学习，掌握：

● 品牌文化的概念
● 品牌文化的构成
● 品牌文化的作用
● 品牌文化的特点
● 品牌文化和企业、民族文化的关系
● 品牌文化的培育

技能要求 通过本章的学习，能够：

● 明确品牌文化的作用
● 分析品牌文化的构成
● 进行品牌文化的建设

学习指导

1. 本章内容包括：品牌文化的概念，品牌文化的构成，品牌的作用和特点，品牌文化和企业文化、民族文化的关系，品牌文化的培育。

2. 学习方法：理论联系实际，在理论学习基础上，分析现实生活中，企业的品牌文化构建方式。通过案例分析，与同学讨论学习心得等深入认识品牌文化的重要性，以及培育品牌文化的方法等内容。

3. 建议学时：2 学时。

第七章 品牌文化

引导案例

山文化演绎出的南山品牌文化

南山，一个中国化的词汇，在中国有着极高的认知度。"福如东海、寿比南山"，南山在中国是吉祥、福寿的象征，是健康、美好生活的代名词。而南山服饰中的"南山"，有着更为丰富的内涵。

关于中国的山文化，曾有文如此描述："山水仿佛一座巨大的宝库，源源不断地为中国文化提供着生机与活力，培养了东方文明讲求自然的审美观，撑起了无数中国文人的精神世界。在国人眼中，山水蕴涵着宇宙无限奥妙，是得道、生慧、宁静致远、淡泊明志和修身养性之处，是吸取天地精华、与天地精神往来的处所。山水已经抽象为一种文化精神。"现代人对自然产生了更多的向往，山作为最重要的自然元素之一，再度被瞩目。因山而衍生出的登山、攀岩等户外运动已经成为都市精英人士的休闲首选。

"南山"是属于男人的。男人似山，男人是山。中国男人与山有着千丝万缕、割舍不断的内在联系。仁厚的人安于义理，仁慈宽容而不易冲动，性情好静就如山一样稳重不迁。千百年来，中国男人的确如山般厚重、如山般广阔、如山般刚毅坚韧。

西服源自欧洲，但进入中国百年后，西服已经成为中国男性最重要、最经典的服饰之一，成为男士重要场合的首选着装。换言之，西服已经成为中国男人生命历程中不可割舍的一部分。西服已经落土生根，为中国男人所接受。而西服本身的庄重、挺拔，也与山的气质内蕴有着内在的相通。

因此，南山服饰的品牌文化是中国山文化与男性文化、男装文化三者的结合。以中国山文化为核心，男人文化与服饰文化附着于此，三者紧密结合、相互映衬，构成南山服饰完整的品牌文化体系。

时尚是多变的，潮流是难以把握的，但山是恒久的，男人是恒久的，山文化、男性文化、服饰文化三者聚合所产生的独特文化更是长久的，具有持久生命力的，并能顺应时代变迁而衍生出新鲜活力。

资料来源：韩毅.解读南山服饰品牌文化 ［EB/OL］. http://www.globrand.com/2007/03/27/20070327-154656-1.shtml.

➡ 问题：

南山服饰是如何打造品牌文化的？

第一节 品牌文化概述

21世纪是一个文化主导的世纪。我国目前已开始由经济型社会向文化型社会过渡，消费者在消费过程中更加强调一种文化，当消费者在消费时产生愉悦、激动、兴趣时，企业才能真正建立起消费者的品牌忠诚度。因此企业的品牌文化力已成为未来企业的第一竞争力，正是从这个意义上说，21世纪的企业之间的竞争，最根本的是品牌竞争，是品牌文化的竞争。

品牌文化是指文化特质在品牌中的沉积和品牌经营活动中的一切文化现象以及它们所代表的利益认知、情感属性、文化传统和个性形象等价值观念的总和。①

品牌文化是品牌最核心的东西，它是品牌价值内涵和情感内涵的自然流露，是品牌触动消费者心灵的有效载体，它蕴涵着深刻的价值理念、情感表达、审美品位、生活情趣、个性修养等精神元素，具有良好文化底蕴的品牌，能给人带来一种心灵的慰藉和精神的享受。品牌文化通过精神境界的塑造，带给消费者高层次的情感体验、精神慰藉，触动消费者的内心，激发他们对品牌文化的认同。在消费者心中，选用某一品牌不仅是满足产品物质使用的需求，更希望借此体现自己的价值观、身份、品位、情趣，释放自己的情怀。可见，品牌文化的价值在于它把产品从冰冷的物质世界，带到了一个丰富多彩的精神世界，放飞心灵的梦想，寻找精神的归宿，体现生活的品位。

137

阅读材料

欧洲某调查机构曾做过一个有趣的实验，他们把嘉士伯啤酒倒入一个普通啤酒瓶子里，再把普通啤酒倒入嘉士伯啤酒瓶子里，然后让顾客品尝，令人啼笑皆非的是，所有人都认为装在嘉士伯瓶子里的普通啤酒更好喝，而真正的装在普通啤酒瓶子里的嘉士伯啤酒却被认为难喝，甚至想吐。这个例子说明，一个品牌的价值远远不止于它的物质层面，而更在于它所蕴涵的文化精神内涵。

---

① 周朝琦等. 品牌文化——商品文化意蕴、哲学理念与表现 [M]. 北京：经济管理出版社，2002：18.

品牌文化触动着消费者的心灵，也创造了品牌价值。

资料来源：摘自代毅的博客"品牌文化：品牌价值不竭的源泉"［J/OL］. http://hi.baidu.com/dyc89/blog/item/1433e79a83708bbfc9eaf43b.html，2011-01-21.

问题1： 品牌文化主要由哪些部分构成？

品牌文化是在品牌建设过程中不断发展而积淀起来的，由品牌理念文化、品牌行为文化和品牌物质文化三部分构成。[①] 品牌理念文化是品牌文化的核心，它是有关品牌精神和品牌价值观方面的内容，决定了品牌将成为什么样的品牌。品牌的行为文化是品牌传播、营销过程中所展现的文化，在品牌营销的每一个环节都要充分体现品牌的精神，并保证每一营销环节都有助于品牌文化的形成，有助于树立良好的品牌形象。品牌物质文化是品牌文化思想的实物体现，企业通过产品、品名、标识、Logo、包装等方面体现品牌文化的思想和品牌价值观。

1. 品牌理念文化

在一种文化体系中，最核心的部分是这种文化的精神和价值观，它构成文化的精髓，掌控着文化的发展方向。价值观是人们关于什么是有意义的或无意义的根本看法，是人类所特有的价值取向的根本见解。不同的价值观决定不同的文化风格，如东方文化注重集体主义，西方文化注重个人主义，由此形成了在组织内的不同管理风格和组织结构。在企业中，价值观影响着企业的各个方面，管理者、员工、产品、组织、工作环境、营销、品牌和文化等。

品牌理念文化是指品牌在市场营销中形成的一种意识形态和文化观念。它是品牌文化中的心理部分，可称"心理文化"。品牌理念是品牌文化的核心，是品牌的灵魂。品牌理念文化包括品牌精神、品牌愿景、品牌伦理道德、价值观念、目标和行为规范等。它决定品牌的个性和品牌形象，决定品牌态度，以及品牌在营销活动过程中的行为表现。海尔的品牌精神是"真诚到永远"，诺基亚是"科技以人为本"，飞利浦的"让我们做得更好"等，它们都是品牌对消费者和社会的承诺，影响企业和消费者的思想。

在品牌营销过程中，企业把这种品牌价值观贯穿于品牌营销的每一环节，从产品设计、功能特性、品质到营销、传播和服务，无不体现品牌精神。

2. 品牌行为文化

行为是一切文化成败的关键。"每一个价值观都会产生一套明确的行为含义。"品牌行为文化是品牌营销活动中的文化表现，包括营销行为、传播行为

138

---

① 刘邦根. 品牌文化的研究［D］. 北京交通大学硕士学位论文，2006：19.

和个人行为等，是品牌价值观、企业理念的动态体现。品牌行为是构建品牌价值体系，塑造品牌形象的关键。好的品牌行为文化要通过有效的执行去贯彻实施，从而发挥文化的效力。

品牌价值是在品牌营销中实现和建立的，离开市场营销活动，品牌就失去了生命，品牌行为是品牌精神的贯彻和体现。品牌文化在品牌运动中建立，品牌价值在营销中体现。品牌行为是品牌与顾客关系建立的核心过程，关乎品牌的个性彰显和品牌形象塑造，关乎企业营销的成败，关乎企业的生命。一切在行动中产生，一切也在行动中消亡，品牌行为决定了品牌的命运。

品牌行为必须与品牌精神相一致，真正做到将品牌精神全面贯彻实施。品牌行为文化主要包括以下三个方面：

（1）品牌营销行为。企业营销行为包括产品、价格、促销和分销的 4P 组合和服务。营销行为中，服务作为一种独特的方式，是品牌行为的主要内容，也是品牌塑造的重要环节。

（2）品牌传播行为。品牌文化传播行为是指广告、公共关系、新闻、促销活动等，传播行为有助于品牌知名度的提高和品牌形象的塑造。

（3）品牌个人行为。品牌是多种身份角色的市场代言人，品牌行为包括了企业家、员工和股东等个人行为。他们的行为构成了品牌个人行为，品牌行为又代表着他们的行为。

3. 品牌物质文化

品牌物质文化是品牌的表层文化，由产品和品牌的各种物质表现方式等构成。品牌物质文化是品牌理念、价值观、精神面貌的具体反映。尽管它处于品牌文化的最外层，但集中表现了一个品牌在社会中的外在形象。顾客对品牌的认识主要来自品牌的物质文化，它是品牌对消费者的最直接的影响要素。因此，它是消费者和社会对一个品牌总体评价的起点。

根据品牌的物质构成要素，可以将品牌物质文化分为产品特质和符号集成两个方面。

（1）产品特质。它是品牌必须具备的功能要素，它满足消费者对产品的基本需求，是消费者需求的出发点。产品特质包括产品功能和品质特征，是消费者对品牌的基本需求，是消费者对品牌功能的价值评判标准。

（2）符号集成。符号集成是多种品牌识别元素的统称，它们包装和完善品牌，为消费者提供产品功能价值外的需要。它包括：①视觉部分：品牌名称、标识、Logo、产品形状、颜色、字体等。②听觉部分：音量、音调和节拍。③触觉部分：材料、质地。④嗅觉部分：味道、气味。

品牌文化系统由以上三个部分组成，它们形成了品牌文化由表层至深层的有序结构。物质文化，最为具体实在，属于表层文化；行为文化是一种活动，处在浅层，制度文化属观念形态的表现形式，是人与物的结合部分，属中层文化；精神文化是价值观和文化心理，属核心文化。各系统之间相互影响，相互制约和相互渗透。精神文化是品牌文化的基础，行为文化、制度文化和物质文化均在此基础上产生；行为文化是品牌文化的外壳，它是物质文化、制度文化和精神文化动态的反映；制度文化是品牌文化的关键，它把物质文化、行为文化和精神文化有机整合，统一为整体；精神文化是主导，是中心，它决定其他文化的变化和发展方向。

问题 2： 品牌文化的特性有哪些？

每一个企业的品牌文化通常都包含这些特性：间接性、独特性、层次性、关联性和一致性。

1. 间接性

任何企业，不论它有怎样的品牌，或者多么优秀的品牌文化，倘若不能基本符合目标消费群的价值理念，那么该品牌是没有价值的。没有价值就不被消费者认可，终将被淘汰出市场。这就是说，品牌文化是由企业设计和执行的，但是品牌文化是否被认同，是否能够产生经济效益，却需要外部消费者间接做出评价，并做出品牌取舍的决策。

2. 独特性

20 世纪初的福特公司用一个流程生产了近 20 年一样的黑色轿车。但是今天，消费者越来越不认同一个模子出来的产品，他们喜欢独特的、个性化的产品。产品在造型上、设计上、营销模式上的差异化只是一种形式表现，文化价值理念上的差异才是深层次的差异，才更符合消费者的心理需求。企业在品牌文化上的独特性一方面源于企业自身的独特性；另一方面源于企业研究消费者的结果和吸引消费者的目的。

3. 层次性

企业品牌文化的价值主张是给予消费者承诺的一种方式，企业要兑现承诺，就必须尽量使消费者期望的价值主张得以实现，并且企业依据承诺实施相应的品牌行为。根据市场细分原理，企业很难满足所有消费者的需求，因此品牌倡导的价值主张有高级和基本的层次之分，以满足不同需求层次的消费者。

品牌文化的高层次价值主张满足消费者情感需求、自我实现需求等；品牌文化的基本层次的价值主张满足消费者对品牌商品质量、服务、安全、性能等需求。这就是品牌文化的层次性特性。在后面的章节里将对消费者需要层次与品牌价值主张层次性之间的关系作详细论述。

4. 关联性

品牌文化并非完全独立的体系。它与企业文化、企业战略、品牌定位、营销等有密切联系。而与企业文化的联系尤其关键，甚至有些品牌文化的理念就是直接来源于企业文化的表述（阿久津聪、石田茂，2002），尽管具体解释和强调重点上不尽相同。另外，作为一个具有特定国籍属性的企业品牌，无论是站在本国的角度，还是站在世界的大视野上，其文化价值主张都将与其国籍属性密切关联。

5. 一致性

品牌所倡导的理念体系必须很好地与品牌行为相符合，不能够出现违背理念的现象。最终品牌期望塑造的形象也会有赖于品牌理念和品牌行为，只有做到表里一致、言行一致，才有利于持久保持良好的品牌形象。

问题 3：品牌文化功能有哪些？

品牌文化在品牌营销中具有重要的作用，品牌文化的功能主要体现在以下三个方面：

1. 提升品牌价值

品牌不仅仅是符号或它们的集合体，品牌是企业营销活动思想和行为的复合体，是企业的全部。因此，品牌的构建不仅是品牌符号化、品牌知名度增加的过程，品牌应是联系企业和消费者的桥梁，是企业营销产品的有力手段，是企业竞争取胜的关键。品牌的构造要从品牌的价值发现入手，在品牌要素的各个方面体现品牌的价值观，用品牌文化提升品牌价值。

2. 品牌文化是建立消费者忠诚的基础

品牌文化是品牌核心价值理念、整体内涵的自然流露，是品牌与品牌消费者乃至社会公众进行情感交流、信息沟通的有效载体，是消费者对品牌的认识和理解。消费者在接受产品和服务过程中所考虑的因素已不仅仅局限于产品本身，能为消费者带来愉悦感、满足感、荣誉感、成就感和赋予价值"情结"越来越成为一种购买理由。当消费者使用这些品牌时，他们不仅获得了品牌价值，更能从中得到一种文化与情感的渲染。当品牌具有丰富的文化内涵时，它就获得了建立消费者忠诚的良好基础。

品牌忠诚是维系与消费者关系的重要手段，能给品牌带来巨大的竞争优势。麦肯锡公司的研究结果表明，强势品牌与一般品牌的重要区别不是其品牌基础，如与众不同的产品、持之以恒的优良品质，而是其中的文化因素。

3. 品牌文化是品牌保持竞争优势的动力源泉

随着市场经济的推进和城市工业化步伐的加快，产品同质化现象将是一种难以避免的社会经济现象。企业如何保持竞争优势？美国国际营销大师菲利普·科特勒一针见血地指出，"面对竞争激烈的市场，一个公司必须努力寻找能使它的产品产生差异化的特定方法，以赢得竞争优势"，而构建品牌文化是作为企业实施差异化的一种策略。

从品牌文化入手，在品牌价值的基础上，结合企业特性发现、塑造品牌个性特征。对凸显品牌个性，拉近品牌与消费者的距离，克服同质化竞争有着十分显著的作用。因为对一种文化的认同，消费者不会轻易加以改变，这种植根于认同感的消费者能够借助于品牌表达自己的社会角色，或得到心理的满足。

阅读材料

卖白酒就是卖品牌文化，白酒的竞争实质上是品牌文化的竞争，因为酒自身所具有的精神文化价值越来越突出。事实上也是如此，白酒的竞争已到了品牌力竞争的阶段，品牌文化正在释放着它更大的潜能，推动着产品的销售。

云峰酒业巧妙地将郑板桥"聪明难、糊涂更难"的名言与"小糊涂仙酒"联系起来，将传统文化与现代文化的交融组成了新时代的"糊涂文化"，从而形成了自己独特的品牌文化。糊涂是一种境界，深谙糊涂之道是一种大境界，而把这种糊涂之道和解忧消愁的白酒结合在一起，则是更大的境界，这就是小糊涂仙"糊涂"的艺术。当年板桥先生的伤世感怀和现代人疲于奔命的劳顿心理，"聪明难，糊涂难，由聪明转入糊涂更难"，这也让云峰人心领神会，创意人员从"糊涂"中找到了切入点。"做什么样的神仙最洒脱？""小糊涂仙。""聪明！""聪明难，糊涂更难！"这就是云峰人对当年郑板桥先生"难得糊涂"的现代理解和演绎。

资料来源：改写自"金六福、小糊涂仙之品牌文化争锋"［J/OL］. http://www.ipsoon.com/wenhua/HTML/10805.shtml，2011-01-20.

活动：

根据上述品牌文化的构成，自己选择一个企业实例，分析企业的品牌文化构成，并说明品牌文化在企业发展中所起的作用。

考试链接

考试大纲规定考生要掌握品牌文化的概念和品牌文化的构成，理解品牌文化的特性和功能。

第二节　品牌文化与企业文化、民族文化的关系

问题1： 品牌文化和企业文化的关系是什么？

1. 品牌文化是企业文化的一部分

企业文化是在企业的长期经营发展过程中形成的，是企业精神、经营理念等企业价值观的综合。企业文化的发展提升了企业管理水平，为现代企业管理注入了新的活力，企业文化贯穿于企业管理的各个方面，企业的所有营销活动都体现了企业的文化。

品牌文化是企业文化的重要组成部分，离开企业文化谈品牌文化是空谈，离开品牌文化论企业文化又是不完善的，传统的企业文化起源于管理，服务于管理，忽略了市场主体——消费者，其实质是一种管理文化，因此是不完善的。品牌是企业与消费者间沟通的桥梁和纽带，它们相互之间建立的品牌文化应是企业文化的重要内容。完整的或广义上的企业文化应是管理文化和品牌文化的集合体，也就是企业文化包括管理文化和品牌文化两部分。①

管理文化以管理为导向，通过塑造企业精神和共同价值观，建立企业的凝聚力，发挥员工的主观能动性，着重解决组织的效率。品牌文化以市场为导向，以消费者与企业的价值融合为基础，以文化共融为目标，建立共同价值观和行为准则，从而实现企业市场效益和顾客价值最大化。

143

从企业的实现价值看，企业的价值不在于管理的价值，而在于企业的市场价值，也就是在于顾客价值的满足。品牌文化与企业文化是不能分离的，否则它将导致企业迷失市场方向，导致企业为追求自身利益最大化而带来的消费者叛离。品牌文化是市场导向文化，它与市场营销思想由以企业为中心向以消费者和市场为中心转换是完全相适应的，是以市场为中心的现代营销理念的文化表象。在一切以市场为中心的企业战略中，品牌文化的研究具有尤为重要的意义。品牌文化关系企业的可持续性发展，是企业市场营销的重要手段。管理文化是品牌文化贯彻实施的有力保证，是提升企业效率，更好地为消费者服务的文化。

---

① 朱立. 品牌文化战略研究 [D]. 中南财经政法大学博士学位论文，2005：49.

企业文化是一个统一的范畴，是在企业共同精神指导下，所形成的管理文化和品牌文化的统一，前者着重解决企业的效率问题，后者着重解决企业的效益问题。

2. 企业文化是品牌文化的根基

企业文化是指企业的价值观念、经营理念、企业精神、企业环境及其员工认同的道德规范和行为准则。[①]优秀的企业文化不仅能增强企业内部凝聚力和外部竞争力，而且有利于树立良好的企业形象。而企业形象则是品牌形象的基础。塑造企业品牌及其品牌文化，要靠先进的企业文化。这是因为，品牌的精神力量是文化。企业文化是企业精神、经营理念、价值观念、伦理道德、行为规范、群体风格的外化体现，它是以企业精神、经营理念为核心的独特的思维方式、行为方式和企业形象，从而指引企业品牌文化建构的方向。

对企业文化与品牌文化关系的分析得出了企业文化是品牌文化的底蕴，因此加强企业文化建设是品牌文化建设的基础，只有建设出深厚的企业文化才能为品牌注入相应的理念、价值观，进而塑造高品位的品牌文化。荣事达集团公司在长期的经营管理实践中形成了"和商"的企业理念，这便是该集团公司企业文化的核心。"和商"理念强调"和顺国情，和衷共济，和睦致祥，谦和自律"，他们将这种理念贯穿在服务中，强调要以顾客为导向，为顾客提供优质的服务，从而塑造出荣事达独特的品牌文化。

品牌文化是企业文化的主要部分，是企业文化的外化。因此，企业文化必将是管理文化和品牌文化的有机统一。品牌文化要以企业的精神和价值观为核心，体现企业的价值观和管理理念，将企业精神贯穿于品牌塑造的全过程。例如，企业的精神是以人为本，品牌文化的建立也应以此为出发点，将这种精神反映在企业的产品、服务和品牌塑造的各个方面，把企业理念传递给消费者，与消费者进行沟通和整合。

（1）品牌文化要体现企业的经营理念。品牌文化必须准确传递企业的价值理念，让消费者从思想上接受企业的经营理念和价值观。

（2）品牌文化反映企业家的价值观。企业家是企业文化建立的核心人物，品牌文化在许多方面反映了企业家的价值观和思想情结。IBM 的创始人沃森就为公司确立了"尊重每一个人"、"为顾客提供尽可能好的服务"、"追求卓越"三大精神信条，为企业指明了发展的方向。

（3）没有不具备公司精神的品牌。企业形象是企业文化的综合体现，然而

---

① 李婷. 论企业品牌文化建设 ［D］. 武汉大学硕士论文，2005：9.

形象本身不具备较强的销售力，只有当它与消费者相结合时，才会发挥出强大的威力。企业与消费者的交流是品牌，企业要将公司精神注入品牌，塑造具有公司精神的品牌形象，实现企业文化的内外统一。

问题2：品牌文化和民族文化的关系是什么？

民族文化是指一个国家或民族在其长期的历史过程中，所积淀下来的物质文明和精神文明的总和，是一切文化的渊源和基础。品牌文化就是民族文化在企业经营活动中和品牌创造活动中的具体体现，是民族文化的一个重要载体。在经济全球化日益加快的今天，品牌已成为一种新的国际语言，突破了民族与民族的障碍，但其根植于民族文化的品牌特征却没有改变，品牌的文化内涵从来都是民族性的，从来就没有国际化，世界知名品牌的成功之源仍然是品牌的民族文化特征。

例如，德国文化内涵是严谨、强调细节、注重质量，"奔驰"品牌就体现了这些内涵，将技术创新作为公司发展的引擎，将产品的品质和技术性能作为增强竞争力的基石，在发展战略上始终保持严谨和稳健。日本文化的内涵是信仰、勤劳、精益求精、善于模仿，"松下"品牌具有强烈的使命感，产品品质过硬，具有满足消费者需求的实用性，表现了典型的日本文化特征。美国文化内涵是自由、开放、效率、创新，"可口可乐"是一个定义为代表着美国文化内涵的品牌，那种巨大的包容性，强烈的扩张欲和旺盛的生命力，强调了它与美国文化发展密不可分的关系。中国文化源远流长，底蕴深厚，勤劳朴实、勇敢博爱是其基本特征，但也带有明显的缺陷，与品牌相联系，主要表现为：行为短期化导致企业无法顾及长远利益；变通使品牌缺乏积累；从众心理使品牌缺乏个性；"官本位"造成好大喜功，盲目强调规模和速度等。

我国是一个有着五千年悠久历史的古老国度。一个国家，一个民族，最深刻、最久远、最具生命力的东西是历经千百年积淀下来的文化。可以说，品牌中沉淀的文化传统成分，是唤起人们心理认同感、民族自豪感和历史责任感的核心所在，是品牌中最宝贵的无形资产，是品牌塑造的内在原动力。没有文化支持的品牌，是不存在的。传承了几千年的优秀文化，已经渗入我国各族人民的血液。从传统文化中挖掘品牌文化是与民族传统文化紧紧联系在一起的。将优秀民族传统文化融入品牌文化，更易让大众产生共鸣。红豆服饰品牌就是借助唐诗传统文化迅速提高了知名度，扩大了影响力，提升了在百姓中的美誉度，取得很好的经济效益。

综观世界各国的企业品牌文化，无不带有国家及民族的具有时代特色的文化信息，特别是带有强烈的不同时代的社会主流文化信息。这种文化信息是品牌文化生存与发展壮大的土壤，能否恰如其分地融入其中，是决定企业产品品牌竞争力与市场成败的关键。

活动：

根据上述品牌文化和企业文化、民族文化的关系，自己选择一个企业实例，分析该企业品牌文化和企业文化以及和民族文化的关系。

考试链接

考试大纲规定考生要理解品牌文化和企业文化、民族文化的关系，要认真学习，牢固掌握，并联系实例加强体会。

第三节　品牌文化的培育

品牌文化的魅力是诱人的，然而，品牌文化的建设和培育却是一个循序渐进的过程，就像修建长城，不可能一蹴而就。它需要企业集合智力资源、财力资源等，以品牌的核心价值为主线，贯穿与品牌相适应的文化背景元素，进行合理的整合、演绎与传播，日复一日，年复一年。而当品牌文化慢慢积淀，渗入人心并得到高度认同时，消费者则会形成对品牌的信赖和忠诚，因信赖和忠诚而对某品牌产品的反复购买，使企业获取源源不断的财富和利益，一个卓越的品牌就意味着企业长期的成功营销和利润。

问题 1： 品牌文化建设步骤是什么？

1. 品牌文化的设计

主要是确定品牌文化的内涵及品牌代表的意义。品牌文化的设计需要解决两个战略性问题：

（1）寻找品牌文化的切入点。品牌文化可以从公司的使命、远景、价值观、企业的传统、名人等方面寻找切入点。公司使命描述了企业的核心目标：企业如何为其顾客提供价值，企业如何正确认识其存在的价值；远景则以未来为导向，即企业未来的发展方向及想实现的目标；价值观是企业为实现其终极目标的信念，它受企业文化的支持，表达了企业精神在品牌经营中的选择和需求。品牌可以从企业使命、价值观中吸取养分，同时，企业传统、名人也是孕育品牌文化的良好土壤。

（2）明确体现品牌文化的主题。品牌切入点找到以后，企业必须考虑的问题是用什么主题来表达品牌文化的内涵。万宝路选择采用西部牛仔的主题来表达其粗犷、男子汉气概的文化内涵；念慈庵通过对川贝枇杷止咳膏创始人优秀传统美德的宣传，折射出品牌背后深厚的真、善、美文化底蕴。

2. 品牌文化的外化

品牌文化的内涵是一种抽象的概念，它必须通过有形的符号及传播加以外化才能存在和延续，并被消费者认知。符号是品牌文化的依附点，它包括语言符号（如品牌名称、标语、广告语、声音等）及非语言符号（如象征标志、基调色、包装设计等）。消费者通过对品牌符号所承载的品牌文化的认知，从而得到品牌文化带来的附加价值。

宝洁公司将中华文化的内涵全面融入品牌的名称中，创出了具有中国特色的"飘柔"、"海飞丝"、"舒肤佳"等品牌名称；念慈庵对产品的包装、商标的设计采用以红、黄为主色调的中华民族传统风格，极力贴近目标消费者的审美心理；"百事可乐新一代"、"车到山前必有路，有路必有丰田车"等广告语，不仅呈现出品牌的主张、理想，甚至成为一个时期的精神标志和文化象征。

3. 品牌文化的传播

如果说品牌是烙印，品牌传播便是烙铁。在品牌文化的传播过程中，广告是最直接、最有效的手段。由于品牌文化是无形的，消费者很难一开始就从商品本身体会到，而通过广告将它所指向的某种生活方式或价值取向明示出来，让消费者通过认同广告中为他们设计的文化感受而迅速认同品牌。

浙江纳爱斯雕牌日化品紧密地围绕母女情来演绎品牌文化内涵，先后以"妈妈，我可以帮你干活了"和"新妈妈"两篇电视广告打动了众多消费者，使雕牌后来居上成为行业第一品牌。除了广告以外，借助能代表品牌精神的公关活动，在切合目标消费者心理文化诉求的基础上，来演绎品牌的文化内涵，往往也能起到事半功倍的效果。20世纪末轩尼诗重返中国大陆之时，通过建造"轩尼诗精神号"豪华古帆游船，举办轩尼诗画展及各种文化评奖活动，采用非商业场合的文化环境，突出古老、典雅和尊贵的文化内涵，从而树立起品牌文化使者的形象，从而顺利打开中国市场。

问题 2：品牌文化建设的误区有哪些？

1. 品牌文化建设表面化

品牌文化建设的长期性和复杂性，往往会使企业失去耐心，并束手无策，这时，品牌文化建设就容易走入表面化的误区，一些可视的、容易感知的事物、活动就成了品牌文化建设的重点。这时的主要表现有两种：一是品牌文化建设物质化。一些企业把品牌文化建设简单地理解为 VI 设计（视觉识别），规范一下企业的标识、标准色和标准字体，构建一个优美整齐的办公环境就成了品牌文化建设的主要手段。二是品牌文化建设广告化。一些企业将品牌文化建设片面理解为提高品牌的知名度，通过在媒体上大量投放广告，欲以此种手段为一种主要的品牌塑造工具，或者聘请一个形象代言人，但是聘请形象代言人应该遵循什么原则，形象代言人如何与品牌文化塑造结合起来就不得而知了，套句电影中的经典台词就是"不求最好，只求最贵"。当然不可否认，以上这些也是品牌文化重要的构成要素，是品牌文化建设的重要载体，但缺乏企业理念和文化价值观的支持，品牌文化建设就只能是流于形式，有形而无神，成了无本之木。

2. 品牌文化缺乏个性

现在很多企业在塑造品牌的过程中，缺乏创新，也缺乏个性，只是人云亦云，千篇一律。别人说"没有不可能"，我就说"我能"，"一切皆有可能"，"无限可能"……这种态度是不可能塑造出有个性的品牌的。在产品属性差异化较小的情况下，品牌个性可以作为品牌核心识别或延伸识别的一部分。其实，每一个品牌的性质不同，发展历程不同，所处的产业环境不同，面对的竞争也不同，对外部环境和内部环境的反应策略和处理方式就应该有自己的特色，而不是简单模仿和抄袭。

3. 品牌文化建设路径指向单一

品牌文化建设路径指向单一，是指片面强调由内至外或由外至内进行品牌文化建设。由外至内的品牌文化建设路径，认为品牌文化建设首先在于定位，而品牌文化不过是逐渐附着在定位上的一些累积。品牌定位强调精准，强调在消费者心目中占据唯一的位置。按照一些咨询界人士形象的描述，定位就是"将头发拔得只剩下一根，在风中飘摇"。但是这样的路径指向过于强调了外部因素和消费者的作用，忽视了企业内部的能力和与其他利益相关者的互动博弈，结果是"只见树木，不见森林"。定位准确，不见得能取得良好的市场业绩。

反过来，由内而外的愿景导向型品牌文化创建理论，认为品牌文化应该考虑企业自身的文化传统，品牌文化建设的出发点是从品牌愿景开始，然后评估组织文化，设立品牌目标，审核品牌环境，确立品牌本质，获取制度保障，整合品牌资源，最终才形成品牌。这样的路径指向又容易形成闭门造车，忽视外部环境与消费者的作用。

事实上，单向路径的品牌文化建设思路有各自的局限性。品牌文化的建设既需要人为的设计，又要考虑原有的传统。更重要的是，企业是内部环境与外部环境寻求平衡的一个动态系统，品牌文化建设不仅仅需要考虑消费者，也要考虑自身资源的匹配，还要考虑与各利益相关者的互动。

4．品牌文化建设手段单调

品牌文化建设应该从一点一滴做起，从理念、精神、个性、功能、名称、包装、标志、服务等每一个细微之处着手，通过外在的、显性的符号来体现和加强品牌的内涵，并通过一定的传播手段向消费者恰当地传递品牌文化。但当前的一个误区是一些企业过于迷信"策划+广告"式的品牌文化建设手段。广告宣传固然是品牌文化传播的重要手段，其内容除了新颖、突出，更要与企业的品牌远景、品牌定位结合起来，否则只能达到短期的效果，而无法在消费者心目中树立起应有的品牌形象。现实的状况是某企业将重金砸到了中央电视台这样的强势媒体上，做广告尝到了甜头，行业中其他企业便纷纷效仿，但很多企业并不清楚广告之后下一步该做什么。所以，市场上的标王争夺、价格战、明星战才此起彼伏。然而"太阳神"倒了，"秦池"、"爱多"倒了，"第五季"也烟消云散。你请姚明代言，我就请周杰伦代言，你请郭富城代言，我就请谢霆锋代言，热闹背后，我们却鲜见这些代言人和品牌的个性、形象建立起相应的联系。

5．只注重品牌文化建设的短期效应

在实际的品牌文化建设过程中有的企业片面追求短期效应，追求品牌文化建设是否带来了短期销售额的增长或者利润的增加。急功近利的指导思想导致了企业采取简单的品牌战术策略，比如加大广告投入，加强终端的促销等。如果不将品牌文化建设纳入品牌战略甚至企业总体战略构架中来考虑，极有可能造成本末倒置，虽然为品牌文化建设做了不少工作，但损害了品牌的长期发展。

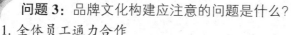

问题 3：品牌文化构建应注意的问题是什么？

1．全体员工通力合作

品牌文化的建设并不单纯依靠营销部门，而是贯穿于企业的整个业务流程，它关系到企业业务流程的每个环节做出的决策和行动，因此需要进行全方位品牌管理。产品、价格、渠道、传播，品牌建设的方方面面均是品牌文化的依托和展现。

2．与目标消费者共鸣

为品牌贯注文化内涵的根本目的在于借文化之力赢得目标消费者对品牌理念的认同，不同消费者有不同的文化理念，而相同目标消费者的文化理念在不同时期也有不同，这必然要求品牌的文化特质要符合目标消费者的特征。只有准确地表达出消费者心声的文化，才能动心动情动人。品牌文化必须来自消费者内心的呼唤，而又回归消费者的心灵。只有准确把握目标消费者的消费观念和心理需要，使品牌始终与目标消费群体保持亲密的接触并产生共鸣，才能赢得市场。

3. 与竞争对手相区别

品牌竞争力的强弱，不仅取决于技术物理差异，而且在于是否能给消费者带来丰富而独特的心理情感利益。这就要求品牌的文化内涵必须与众不同、独具个性。研究表明，由于感性认识的先入为主，消费者往往对先行者有较高的认同，而对模仿者反应冷淡甚至反感。当消费者在某一品牌与某一理念之间已经成功建立起联结之后，企业若去跟风，将只会是东施效颦。因此，品牌文化构建的一个关键条件就是差异化，奔驰、宝马、劳斯莱斯、沃尔沃等著名汽车品牌，它们都具有尊贵豪华的气质内涵，但又分别定位于"舒适"、"体验驾驶的乐趣"、"贵族气质"、"安全"，品牌个性十分鲜明。只有通过与竞争对手的品牌文化相区别，才能在消费者心目中留下清晰的位置。

4. 与产品属性相兼容

菲利普·科特勒曾指出，品牌能使人想到某种属性是品牌的重要含义。这说明不同的品牌能使人们识别出其标定下的产品有别于其他品牌产品的属性。这也就决定了产品属性是品牌文化定位的基础。品牌文化只有与产品属性相匹配，产品的特点才能对品牌文化提供支持点，才能让消费者觉得自然、可接受。万宝路之所以能以牛仔所象征的豪放与粗犷为品牌文化，是因为万宝路香烟的口味属于浓烈刺激型的。因此，企业的品牌文化构建不能为文化而文化，必须与产品或服务的属性相兼容。

活动：

根据上述品牌文化培养内容，自己选择一个企业实例，给该企业设计一个品牌文化培养计划。

考试链接

考试大纲规定考生要掌握品牌文化建设步骤，理解品牌文化建设中的误区，了解品牌文化建设中要注意的问题。

案例分析

金六福的"福运"文化

福文化是中华民族特有的传统文化精华。华泽集团从"福文化"的表现和发掘入手，对金六福进行了深入的研究和准确的定位，充分展现了金六福的品牌核心价值，使金六福成为福文化一个绝妙的载体。

金六福的"福运"文化定位的策略正切合了我国广大消费者的心理。几千年来，"福"在中国被演绎成了一种根深蒂固的文化，上至帝王将相，下至平民百姓，无不把有"福"作为人生的一种理想境界。"福"已经融入中国人的血液里，积淀在老百姓的骨髓里了。尽管人们喝酒并不一定就会得到"福"的享受，但谁都不会破坏这一好彩头。

自1998年12月上市以来，金六福酒的主打产品就是"金六福星级系列"、"福星系列"、"为幸福干杯系列"。从品牌名称和系列产品的创意中，不难看出，金六福品牌的核心价值已经开始围绕"福"字进行品牌传播和品牌体验。

"好日子离不开它"和"喝金六福酒，运气就是这么好"的广告语，让消费者在2000年前更多地去体验个人的福运。在2001~2002年期间，金六福通过赞助世界杯出线、中国申奥等活动，把品牌价值的核心提升到民族的福、国家的福，也就是让金六福逐步成为"中国人的福酒"。其后，金六福又搭车雅典奥运会，将福文化推向世界，对福文化进行提升和积淀。

因此，金六福的高明之处就在于，它是在不断地演绎着"福运"品牌形象，将个人的"福"提升到民族的"福"、国家的"福"、世界的"福"，品牌形象的塑造一步一步向前推进，让人们真正感受到"福运"的气氛一浪接一浪。

综观金六福的运作和崛起，我们还可以很明显地感觉到，依靠深厚的营销功力，金六福这些年来的发展速度已成为中国企业的一个标杆。同时，金六福确定了"福文化"的核心价值之后，在其公司营销传播活动中，就把品牌和文化有机地结合在一起，形成了独有的品牌文化。"好日子离不开它——金六福酒"，"中国人的福酒"，"中秋团圆·金六福酒"，"奥运福·金六福"，"春节回家·金六福酒"……这些耳熟能详的广告用语，无不散发着浓厚的传统文化气息，同时也体现了金六福酒围绕"福文化"进行品牌建设和战略管理的品牌核心。

金六福的成功，在很大程度上就取决于这种坚持对品牌始终如一的长期投资以及对文化的深厚积累，因此品牌随文化而流传。金六福通过实施品牌文化战略，不仅成为白酒业中的知名品牌白酒，更重要的是谱写了酒业品牌塑造神话。

资料来源：赵传平. 品牌文化"我行我塑"［EB/OL］. http：//www.foodszs.com，2007-05-11.

➡ **问题讨论：**

金六福品牌是通过哪些策略培育其文化的？

本章小结

本章主要学习品牌文化，主要内容有品牌文化界定、品牌文化特点、品牌文化作用和构成、品牌文化和企业文化、民族文化的关系，以及如何培育品牌文化等。

品牌文化是指有利于识别某个销售者或某群销售者的产品或服务，并使之同竞争者的产品和服务区别开来的名称、标记、符号及设计，或是这些要素的组合，是指文化特质在品牌中的沉积和品牌经营活动中的一切文化现象以及它们所代表的利益认知、情感属性、文化传统和个性形象等价值观念的总和。品牌文化是在品牌建设过程中不断发展而积淀起来的，由品牌精神文化、品牌行为文化和品牌物质文化三部分构成。每一个企业的品牌文化通常都包含这些特性：间接性、独特性、层次性、关联性和一致性。

品牌文化是企业文化的一个组成部分，企业文化对品牌文化有很大影响作用。同时品牌文化也受民族文化的影响，品牌文化中体现了民族文化。

最后讨论了如何培育品牌文化，说明了品牌文化培育的步骤：品牌文化的设计、品牌文化的外化、品牌文化的传播，以及培育品牌文化时应注意的误区。

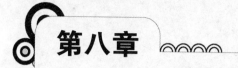

第八章

品牌管理模式

学习目标
★★★★

知识要求 通过本章的学习，掌握：

- 品牌管理模式的概念
- 传统品牌管理模式的特点
- 品牌经理制的特点
- 品牌管理模式的发展趋势

技能要求 通过本章的学习，能够：

- 分析不同品牌管理模式的特点
- 给企业选择合适的品牌管理模式

学习指导

★★★★

1. 本章内容包括：品牌管理模式及其发展，传统的品牌管理模式的特点，品牌经理制度的优缺点，品牌管理模式的发展趋势。

2. 学习方法：理论学习，掌握品牌管理模式的相关概念；案例分析，结合实际，分析一些公司的品牌管理模式。

3. 建议学时：2学时。

品牌经理的职业前景

据国家人事部门预测，未来中国最热门的十大职业中，品牌经理人居前三名之内。这对于具有前瞻性眼光的年轻人来说，是一个辉煌自己的人生机遇。企业要建立品牌必须要有人来管理，这就是品牌管理方面的最高执行品牌经理。

据有关数据统计，我国市场上前10名产品（还不能称为品牌）的消费占有率高达70%~80%，我国的消费者已经逐步从"商品消费"进入"品牌消费"，着力于品牌策划工作的人才也成为了炙手可热的"抢手货"。

就近期的深圳、广州的招聘情况来看，品牌策划人才已是一个热门的招聘职位。据相关媒体报道，仅一天的招聘广告就有近十家企业招聘相关的品牌策划人才，包括品牌策划经理、助理等职位。而其中以化妆品公司招收这类人才最多，占去近一半的比重。而这些化妆品企业大都是一些民营企业。他们认为，国内化妆品要与国际知名品牌竞争，就必须建立具有自己特色的品牌，这就需要一些优秀的品牌策划人才去进行管理。而外资企业要进入我国市场，必须对本地的市场有充分的了解，确立合理的品牌路线是抢占新市场成败的关键，因此吸纳优秀的本土品牌策划人才也是必不可少的事情。

除了化妆行业以外，像房地产、广告、服装等行业都有发出招聘品牌策划人才的需求信息。可见，品牌策划人才确实是近期招聘市场的热点。从事品牌管理工作人员的月薪从4000元到上万元不等，一些外资企业的品牌管理经理年薪则可高达30万元。有专家预测，2010年品牌管理人才的身价还将有可能达到近5%的增幅。

当然这指的是品牌经理，一个大企业的CBO（首席品牌官）年薪达几百万，甚至上千万元都是很正常的。无数的中国企业需要建立自己的品牌，无数的企业品牌需要国际化，这都需要人才来管理，CBO品牌职位的提出与设立，将最有力地迎合这个时代。

在21世纪，CBO品牌管理模式与制度建立，将打造一个品牌经理职业阶层，成为成色最高的金领职业。

资料来源：郑新安. 品牌制度经济学：阶层与远景 [EB/OL]. http://www.wccep.com/html/20061115132752-1.html，2010-11-12.

● 问题：

品牌经理人的职业特点是什么？

第一节　传统品牌管理模式

定义：传统的品牌管理模式主要是职能化品牌管理制度，这种制度中，品牌管理的责任主要由各个职能化部门的经理以及外部广告机构的专业人员来共同承担。

问题：传统品牌管理模式的缺点是什么？

1. 职能经理之间的合作问题

在职能化品牌管理制度中，品牌管理的责任主要由各个职能部门的经理以及外部广告机构的专业人员来共同承担。各个职能经理由于他们的专业背景不同，从事工作的性质不同，利益目标也有所不同，因此不可避免地导致他们对品牌及品牌管理的意见和看法也不尽相同，造成了合作中的矛盾和冲突。

例如，早期的通用面粉公司，其销售人员就坚信公司过去的成功并不在于品牌而是由于他们出色的销售工作。因此对品牌在销售中所起的作用，他们丝毫不加以重视，对品牌管理工作一直也不予以支持与配合，直到该公司品牌一直衰落到濒于灭绝的境地，这些销售人员才翻然悔悟。

2. 品牌之间的协调问题

由于职能化品牌管理中每个品牌的管理职能都各自分散进行，缺乏一个规范的机制来处理公司内不同品牌之间的战略关系，因此无法处理各品牌之间的协调发展关系。最初在企业内部的品牌个数较少、同类产品大多也仅有唯一品牌的情况下，这个问题还没有凸显出来。但在公司规模不断扩大、产品的种类与品牌不断增多后，这个问题开始变得比较严重而体现了出来。

阅读材料

1926 年，宝洁公司为与联合利华公司的"力士"品牌竞争，推出了"佳美"牌香皂，但这种香皂同时又不得不和宝洁公司原有的老牌当家产品"象牙"香皂产生竞争，从而使自己第一次要面对自有品牌之间的竞争与协调发展的问题。

到 1929 年，"佳美"品牌一直未能取得成功，宝洁公司的高层经理将其原因归结于"佳美"广告内容让人容易将其与"象牙"牌香皂联系在一起，从而使得顾客宁愿选择"象牙"牌而不选择"佳美"。于是他们指定了另一家广告商来作为"佳美"的代理，请他们为"佳美"牌设计了全新的、与"象牙"牌迥然不同的广告内容，最后终于取得了成功。

这一举动虽然在当时尚未引起太大反响，但这使得品牌管理者第一次意识到，管理自身品牌的最佳方法就是为它们设计能够相互区别的品牌战略。这在西方企业的品牌管理的发展历史中是重要的一步，也直接促使了后来品牌经理制度的诞生。

资料来源：丁桂兰. 品牌管理 [M]. 武汉：华中科技大学出版社，2008：215.

活动：

根据上述传统品牌管理模式特点，自己选择一个企业实例，分析企业的品牌管理模式，判断是不是属于传统的品牌管理模式。

考试链接

考试大纲规定考生要掌握传统的品牌管理模式，理解传统的品牌管理模式的缺点。

第二节　品牌经理制度

品牌经理于 1927 年最早出现于美国的宝洁公司。当时，宝洁公司研制出一种称为"佳美"的新品牌肥皂，但这种新品牌肥皂的市场销售情况欠佳，远没有预想的好。为了转变这一不利的状况，一位名叫纳乐·H. 麦克埃尔罗伊的年轻人受命专门管理这一品牌产品的开发和推销。纳乐·H. 麦克埃尔罗伊的工作取得了很大的成功，后来被任命为公司的总经理。宝洁公司对于纳乐·H.麦克埃尔罗伊的成功非常重视，随后增设了其他品牌的专门管理人员，品牌经理制也就应运而生了。

所谓品牌经理制[①]就是公司为每一个品牌的产品或产品线配备一名具有高度组织能力的经理，使他对该品牌的产品开发（包括产品概念、价格与成本、材料要求、包装要求、上市时间等）、产品销售额、产品毛利率负全部

---

① 余明阳. 品牌学 [M]. 合肥：安徽人民出版社，2002：483.

责任，并由他来具体协调产品开发部门、生产部门以及销售部门的工作，负责品牌管理的全过程。

一般来说，在公司新生产的各产品差异很大或产品品种数量太多，以致按功能设置的营销组织无法正常运转的情况下，建立品牌经理制度是适宜的。

问题1： 品牌经理制度对企业有什么影响？

传统的职能化品牌管理模式在旧经济条件下，曾一度被企业普遍采用。但随着外部经济、企业自身的发展与变化，传统的职能化品牌管理模式的弊病越来越凸显。而品牌经理制度恰好能弥补其弊端，解决企业现在与未来对品牌的管理问题。

1. 企业发展的需要

随着经济全球一体化进程的加快，企业为了自身发展的需要，不断扩张自身规模，不断开发与塑造品牌，企业的产品种类与品牌越来越多。众多品牌加大了品牌管理工作的强度和难度，对各职能部门间合作的要求越来越高，使得传统的管理制度越来越难以适应企业的发展，从而促进了品牌经理制度的建立。

2. 企业合理化组织的需要

随着产品种类越来越多，企业内部的分工越来越细，部门结构特别是营销部门的组织结构越来越复杂。一些新的部门如产品计划部、市场调研部等不断成立，这些部门的从业人员也越来越多。部门之间的关系越来越错综复杂，营销主管协调各职能部门工作的难度也越来越大，增加了企业品牌管理的压力。

众多的西方企业的管理层逐渐开始认识到用庞大和复杂的职能机构来管理品牌。虽然专业化人员都能出色地完成自己的本职工作，但由于他们缺乏对问题的全局考虑，因此难以从战略的角度计划品牌的发展。品牌经理制度的建立使企业能够集中一部分专业人员来全面负责各个品牌的发展，避免了职能部门之间的协调问题，可通过他们在各个品牌之间分配企业的资源，保证资源的合理配置。

3. 企业竞争的需要

企业在市场上谋求发展就必须遵守市场规律。有人说，将来的市场版图就是按品牌版图的大小来划分的。那么，为了争取或维护在市场中的地位，现代企业正努力地将自己的品牌塑造成名牌，使之长久地活跃在市场中。这意味着对品牌的管理必须由专人负责，特别是一个企业拥有多种知名品牌时，传统的管理制度的确难以适应，而品牌经理制度恰恰能够胜任。

4. 企业抵御风险的需要

由品牌经理具体负责策划与产品或产品线有关的活动，具体分析市场需求、竞争对手和外部环境，明确界定"产品线"的成本销售收入和获利能力，采取正确的营销策略，消灭非盈利产品；在企业多品牌运营时，实现"一荣俱荣"，避免"一损俱损"，有效分散企业风险。

问题 2： 品牌经理制的作用是什么？

品牌经理制度的建立，为市场营销带来了一股清新的风。品牌经理通过对产品销售全方位的计划、控制与管理，灵敏高效地适应市场变化，改善公司参与市场竞争的机能，减少人力重叠，拉长产品的生命周期，从而为企业赢得了更为广阔的市场和更具发展力的时空。品牌经理制度有以下优点：

1. 以制度力量聚集协调运作的合力[①]

过去，各职能部门通常容易从局部着眼去定计划作方案，而各部门的计划方案又都不能为一个品牌的整体作出精心全面的策划，因此品牌成功的概率不是很大。现在，一个熟悉公司各个环节的品牌经理，能够从整体上来考虑品牌的利益，并运用制度的力量去协调各部门围绕其品牌做出种种努力，使每个部门对每个品牌在每个时点上所承担的责任都得到明确的强调。

这样，在很大程度上消除了部门之间的推诿、扯皮，减少了因不熟悉情况而产生的盲目性及因贪图方便而因循守旧，使公司的每一产品在追求商业机会的激烈竞争中都能得到全公司上下一致的有力支持，从而实现企业的整体优化。并且，由于一人或一组人集中精力管理一项品牌，因此能以最快的速度反映有关该品牌的市场问题，并能迅速做出决策，采取有效措施。

2. 贯彻市场导向

以前，企业习惯于先开发新产品，然后定价，最后卖给消费者。在品牌经理制下，消费者的要求一开始就被品牌经理所考虑。品牌经理在新产品研制开发实施前首先考虑消费者的需求偏好，确定新产品的目标市场，确定新产品的档次、价格，对新产品进行很好的市场定位，并根据这一市场定位来指出新产品的功能和要求，计算出产品的目标成本，使科研部门和生产部门在新产品开发之初就有明确的成本控制目标。

3. 维持了品牌的长期发展与整体形象

由于每个品牌都有专门的负责人，避免了某一种品牌遭上层管理人员忽视的现象。由于有专门的品牌经理负责，企业更加注意品牌的保护，也更加对品

① 韦桂花. 品牌经理跃上前台 [J]. 企业研究，2002（3）：28–29.

牌的保护发挥更直接的作用；由于品牌经理的存在，有人直接对品牌的美誉或成败负责，不像职能化管理，责任模糊，甚至无人负责，这对企业能否塑造好的品牌起着至关重要的作用。由此，企业通过品牌的竞争，也必然能够取得高市场占有率，从而获取高利润率。

消费者往往喜欢有个性的产品，品牌经理就犹如培养产品个性的保姆。品牌经理不但在产品线延伸方面会始终如一地去保护品牌个性，而且在销售工作中，也能有效地消除销售过程中很容易出现的短期行为。品牌经理根据品牌的长远利益，作出正确的抉择，使品牌得到长期发展。

4. 改变公司毛利实现的目标管理过程

在职能化品牌管理制度下，由于管理工作由不同的部门协作完成，缺乏一个成本中心，因此难以控制品牌运作的成本问题；而品牌经理制度由一人全面筹划制定品牌的营销方案，因此能够较全面地考虑各种因素，制定出具有成本效益的营销组合方案。

由于品牌经理要对产品的销售额和毛利率指标负责，使得产品一开始就受到了成本指标和毛利率指标的控制，品牌经理必须十分注意控制各个环节的成本支出，一旦发现异常情况，便迅速做出反应，改变了没有具体的人来为毛利率负责的情况。

5. 专人关注特定市场，以便能对变化的战略和环境做出迅速反应

品牌经理要花费大量时间研究消费者调研报告，直接观察消费者行为，有时还亲自主持研究。其对自己品牌的了解得比任何人包括他的顶头上司都要更全面。因此，品牌经理能够对环境的变化做出更快的反应。

6. 为将来的营销经理或更高层的营销管理人员提供了一条训练途径

品牌经理接受的培训及其工作经验都是无价之宝，他们既具有与组织内部其他领域协同工作的能力，又掌握了推广产品所必需的说服和沟通技巧。因此，品牌经理的提升是一个快车道。自 1931 年品牌经理制实施以来，宝洁公司的每位首席执行官均是沿着品牌管理的阶梯上去的。

问题 3：品牌经理制的缺点是什么？

品牌营销是市场经济高度竞争的产物，经过多年实践，已经发展得相当成熟，形成一个以"品牌经理制"为代表的完整管理体系。但"品牌经理制"并非完美无缺，它的劣势也是显而易见的。实施品牌经理制同时可能存在下列诸多的缺陷：①

① 龚立新. 关于"品牌经理"制的几个问题 [J]. 企业经济，2004 (9)：66–67.

（1）为每个品牌分别做广告宣传，造成营销资源分散，费用开支较大。

（2）品牌众多，往往得不到消费者足够的注意力，难以建立品牌价值，形成不了强势品牌，易被竞争对手击破。

（3）同一类产品以多个品牌、不同风格出现，往往难以形成完整、统一、鲜明的企业形象。

（4）面对同一消费群体的品牌，为争夺市场往往会导致互相"残杀"、"内部开战"，削弱企业的整体竞争力；多个品牌不同风格的出现，往往难以形成完整、统一、鲜明的企业形象。

（5）低职高责：产品从设计、生产到销售所涉及的多个部门都有其主管部门和高层主管人员，品牌经理对各部门的协调和调度难以得心应手。品牌经理往往把大部分精力消耗在处理这些复杂的关系上面，而不能专注于市场和产品的开发。

（6）品牌经理制度是产品驱动型而非顾客驱动型的制度。品牌经理集中把他们的品牌推向任何人和每一个人，因此他们经常过分地注重一种品牌，以至于忘了整个市场。

（7）不利于进行有效的绩效考评，绩效评估必须针对具体的而且具有统一性特征的数量指标。在实行品牌经理制的公司里，品牌经理要对产品的销售和毛利率指标负责，公司也主要通过这些指标来对其进行绩效评估。

但是由于产品从设计、生产到销售所涉及的多个部门都有其主管部门和高层主管人员，品牌经理对于他们的干预力十分有限，一个品牌的成功，不仅取决于正确的市场定位和销售策略，还包括及时的产品开发、优质的产品质量、经济的成本以及销售渠道的全面配合。而品牌经理可以控制和选择的部分是很局限的，使得品牌经理在某种意义上离开了"实际制定决策的地方"。各品牌经理又有大品牌与小品牌的不同，销售和毛利率指标事实上并不能准确反映出品牌经理的工作绩效。

问题 4： 品牌经理的职能是什么？

在该品牌管理体制下，由市场总监统一指挥和协调销售、市场研究、广告促销及各品类经理的工作，各部门向市场总监汇报工作。每个品类经理负责协调各品牌经理间的工作，并指导产品的营销计划和执行工作。每个品牌经理主要为品牌制订营销目标、战略营销计划和战术营销计划，并向其品类经理汇报工作。助理品牌经理和助理主要是协助品牌经理工作的顺利开展和执行。品牌管理制的核心管理层是品牌经理，品牌经理与其他各管理层的信息交流模式参见图 8-1。

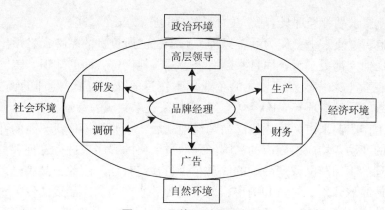

图 8-1　品牌经理信息沟通

品牌经理的职能主要可以概括为以下两个方面：

（1）品牌经理需要在对消费者、竞争者和外部市场环境进行分析研究的基础上，为品牌制订营销目标、战略营销计划和战术营销计划。具体来说，战略营销计划着重于细分市场的确定、品牌定位及在此基础上的品牌中长期发展策略；而战术营销计划涉及短期内的产品开发、价格制定、分销渠道选择、广告、促销、公关等营销战术的具体拟定。

（2）品牌经理需要组织、协调公司内外所有相关职能去实施围绕品牌的营销组合与相关决策，以实现品牌营销目标。形象地说，在公司内部，品牌经理是消费者的代言人；而针对于外部市场，品牌经理则是公司内外营销力量的组织者和推动者。具体表现为以下几点：

品牌经理需要组织、协调公司内外所有相关职能去实施围绕品牌的营销组合与相关决策，以实现品牌营销目标，监管保证价格策略和销售策略的严格执行；对市场计划执行情况的信息进行连续的跟踪测量和监控，掌握市场变化；建立产品定位，正确评估特定产品的市场前景，选择合适的品牌形象定位；维护品牌形象，利用营销手段，准确把握产品的投放时机；有效利用促销手段；提高服务，尽量避免无谓的消费者投诉；进行成本管理控制和利润考核，防止非正常损失；关注影响品牌形象；由于品牌所处的环境不断变化，品牌经理必须关注品牌的重要因素，相关技术、原料、竞争对手、核心工作人员等。

问题 5：成功实施品牌经理制的关键是什么？

一般情况下，品牌经理在企业整个营销运作过程中，并不具有很大的权力，无权指挥其他部门。他们要获得成功，必须依赖其他同事的合作，尽量创造机会，帮助别人解决问题，提供点子，以便将来别人也对他们提供同样的帮助。这就要求品牌经理具有极大的智慧力和创造力。

从自身素质来讲，作为品牌经理，对于自己所负责的品牌，必须比公司里的其他任何人都更了解，而且不断有人会挑战他们这方面的知识。美国一组织通过对在若干家背景差别较大的企业里工作过的 25 名品牌经理的调查表明，大约半数的品牌经理有 MBA 学位，并有相关技术领域的背景。

从工作职责来讲，企业建立品牌经理制后，企业的每一新产品的开发或现有产品的变动，均应由相应的品牌经理通过严格的程序来进行管理和控制，并对所管理品牌的产品或产品线的成功与否负最终责任。因此，品牌经理不仅要关心新产品的开发、生产和销售，而且还要关心产品和产品线的发展，以期利用品牌的知名度，求得最大的经济效果。

从市场需求来讲，新品牌的开发不能无的放矢，必须建立在广泛的市场调研、了解消费者需求、把握市场走势的基础上，不能出现品牌研制出来却因缺少需求支持而胎死腹中，真正降低新品牌开发的风险和成本。

从品牌风格来讲，必须要建立一个区别其他品牌、独立明确的品牌形象，这个形象要与产品的本质属性相一致，并始终保持不变，既不和原有品牌形象撞车，又与已有影响的品牌相互配合呼应。

从生命周期来讲，一个品牌在成长时是最为脆弱的，需要以各种方式引起消费者的注意和兴趣，要利用消费者在消费方面的社会价值观进行引导，促使其尝试和购买，品牌经理要准确把握广告诉求点和市场卖点，让新品牌一下子就扎根于消费者之心。

从公司整体来讲，"品牌经理"虽有相对独立性，但又必须服从企业的整体计划，形成品牌的战略组合和整体推进。

由此可知，实施品牌经理制是一个挑战性举措，因为品牌经理本身就是一个充满风险和挑战的工作。

问题 6：品牌经理制实施的阻力[①]是什么？

尽管品牌经理制度得到了西方企业的广泛应用，但其施行的过程远非一帆风顺。1973 年百事公司宣布取消品牌经理制度，助长了一股反对风潮。品牌经理制度的阻力主要来自以下三个方面：

1. 品牌经理制度的适用性

显然没有一种营销制度能够适用于所有的企业，品牌经理制度当然也不能例外。特别是对于那些未慎重考虑就跟随潮流建立品牌经理制度的企业来说，

----

① 陈汉湘. 浅谈品牌经理制度模式的建立 [J]. 武汉冶金管理干部学院学报，2002（6）：35-36.

品牌经理制度的适用性更加值得怀疑。例如，对于百货公司来说，20世纪70年代它拥有的品牌数量相对较少，实行品牌经理制度不但不能产生理想的效益，却可能由于增添了组织层次而使组织机构显得更加臃肿。

2. 品牌经理制度的执行问题

品牌经理制度的概念虽然非常容易表述，但到具体企业执行起来却是个较大的难题。

（1）企业中的职能部门一般都可分为两种，即可完成一项特定职能，拥有一定实际决策权的职能型部门和只拥有建议权的参谋部门。品牌经理究竟作为哪一种还是两种兼而有之？这不仅会对营销部，还会对整个企业的组织机制产生重大影响，是企业在建立和施行品牌制度时的一项艰难抉择。

（2）更进一步的是品牌经理的权责划分的问题。一般来说品牌经理应该对其所管理品牌的业绩负责，但品牌的业绩应该多大程度上纳入品牌经理的考核和报酬体系，按照权责对等的原则就必须相应赋予其生产、研究开发、销售等方面的相应权力，这些权力应该有多大，与相应的职能部门的权力之间应该如何分配和均衡，如果品牌经理的权责不能够清晰界定，不但会严重影响品牌经理开展工作，而且还会由于其职位描述的模糊不清而使得招聘和考核品牌经理的标准也缺乏清晰的依据。

3. 来自企业内部的阻力

首先是观念更新的问题，任何一种革新思想都难以在短时间内得到企业内部的重视，引入品牌经理制度必定会引起企业内部的权力的重新分配，会触犯企业内部一些职能经理和部分高层领导的利益。从而引起他们的抵制和反对。这些阻力的克服最终都要依赖于环境的压力和企业最高层领导的决心和意志。

上述因素在一定程度上阻碍了品牌经理制度的更大规模的普及应用，西方企业普遍开始意识到为适应自身的需要，就必须对品牌经理制度进行不断的调整和改良。

西方企业对品牌经理制度的调整和改良一般可分为两类。一类是在原有品牌经理制度框架内的改进。西方不少企业根据自身特点，明确界定了品牌经理的职责范围与责任，特别是他们与职能人员之间的职权划分，双方向谁提交争议并寻求解决等，都做了明确的规定，从而解决了品牌经理的权责划分问题。另一类则是对品牌经理制度本身的调整。例如，不少企业都在品牌经理之上或之下增添了一些管理层次，使之更能适合本企业的发展。如为了减少自有品牌之间的竞争同时为了加强与日渐庞大的零售商之间的合作，宝洁公司在其品牌管理结构中又增加了类别经理一职，同一类别产品下的各个品牌经理统一向该类别经理负责，并由他来统筹安排该类别产品的营销活动。同年福特公司也正式设立了类似的"计划经理"的角色。

从20世纪60年代西方企业普遍建立品牌经理制度开始到20世纪80年代末，绝大多数的西方消费品生产企业都建立了品牌经理制度或类似的制度。1996年《商业周刊》还特地总结了美国通用汽车公司采用这一制度之后，公司在各个方面的概念变化，表明品牌经理制度在西方企业中深得人心。

综上所述，我们可以知道，西方企业之所以普遍采用了品牌经理制度，这是他们基于对传统品牌管理制度在现代市场竞争中的弊端与对品牌经理制度的优势的比较，并通过实践操作对品牌经理制度的反复深刻检验而得出的这一结论。对于我国而言，我们应深刻认识到这一趋势。

活动：

根据上述品牌经理制方面的内容，学生讨论相比传统品牌管理模式，品牌经理制的优点是什么，并举例说明。

考试链接

考试大纲规定考生要掌握品牌经理制的定义、特点。理解品牌经理制实施的重点和阻力。

第三节　品牌管理的变革

品牌的起源可以追溯到公元前13世纪，古代中国、希腊与印度的手工艺者把自己的名字刻于自己制作的手工艺品上，以此作为识别自己产品及产品质量的象征。因此，广义上品牌管理迄今为止已有几千年的历史了，然而作为真正意义上的品牌管理，却仅仅只有几十年的历史。

随着经济的发展，品牌管理模式也从传统的职能式品牌管理模式，发展到品牌经理模式，并在不断地进行变化。在21世纪到来之际，随着外部环境和企业内部条件的变化，品牌管理制度面临着前所未有的压力和挑战。品牌管理制度变化的压力来自何方？品牌管理又将走向何方？

问题1：哪些因素促使了品牌管理模式的变革？

1. 信息技术（IT）的不断发展

信息技术的发展，将对营销领域包括品牌和品牌管理都发生深刻的影响。

由于信息技术的发展，将使得许多直销方式成为可能，例如，目录营销、电话及电视营销，但所有直销形式中，最具有革命性的是基于互联网的网络营销。网络营销被认为是最具有优势的一种直销方式。然而具有讽刺意义的是，网络营销对于所有营销人员来说不啻是一场噩梦。

我们知道，品牌对于消费者而言的一个重要功能是可以减少消费者的寻找成本。而信息技术的发展，尤其是互联网的发展，其实也是在显著地降低消费者的搜寻成本，并使市场变得越来越有效，因为消费者和卖方完全可以在一个既定的价格条件下实现交易。但是市场越来越有效反过来又对传统的以品牌管理为导向的营销的存在提出了疑问，因为营销只是在市场不是十分有效的条件下才出现的。

另外，消费者通过在互联网上使用各种搜索引擎，在未来甚至可以实现在购物时邀请多个供应商同时进行投标竞争，从而获取最低的价格。

因此随着信息技术的发展，市场将越来越有效，品牌对于帮助消费者减少寻找成本的作用将大大降低，而各种以提供搜索引擎为目的的企业或者信息提供者的品牌的作用和重要性将大大提高。

2. 消费者价值观念的转变

消费者价值观念在不断改变。一方面，随着竞争的加剧，产品供给的增加，消费者面临着更多的选择，他们变得愈加精明；另一方面，老年化的趋势，意味着有经验的购买者数量在增加。而且企业在提供高质量的产品的同时，还向消费者提供越来越多的附加服务，又导致消费者对价值期望的提高。

所有这些趋势，都意味着未来消费者可能更加成熟，更加价值导向。消费者对价值的更加关注，对品牌和品牌管理又会产生什么影响呢？品牌的情感利益对于消费者来说是否将不像过去那么重要了呢？

3. 零售商作用的扩大

在过去的十几年中，零售的集中度越来越高，这是一个全球性趋势。在中国我们也可以看到这一趋势，表现为大量的大型百货商场、大型超市在整个社会零售商业总额中所占的比重越来越高。在这一趋势下营销的重心开始由制造商转向零售商。一些制造商开始更关心整个品类的促销，而并不只是品牌的促销，因为零售商占有货架空间，处于主导地位，它更关心整个品类的盈利性，所有有制造商的新品牌或者品牌延伸都要保证扩大整个品类的盈利能力。

零售商作用的扩大对品牌管理的影响是深远的，传统的以顾客为中心的品牌管理者必须意识到零售商的重要性，并开始逐渐由单一的品牌管理转向范围更广的品类的管理。

问题 2： 品牌管理模式的变化趋势如何？

品牌及品牌管理所面临的环境发生的变化，将导致品牌和品牌管理制度的变化也不可避免，特别是在营销关系过程中品牌对消费者和制造商的作用都会发生变化。那么，未来品牌管理可能会往什么方向发展呢？特别是品牌经理制度会发生什么样的变化呢？

品牌经理制度系在 1931 年由宝洁公司执行长纳乐·H. 麦克埃尔罗伊创立，不但在宝洁推行成功，而且被广泛地应用在企业界。

这套品牌管理制度实施多年，但随着全球化趋势的来临，新兴市场的复杂度增加，竞争日益激烈，渠道不断变革，加以多品牌、品牌延伸等营销策略的发展，品牌策略专家戴维·艾格（David A. Aaker）指出今天的品牌管理制度已经朝向以下三个方向改变：

1. 由技术性转为策略管理

今天的品牌经理必须具备策略性和前瞻性的眼光，而不只是从事技术性工作。他必须参与企业政策的制定和执行，同时品牌策略必须遵循企业政策并反映企业文化。这种转变包括以下三点：

（1）职位的提升。过去的品牌经理只是中层干部，任职不过 2~3 年，今天的品牌经理不但是营销部门的最高主管，而且许多都是由 CEO 担任，具有多年的工作经验。

（2）注重品牌资产的发展。过去的品牌经理注重的是品牌形象的建立，今天他们注重的是品牌资产的发展。品牌资产的发展是企业竞争优势和长期获利的基础，更需要由高阶管理人员来执行。

（3）衡量品牌资产价值。过去的品牌经理注重短期的销售和获利数字，今天的品牌经理必须进一步衡量品牌资产的价值。品牌资产的价值来自投资回报、获利、品牌的认知度和忠诚度、品牌认同等因素，是经过长期累积而成。

2. 由狭窄转为宽广

过去的品牌管理制度，品牌经理通常只负责 1 个品牌、1 个产品和 1 个市场，今天的品牌经理面临的挑战和复杂性更大，因此工作范围也较以前宽广。这主要是因为环境出现了以下的改变：

（1）多项产品和市场。今天的品牌经理必须负责多项产品和多个市场的发展，因此产品和市场范围的规划是重要工作。他必须决定品牌延伸和品牌授权的政策，哪些产品应该用哪些品牌，他也必须考虑哪些品牌可以销售到不同市场，或者不同市场要采用的不同品牌。今天的品牌经理在产品和市场的营销策略组合上必须更有弹性，才能适应市场的多变性。

（2）复杂的品牌工程。今天的品牌经理必须处理复杂的品牌工程，包括各种产品的延伸和副品牌的推出，而且能够让品牌之间达到明显的区隔并发挥综合效应和互补作用。

（3）注重品牌类别管理。过去的品牌管理制度鼓励同一类别的品牌之间彼此互相竞争，因此宝洁在洗发精类别中就有潘婷、海飞丝、沙宣等品牌，但是今天的品牌管理制度侧重在整个类别，即品牌类别管理，而非只是单一品牌，原因是许多大型零售业者要求厂商提供整个类别产品的单一窗口，以便管理和信息处理。而且，由于市场上充斥着越来越多的品牌，同一企业的各品牌若自行其是，品牌区隔模糊而且销售重叠，这时就有必要进行统一管理。

 阅读材料

史密斯·克莱恩·比彻姆（主要生产抗酸药、康泰克抗感冒药以及口腔护理等产品）已经建立了一套全球性的产品大类管理机构，每个产品大类机构都有一个调研、品牌和市场小组专门向一位副总裁级别的产品大类主管汇报工作，产品大类管理团队主要负责寻找扩展现有品牌的方法，以及向遍布世界的品牌小组提供新观念。

资料来源：丁桂兰.品牌管理 ［M］.武汉：华中科技大学出版社，2008：225.

（4）全球化视野。过去的品牌管理制度是把同一套品牌策略应用到不同的国家，今天的品牌经理必须具有全球化视野，了解哪些国家可以采取跨国品牌策略，哪些国家必须采取地区性品牌策略。

（5）整合营销。过去的品牌经理只要依赖少数的媒体如电视、报纸等，就可达到营销目的，今天的品牌经理面对分众市场的形成和媒体的开放及多重的营销管道，必须采取整合营销的方式，运用广告、促销、赞助、网络、直销、公关等发挥最大效果。

（6）内外沟通。今天的品牌经理必须兼顾组织内外的沟通，这样才能充分传达企业的价值和文化。

3.由注重销售转为品牌认同

今天的品牌管理策略不仅注重销售和获利等短期绩效指标，而且要注重品牌认同。品牌认同的发展有赖于品牌经理对顾客、竞争者和企业政策的全盘了解。

在顾客方面，品牌经理要了解目标消费者是谁，如何区隔市场，顾客的购

买动机和行为如何，等等。

在竞争者方面，品牌经理要了解主要竞争者是谁，竞争者的优缺点为何，竞争者的营销策略为何，如何和竞争者有所差异化，等等。

在企业政策方面，品牌经理要了解企业对消费者的承诺为何，如何通过品牌营销来达成企业承诺和建立声誉，等等。品牌经理必须认清顾客对企业品牌的认同，因为这是企业能够维持长期优势的基石。

品牌经理制度的改变，由执行面转为策略面，由单一品牌转为多品牌、品类或商品群管理，由单一市场转为多样市场、跨国性市场、全球化市场，由追求短期绩效转为长期优势的建立。品牌经理的角色改变，重要性增加，职位提升，任务和责任加重，挑战性越来越高。

考试链接

考试大纲规定考生要理解品牌管理制度变化的压力和趋势。

案例分析

以品牌驱动的业务流程管理体系

无论是创建一个强势品牌，还是维护一个强势品牌，都需要从战略的高度对企业运营流程进行管理和监控，并建立起品牌驱动的业务流程管理体系和与之相配套的品牌管理绩效考核体系。

国内很多企业都把品牌管理职能放在营销部门。这种让品牌管理人员主要从事广告、公关、促销、策划等工作的做法是典型的业绩驱动而非品牌驱动。以业绩驱动的业务流程管理体系去实现管理品牌的职能，无异于南辕北辙。

品牌驱动的业务流程管理体系不仅强调协调、沟通，而且强调监控；不仅要监控营销行为，而且要监控与品牌有关的所有企业经营决策（如投资、预算、财务和兼并等）对品牌可能造成的影响。

F 企业是一家内资企业。为了管理企业的品牌，F 企业在 2000 年以后逐渐建立起了品牌驱动的业务流程管理体系。

在 F 企业内部，参与品牌管理的部门主要是品牌战略管理委员会和营销中心品牌管理部。品牌战略管理委员会的成员来自于企业的高层，是品牌管理工作的最高统帅机构；品牌管理部是品牌管理的执行机构，主要职能是负责品牌建设与管理的日常工作和各项品牌管理活动的执行。这些工作主要包括：起草制定品牌宪章、品牌规划、品牌管理制度、负责品牌规划执行的推动，品牌管理制度执行情况的监控，建立和维护品牌管理信息系统，就品牌管理事宜所进行的跨部门跨职能的协调，等等。

F 企业的品牌管理制度涵盖产品设计开发、质量控制、渠道、广告、公共关系、价格管理、售后服务、供应链管理、人力资源、投资、预算、外部并购、危机管理等几乎所有业务，并对每一项业务在开展时需要报请品牌战略管理委员会和营销中心品牌管理部评估和审批的事项作了详细的规定。

同时，F 企业还建立了科学的绩效考核体系，对品牌管理制度的执行进行严格的考核。

对营销中心品牌管理部的绩效考核，即有依据品牌生命周期制定的阶段性目标考核（如，近期目标——提高品牌知名度、接受度；中期目标——提高市场份额、顾客满意度；长期目标——提高利润率、品牌忠诚度、持续提升品牌价值等），也有由品牌知名度、品质认知度、品牌忠诚度、品牌联想和品牌其他资产等可量化指标构成的品牌资产考核，还有市场占有率提升、品牌溢价水平提升和品牌管理成本等业绩指标的考核，形成了科学而全面的品牌驱动绩效考核体系。

经过几年的努力，以品牌驱动的业务流程管理体系为 F 企业带来了丰厚的回报。权威调查机构的数据显示：2006 年，F 企业的品牌价值比 2004 年的 16 亿元增加近一倍，已经达到 30 亿元。

资料来源：张长江. 21 世纪品牌管理的新趋势 ［EB/OL］. http://www.emkt. com.cn/article/313/31340. html，2011–11–23.

➡ **问题讨论：**

以业绩驱动的业务流程管理体系和以品牌驱动的管理体系有什么不同？

本章小结

本章首先介绍了传统品牌管理模式及其存在的缺点。例如，职能经理之间的合作问题，品牌之间的协调问题。本章重点介绍了品牌经理制度的优点，包括：品牌经理制度有利于企业发展，合理化组织，提高竞争，抵御风险等；品牌经理制的作用主要表现在：能以制度力量聚集协调运作的合力，贯彻市场导向的营销理念，维持品牌的长期发展与整体形象，改变公司毛利实现的目标管理过程，能对变化的战略和环境做出迅速反应并能为将来的营销经理或更高层的营销管理人员提供一条训练途径等。

当然品牌经理制也是有缺陷的，表现在：为每个品牌分别做广告宣传，造成营销资源分散，费用开支较大；品牌众多，往往得不到消费者足够的注意力，难以建立品牌价值，形成不了强势品牌，易被竞争对手击破；同一类产品以多个品牌、不同风格出现，往往难以形成完整、统一、鲜明的企业形象；面对同一消费群体的品牌，为争夺市场往往会导致互相"残杀"、"内部开战"，削弱企业的整体竞争力；多个品牌不同风格的出现，往往难以形成完整、统一、鲜明的企业形象；产品从设计、生产到销售所涉及的多个部门都有其主管部门和高层主管人员。品牌经理对各部门的协调和调度难以得心应手。品牌经理往往把大部分精力消耗在处理这些复杂的关系上面，而不能专注于市场和产品的开发；品牌经理制度是产品驱动型而非顾客驱动型的制度。品牌经理集中把他们的品牌推向任何人和每一个人，因此他们经常过分地注重一种品牌，以至于忘了整个市场；不利于进行有效的绩效考评等。

最后，本章介绍了品牌管理模式的变革趋势。

第九章

品牌资产保护

学习目标

★★★★

知识要求 通过本章的学习，掌握:

● 品牌保护的定义、意义

● 品牌资产法律保护的含义

● 品牌资产的经营维护

● 品牌自我保护的类型和方法

技能要求 通过本章的学习，能够:

● 理解品牌保护的背景及意义

● 了解品牌资产的法律保护

● 合理处理品牌资产的经营保护

● 学会品牌资产的自我保护

学习指导

★★★★

1. 本章内容包括：品牌保护的背景及意义，品牌资产的法律保护，品牌资产的经营保护和品牌资产的自我保护。

2. 学习方法：抓住重点，理解记忆，结合实际进行模拟练习，参与品牌资产的保护等。

3. 建议学时：4 学时。

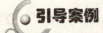

引导案例

五粮液打赢跨国商标纠纷案 "粮草" 要先行

2001 年 12 月 31 日，一名韩国人将五粮液汉语拼音 "WULIANGYE" 抢先注册成商标。2003 年 1 月 23 日，韩国官方发布了相关公告。同年 2 月 14 日，代理五粮液品牌有关商标业务的四川超凡商标事务所发现了抢注行为。同年 2 月 19 日，五粮液提出异议书，并出具了五粮液不仅在中国是驰名商标和品牌，还是国际驰名商标和品牌，且使用在先的证据。

韩国的注册方在 2003 年 5 月的答辩中认为，该商标在韩国不是驰名商标，因此不是恶意注册，不存在误导消费者的问题。调查后发现，该韩国注册方同时还抢注了红星二锅头的 "红星"、湖南酒鬼酒的 "酒鬼" 及张裕三鞭酒的 "三鞭" 等中国商标，存在着恶意抢注的嫌疑。

经过 14 个月的拉锯战和三个回合的举证，2004 年 4 月 20 日，韩国商标总局否定了被告关于 "五粮液" 在韩不知名、注册不存在误导的辩解，作出了 "驳回韩国注册人注册申请" 的最终裁定。品牌价值达 269 亿元的 "五粮液" 终于夺回自己的商标权利，并已将其中文标识和汉语拼音向韩国商标总局提出注册申请。

五粮液分管销售的董事陈显煌表示，五粮液是国内酒业的知名品牌，发展势头迅猛，从 "九五" 期间到 2004 年，公司创下了销售收入平均增长 40% 的神奇速度，2004 年，曾实现销售收入 138 亿元。除了内地市场，海外市场也是五粮液不可或缺的市场，五粮液集团通过在海外实行区域代理制，同时采取一些促销手段（包括调整产品售价等），吸引众多海外消费者购买，目前出口创汇已超过 1000 万美元。陈显煌说，除了传统的五粮液酒出口外，五粮液系列酒如青梅酒、五粮醇等也走出了国门，主要出口到日本、美国、加拿大等地，其中韩国也是其重要的出口市场之一。陈显煌表示，如果这次维权失败，即意味着五粮液进军韩国、国际市场之路被阻断。产品不能以原有的商标进入当地市场，只能另换商标，这将对企业已有的无形资产造成无法估量的损失，给企业经营增加成本。

作为白酒行业首次跨国商标案的胜诉，这次相当于交钱上了重要一课。同时也警醒了国内知名企业，在全球经济一体化的今天，要特别重视商标注册的地域性和周期性，商标注册和保护更应作为品牌先行的必要手段，如同战争中的粮草一样，"兵马未动，粮草先行"，秉承 "自愿注册原则" 和 "申请在先原则"，企业应对已经在他国进行交易的商标及时 "补过"、尽快注册，对即将要

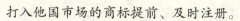

打入他国市场的商标提前、及时注册。

资料来源：丁桂兰.品牌管理 [M].武汉：华中科技大学出版社，2008：287-288.

➡ 问题：

1. 从五粮液事例看品牌保护有什么好处？

2. 五粮液的品牌保护包含了哪些方面和具体内容？

第一节 品牌保护的背景及意义

问题 1：什么是品牌保护？

品牌保护被菲利普·科特勒认为是"区别专业的营销者的最佳方式"之一。他说，区别专业的营销者的最佳方式是看他们是否拥有对品牌的创造、维护、保护和扩展的能力。可见品牌保护是企业品牌管理与战略的重要内容。通过品牌保护，不仅可以保持产品销量的稳定，使消费者愿意以溢价购买，而且可以提高市场进入壁垒，增强品牌的市场竞争力，维持其市场地位。因此，品牌保护对于企业来说，既关系到企业品牌的存续，又关系到企业的生存与发展。

品牌保护的经典含义是指企业法定权利的注册与打假，即对品牌所有人、合法使用者的品牌实行资格保护措施，以防范来自各方面的侵害和侵权行为。但在全球经济一体化时代，这一含义已不能适应品牌日益被侵害的现实。品牌遭到的攻击越来越全方位，不仅仅是法律意义上的，更多时候是来自市场的攻击。例如，品牌的随意延伸、品牌形象的老化、品牌技术的退步、品牌个性的平庸化等，这些问题均会引起竞争对手向自己的品牌发动更具针对性的营销战役，从而危害品牌的市场地位。因此，品牌保护必须是对品牌的市场保护，而不只是法律保护。

根据上述分析，本书将品牌保护定义为，企业在品牌运营中所采取的一系列维护品牌市场竞争优势的活动。它包括巩固并提高品牌的竞争力与市场影响；延长其市场寿命；维持品牌与消费者的长期忠诚关系，树立良好的品牌形象；促进品牌资产不断增值。因此，品牌保护应包含三个方面的内容：品牌的法律保护、品牌的自我保护、品牌的经营保护。

问题 2：品牌保护有何意义？

如何看待品牌保护，这个问题已超出了一般保护企业利益或保护消费者利益的层面，而涉及国家利益和人类知识的合理有效运用。

2005 年 10 月，中国共产党的十六届五中全会将提高自主创新能力作为贯彻落实科学发展观的重大原则，强调"十一五"期间经济社会发展的一个重要目标是形成一批拥有自主知识产权和知名品牌、国际竞争力较强的优势企业。在这一战略的指引下，各级政府纷纷采取政策措施，支持企业自主创新，制定品牌发展战略。然而，落实这一重大战略决策的一个重要条件就是如何保护知识产权。这个问题解决不好，企业将缺乏创新的动力。因此，品牌保护涉及一系列重大问题。

1. 品牌保护是对企业创新力的保护

企业是经济活动的主体也是创新的主体。企业创新活动为社会提供了丰富的商品，满足了人类的生活需求，提高了人类生活的质量。企业的创新表现在技术创新、管理创新、制度创新、企业文化创新、营销创新等方面。当我们强调企业自主创新的时候，自主品牌是企业创新的重要内容，而当企业建立起了自主品牌的时候，对品牌的保护无疑是对企业自主创新能力的保护。

2. 品牌保护是对知识产权的保护

企业创新活动不仅表现在对社会生活质量的提升，还表现在推动科技进步和人类知识的合理有效运用，最终推动人类社会的发展和进步。企业创新实现的技术进步和知识积累，是人类社会精神财富的重要组成部分。企业为技术创新投入了巨额资金，技术成果是其投入的回报。在一定时期内，企业的创新成果应得到应有的回报，所以在制度上要保护企业的创新成果，这就是从法律上对知识产权进行保护。品牌保护与知识产权保护有一定区别，但品牌，尤其是名牌，一旦成为驰名商标，就被纳入知识产权保护的范围。所以在一定意义上，我们可以说，品牌保护是对知识产权的保护。而知识产权保护是保护企业创新力的制度保障。

3. 品牌保护是对消费者合法利益的保护

品牌保护的一个重要原因，就是保护消费者的利益。在全球范围内，我们看到了一幅幅假冒伪劣商品肆意横行的景象，由于信息不对称，消费者往往被这些外表绚丽的商品所蒙蔽，结果深受其害。假烟、假酒、假药和不合格的食品严重损害了消费者的健康，有的甚至危及消费者的生命。通过信息的有效沟通，对品牌进行保护，让消费者识别品牌，是保护消费者合法权益的有效手段。因此，对品牌的保护就是对消费者利益和权益的保护。

第二节　品牌资产的法律保护

　　问题 1：什么叫品牌法律保护？

　　品牌的法律保护是品牌保护的经典含义，即从法律制度上对品牌所有人、合法使用者的品牌实行资格保护措施，以防范来自各方面的侵害和侵权行为。国家运用法律手段保护商标权，使商标权人的合法权益不受非法侵犯，这是商标立法的宗旨。依据《商标法》，商标权人享有商标专用权的同时，还享有禁用权。保护商标专用权、行使商标禁用权实际上是企业运用法律武器（国家法律的强制力作为后盾）抵制和禁止一切商标侵犯行为的权利。商标权只有受到法律的严密保护，商标权人才能放心地依法使用品牌或商标，品牌或商标的功能与作用才能得到充分发挥，才能维护注册商标的信誉，保证商品质量，保护商标权人的合法权益，维护市场经济运行秩序。

　　问题 2：品牌的法律保护的具体内容有哪些？

　　品牌的法律保护的具体内容主要体现在以下几个方面：

　　1. 商标权的及时获得

　　及时获得商标权是企业品牌战略的必要保障，也是品牌法律保护的基本前提。我国《商标法》第三条规定："经商标局核准注册的商标为注册商标，商标注册人享有商标专用权，受法律保护。"这就是说，获得商标专用权，是品牌受到法律保护的先决条件。如果品牌不能及时注册，就不能获得商标的专用权，其品牌也不能受到法律保护。依据我国法律规定，企业获得商标使用权，可以通过注册续展、转让购买和特许加盟等方式实现。

　　（1）及时注册，勿忘续展。商标申请人按照商标法规定的法定程序，将自己已使用或将要使用的商标向商标局申请注册，经商标局审查核准，发给商标注册证，交纳规费后，商标申请人就获得了商标专用权，同时也受到商标法的保护。任何人未经商标权人许可，都不得使用该商标，否则，即构成商标侵权行为，将受到法律制裁。至于续展次数，商标法则没有限制。只要企业愿意并能在法定期限内及时续展，商标专用权就可以成为企业一种长久的权利，进而受到法律的长期保护。

　　（2）通过转让购买获得商标权。商标权转让，就是指商标权人依照法定程序需将其注册商标专用权转移给他人所有的行为。通过商标权转让，原商标权人不再享有商标权，而受让人获得商标权，成为该注册商标的所有人，获得了完整的商标权。商标权转让作为一种法律行为，它是指全部商标权转让而不是部分商标权转让；商标权转让后，受让人使用该商标标底功能的商品（或服务）不能超过原来核定的使用范围；转让注册商标由转让人和受让人共同提出书面申请并经国家工商局商标局核准、公告；商标转让属于自由转让。商标转让的这些特点，使得转让成为企业获得商标权的一种有效方式。

阅读材料

新华网杭州8月12日电（记者和苗 张乐）"清河坊"、"城隍阁"、"万松书院"……日前，杭州上城区商贸旅游局将杭州一批著名的景观与百年老店注册成了商标。有关负责人表示，希望通过此举加强对这些老字号和老景点的商标和知识产权保护。

杭州市上城区商贸旅游局招商办主任陈勇介绍说，杭州市特别是上城区历史人文积淀深厚，到处都是"老字号"、"百年老店"和著名人文景观。几年前，知名百年老店"西乐园"的商标一夜之间被他人恶意抢注，引发了社会各界的关注，一些人大代表呼吁，应该通过抢注商标等有效手段，对这些著名景观和老字号给予及时保护。

吸取了人大代表的建议之后，一项名为"百年老店、著名景观保护性注册"的工程随后展开。"3年来，我们共投入30多万元资金，涉及2000多种产品类别，注册了清河坊、城隍阁、大井巷、糖人朱、相国井等136个商标。现在，这些注册好的商标已经被我们无偿交付给老字号、老商号使用。"陈勇说。

据悉，在对百年老店进行保护性商标注册的基础上，该机构目前又将工作重心转移到了对辖区著名景观的保护性商标注册上来。

资料来源：杭州政府出资为著名景观和百年老店注册商标 ［J/OL］. http://www.chinaiprlaw.cn/file/200608138578.html，2006-08-14.

（3）通过特许加盟方式获得商标使用权。特许加盟也是常用的一种获得商标使用权的可选方式。

2. 驰名商标的法律保护

驰名商标（Well-Known Trademark）是国际上通用的为相关公众所熟知的享有较高市场声誉的商标。驰名商标起源于《保护工业产权巴黎公约》（以下简称《巴黎公约》），现已为世界上大多数国家所认同。我国也是《巴黎公约》的成员国。根据《巴黎公约》的规定，我国于 1996 年 8 月 14 日由国家工商行政管理总局发布并实施了《驰名商标认定和管理暂行规定》。与一般或普通商标相比，驰名商标有其独特的专属独占性特征。主要表现为以下两方面：

（1）驰名商标的注册权超越优先申请原则。世界上许多国家都实行品牌注册及优先注册（同一品牌，给予先申请者注册）的原则，我国也是如此。就一般品牌来说，只有注册后才受到法律的保护，不注册的品牌则不受法律保护。但是，驰名商标则不同，如果某品牌被商标主管机关认定为驰名商标，那么，按照《巴黎公约》的规定，即使驰名商标未注册，也在巴黎公约成员国内受到法律保护。即对驰名商标而言，他人申请注册的商标与驰名商标相同或者相近似，即使在非类似产品上注册，只要该拟注册的商标可能损害驰名商标所有人的权益，负责商标注册的部门（国家工商局商标局）就会将其驳回，不予以注册；不仅如此，驰名商标注册的优先权还表现在，即使他人经申请已获准注册，驰名商标所有人也有权在 5 年内请求撤销该注册商标。这个 5 年期限是《巴黎公约》的规定，也是我国《驰名商标认定和管理暂行规定》中的规定。如果他人以欺诈手段恶意抢注，驰名商标所有者的撤销请求权不受时间限制。

（2）驰名商标的专用权跨越国界。驰名商标的专用权，不同于一般法律意义有严格的地域性的商标专用权，而是超越本国范围在巴黎公约成员国范围内得到保护的商标权。如果某一商标在注册国或使用国获得商标主管机关或其他权威组织（如最高法院或其法律机关）认定为驰名商标，即表明该商标得到《巴黎公约》的保护。按照《巴黎公约》对驰名商标专用权的规定，若某一商标构成对该驰名商标的伪造、复制或翻译而且用于相同或类似商品上，则应禁止其使用该商标（拒绝或取消其注册）。这些规定，还适用于主要部分系伪造、仿冒或模仿驰名商标而易于造成混淆的商标撤销，这种做法常被称为"相对保护主义"，在大陆法系诸国被采用。在英美等国，驰名商标所有人不仅有权禁止其他任何人在未经许可的情况下在相同或类似商品上使用驰名商标，甚至有权将这一禁止使用其驰名商标的范围扩大到其他一切商品上。

可见，驰名商标不受注册限定（普通商标只有在注册后才能受到法律保护，但对于驰名商标，根据《巴黎公约》的规定，如果成员国的商标主管机关认为是驰名商标，在成员国范围内，不管是否已经注册，都将受到该成员国的法律保护）、保护的地域范围更广（普通商标仅在其获准登记注册的国家或地区范围有效，若要在国际范围内受到法律保护，还必须到国外注册。而驰名商标则受《巴黎公约》所有成员国的法律保护）、保护的权力范围更大（对于普通商标，它的保护范围只局限在注册时核定使用的商品范围，而对驰名商标的保护范围，则不仅包括注册时所核定的商品，而且还可能延伸到与指定商品完全不同的商品上，他人将与驰名商标相同或者近似的商标使用在非类似的商品上，且会暗示该商品与驰名商标注册人存在某种联系，从而可能使驰名商标注册人的权益受到损害的，驰名商标注册人可以自知道或者应该知道之日起两年内，请求工商行政管理机关予以制止）。

阅读材料

"同仁堂"这个传承了 340 余年的老品牌，正是借助其"驰名的商标"这一金字招牌才使其在日本失而复得。"同仁堂"问世于 1669 年，以"同修仁德"的理念从事药品经营，塑造了良好的品牌形象。

"同仁堂"也成了消费者有口皆碑的真正的名牌，享誉海内外。也可以说，"同仁堂"是我中华民族文化遗产的重要组成部分。就是这样的品牌，在受中华文化影响至深、颇信中医的日本却无法打开销路，原因是"同仁堂"品牌在日本已被他人抢先注册。中国的"同仁堂"欲进军日本市场，要么用重金收回本该属于自己的商标权，要么更易其名，否则即侵犯他人商标权。不幸中的万幸是"同仁堂"被国家商标局认定为驰名商标。拥有金护身符的"同仁堂"依据《巴黎公约》中有关驰名商标可以受到特殊保护的规定，对"同仁堂"被抢注事件向日本商标主管机关提出争议裁定申请，使得"同仁堂"商标失而复得，"同仁堂"拥有了它的商标权。

资料来源：刘凤军.品牌运营论 [M].北京：经济科学出版社，2000：203.

3. 证明商标与原产地名称的法律保护

1994 年 12 月 30 日，国家工商行政管理局公布了《集体商标、证明商标注册和管理办法》，使得《商标法实施细则》第六条和《商标法》第三条得到补充。依照《商标法》的规定，经商标局核准注册的集体商标、证明商标受法律保护。集体商标、证明商标纳入《商标法》范围进行保护，扩大了《商标法》的保护范围，也使企业品牌运营多了一项可选择的策略。

（1）证明商标能保护权益人的合法权益。证明商标，是指由对某种商品或者服务具有检测和监督能力的组织所控制，而由其以外的人使用在商品或服务上，用以证明该商品或服务的原产地、原料、制造方法、质量、精确度或其他特定品质的商标（包括商品商标和服务商标）。依此概念，证明商标是商品或服务本身出自某原产地或具有某种特定品质的证明，借以区别商品或服务的不同产地、不同的特定品质，而不用以区别商品或服务的不同来源（来源于不同的生产经营者）；证明商标的注册人应是具有检测和监督能力的组织而不是某个具体企业单位；注册人自身不能使用自己注册的证明商标，而必须由其以外的其他人来使用（只要当事人提供的商品或服务符合这一特定的品质并与注册人履行了规定的手续就可以使用该证明商标），注册人与使用人是分离的；证明商标是由多个人共同使用的商标。

证明商标用来证明其标定的商品的特定品质，如纯羊毛标志，它作为证明商标，消费者见到它，就知道这个标有纯羊毛标志的商品是纯羊毛的。可见，证明商标有利于企业向市场推销商品，也有利于消费者选择商品。证明商标由具有监控能力的组织注册、管理，将证明商标置于法律保护之下，使生产经营者能够按照规定的条件生产商品、提供服务，保证商品与服务特定的品质，使证明商标的注册人和使用者有章可循，依法使用，使得证明商标具有保护权益人合法权益不受损害的作用。

（2）原产地名称对特定品质的产品有特殊保护作用。原产地名称是该地的生产、制造、加工者的共同财产或处于"公有领域"之中，任何人只要符合规定的工艺标准，其生产、加工的商品达到"特定品质"，在依法履行手续后均可使用。所以，原产地名称不能为某特定生产经营者作为商标取得注册或视为与其注册商标同样效力的标记而被专有或独占。但是，如果当某特定厂家在过去长期使用某一原产地名称作为其品牌在商品交换活动中产生了商标的"第二含义"时，则有可能被当做普通商标注册而受到法律保护。例如，"茅台"酒（"茅台"是我国贵州省内的地名，"茅台"酒商标于 1987 年被工商局核准注册）、"泸州"老窖、"青岛"啤酒等也都属第二含义注册商标。

第三节　品牌资产的经营保护

品牌的经营保护指品牌经营者在具体的营销活动中所采取的一系列维护品牌形象、保持品牌市场地位的活动。不同的品牌，由于所面临的内部环境和外部环境的差异，其经营者所采取的保护活动也各不相同。但是，不论采取何种经营活动对品牌进行保护，都须以下列原则为基础。

问题： 品牌资产经营保护的原则有哪些？

1. 以市场为中心，迎合消费者需求

对品牌经营者而言，以市场为中心就是以消费者为中心。因为品牌不是经营者的品牌，而是消费者的品牌。品牌的经营保护与消费者的兴趣、偏好密切相关。如果品牌的内容不随着市场上消费需求的变化而作相应的调整，品牌就会被市场无情地淘汰。例如，宝洁公司的"佳洁士"，该品牌在几年里已经换过好多次"改良新产品"标签，不断迎合消费者的兴趣爱好。

以市场为中心就要求品牌经营者建立市场动态控制系统，随时了解市场上消费者的需求变化情况，及时地对品牌进行调整，只有这样才能确保品牌在市场竞争中不会处于劣势。

2. 维持高质量的品牌形象

提高品牌的知名度时需要依靠高质量，维护品牌形象、保持品牌的市场地位时也需要高质量。在市场上消失的品牌中，有些是假冒伪劣产品，而有些则是生产企业自身存在"皇帝的女儿不愁嫁"的思想，质量下降而造成的。

维持高质量的品牌形象可以通过以下途径。

（1）评估产品目前的质量。在品牌组合中，目前被顾客认为质量低的是哪些品牌？是整个品牌还是某个方面？企业的销售人员是缺乏训练还是缺乏与产品有关的业务知识？品牌经营者如果不能确定，那么就直接询问顾客对该品牌产品的质量有什么意见。

（2）设计产品时要考虑顾客的实际需要。

（3）建立独特的质量形象。

（4）随时掌握消费者对质量要求的变化趋势。

（5）让产品便于使用。

（6）倾听顾客意见对现有产品质量进行改良，倾听专家意见以便突破。然而品牌经营者必须要小心，倾听顾客意见固然重要，但这些意见不一定能指出未来的方向。

3. 进行品牌再定位

不管一种品牌在市场上最初定位是如何适宜，到后来品牌经营者可能不得不对它重新定位。竞争者可能继该品牌之后推出新的品牌，以削减该品牌的市场占有率。此外，消费者的兴趣偏好也许已经转移，使该品牌的要求减少。因此，只有重新定位，才能保持该品牌。在做出品牌重新定位的选择时，品牌经营者必须考虑以下两个因素：

（1）将品牌转移到另一细分市场所需的费用，包括产品品质改变费、包装费和广告费等。一般来说，更新定位离原位置越远则所需费用越高。改变品牌形象的必要性越大，所需的投资也就越多。

（2）定位于新细分市场的品牌能获得多少收益。收益的大小取决于：有偏好的细分市场的消费者人数；这些消费者的平均购买率；在同一细分市场内竞争者的数量和实力以及在该细分市场内为品牌所要付出的代价。

4. 保持品牌的独特性

品牌是企业拥有的无形资产，在市场上享有较高知晓度、美誉度的品牌能给企业带来巨大的经济效益。只有在保持品牌的独立性的前提下，才能维持品牌形象，使品牌不断得以发展壮大。品牌的独立性是指品牌占有权的排他性、使用权的自主性以及转让权的合理性等方面内容。德国"双立人"与上海"张小泉"谈判时，在一个关键问题上无法达成一致。"双立人"坚持双方合资后企业只能全部使用德国的"双立人"品牌；"张小泉"则强调合资后的企业应生产两种品牌的刀剪，一种属于高档的"双立人"，另一种是符合中国大陆多数人消费水平的"泉"字牌产品。当时德国人明确表示，后一种的钱他们不赚，而要靠"双立人"赚超额利润。"张小泉"不愿放弃自己的"泉"字牌老字号，双方因此没有谈成。上海张小泉刀剪总店总经理邹宪夫认为，如果在合资中放弃"泉"字牌，就眼前而言是有利可图，但从长远来看则后患无穷，绝不可取。

第四节　品牌资产的自我保护

品牌除了注意法律保护和经营保护之外，还要注意自我保护。品牌自我保护是指品牌所有人在品牌经营中通过可控的方法维护自身的合法权益，使品牌免遭伤害的管理过程。品牌自我保护涉及保护的类型，如何进行品牌保护等内容。

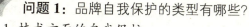

问题 1： 品牌自我保护的类型有哪些？

1. 技术方面的自我保护

品牌技术保护是指品牌所有人以技术为手段对品牌实施保护的过程。它包括保持技术领先、严格技术保密和统一技术标准等手段。

（1）保持技术领先。技术领先是企业产品名牌地位赖以确立和长久维持的先决条件。技术领先意味着在相同市价条件下，企业提供的产品比同类竞争产品具有更多的功能和更优的品质，能给消费者带来更多的价值和效用，使之产生"物有所值"乃至"物超所值"的满足感，能将广大消费者吸引在自己周围，促使他们对企业产品形成品牌偏好。技术领先还意味着企业凭借其对先进技术的创造与把握，能以最新的理念、材料、工艺与方法，不断开发出先人一着或高人一等的新产品，执掌产业发展牛耳，引领消费潮流变化，从而使竞争者只能望其项背，而不敢贸然触犯。日本索尼公司在这方面的运作是比较成功的。

(2) 严格技术保密。差异化是现代企业参与市场竞争的基本战略之一。差异化的实质就是形成企业产品独有的特色，以明显区别于竞争者提供的同类产品，从而形成某种相对垄断的局面，在激烈的竞争中赢得一席之地。产品差异可以存在于多个方面，但相当一部分企业产品与其独特的原料、配方、工艺或其他技术秘密有关。可口可乐自1886年诞生以来，因其独特的口味而逐渐风行全球。可口可乐公司现已成为世界最大的软饮料厂商，日销量达2亿多瓶，其中70%以上的营业收入来自美国本土以外的世界各地。其实，可口可乐生产工艺并不复杂，关键在其神秘配方上，可口可乐的成功很大程度上就得益于其100多年来严格的技术保密。与此相反，由于缺乏保密意识，我国一些传统产品的配方被人窃取丧失了在国际市场上的长期垄断地位（如景泰蓝）等，令人十分痛惜。

(3) 统一技术标准。在激烈的竞争中，一些拥有良好效益和品牌声誉的公司往往会突破原有企业、地域乃至国界的局限，通过购并、控股、合资、联营、承租乃至纯粹的品牌特许方式，将生产扩大至别的单位或允许他人有偿使用本企业品牌生产产品，以求获得更多的市场份额和利益。必须切记的是，质量是品牌的生命，企业在扩大生产时一定要视自己的控制能力而行，对特许单位坚持统一的技术要求，严格按母公司的质量标准组织生产，决不能因盲目追求规模而牺牲企业品牌声誉。我国北方有一家啤酒企业，20世纪80年代中期已成为全国啤酒业几大名牌之一。后因盲目在各地发展联营，而对联营厂啤酒质量又无法有效控制，致使大量贴着母公司商标但质量又达不到要求的劣质品流向市场，严重损害了母公司品牌声誉。短短几年，一个兴旺发达的企业因盲目扩大生产而陷入重重危机，往日灿若北斗的名牌商品成了无人问津的明日黄花，其间的教训极为深刻。

阅读材料

日本某首饰厂想要仿造中国的景泰蓝，始终没有成功。最后他们用重金收买了一个华侨，让他到中国去偷景泰蓝的制作工艺技术。那个华侨回到中国，以代理商的身份要求参观景泰蓝的制作过程。接待部门替他做了安排，厂方殷勤接待了这位"代理商"，让他参观了工厂，把工艺制作的全过程拍了照片。这个华侨顺利地完成了日本人交给的任务，那家日本工厂不久就制造出标上日本制造的景泰蓝在国际市场上和中国竞争。景泰蓝制作工艺的泄密，给中国造成难以估量的损失。

资料来源：百度文库. 日本人经营之道 ［J/OL］. http://wendang.baidu.com/view/5ce18903de80d4d8d15a4fb7.html, 2011-03-25.

2. 生产方面的自我保护

（1）按有效需求组织产销。 在现实生活中，由于一些商品固有的消费周期或更新周期、厂商普遍差异化经营以及消费者购买力增长有限等条件制约，企业面对的往往是一个扩张潜力有限的市场需求。在此情形下，为维持企业品牌已有的良好形象，就不宜盲目扩大产销，更不宜一味地降价竞销，片面追求一时的市场占有率。对名牌企业来说，即使在激烈竞争的市场环境中，也应保持清醒的头脑，坚持自己产品特有的品位、风格与个性。按照目标市场有效需求，有计划地安排产销量，巧妙维持供求平衡，甚至刻意营造一定程度的需求饥饿状态，保持旺盛的市场需求，避免因扩产过量而最后不得不削价竞销，导致品牌声誉受损的不良后果。英国劳斯莱斯高级轿车的名牌形象，就是通过其长期坚持的厚利限销政策实现的。

（2）审慎开展品牌延伸经营。现代社会，企业往往从专业化经营起步，经过若干年的艰苦努力，一些企业获得了成功，在行业中有了相当的地位，品牌也有了较大影响。为了谋求进一步发展，不少企业走上多元化经营的道路，有的甚至涉足与所在产业毫无关联的新行业，如卷烟厂涉足制药业，电器厂涉足建材业，制造商涉足酒店业等。出于节约新产品市场开发费用的考虑，不少企业实施所谓品牌延伸战略，将老产品的成功品牌嫁接到新进入行业的产品上。但隔行如隔山，各个行业有各个行业的特点。企业在某个行业获得成功，不等于在其他行业也必然能成功，其间风险很大，稍有不慎就有可能掉入"多元化陷阱"。盲目地开展品牌延伸，一旦新行业开发不成功，不但新行业受挫，还会殃及老产品，伤害企业来之不易的品牌形象。

IBM 曾经投资数十亿美元将品牌延伸至复印机产品，施乐为了反击同样耗费十几亿美元将品牌延伸至 PC 领域，尽管它们在各自的领域都是领导性的强势品牌，但仍旧败得七零八落。很多品牌延伸并未如预期一样实现业绩延伸，这是决策缺乏系统周密考量的结果。

3. 市场方面的自我保护

（1）恰当选择营销渠道。除了部分直销企业外，多数企业的产品都要通过一个或几个中间环节才能最后送达目标市场的顾客手中，这就有个渠道与中间商的选择问题。对名牌企业来说，渠道选择不仅关系到产品的流通效率与利益分割，而且关系到品牌声誉。如果说，人们在儿女婚配上讲究门当户对是一种陈腐观念，那么，对拥有良好品牌的企业而言，则应该计较中间商的实力、地位与声望，不能让自己的"靓女"嫁个"丑夫婿"。

一定商品只能在一定场所出售，这是现代厂商应当遵循的商业原则，特别是像服装、首饰、工艺品、化妆品、字画等讲究品位与身价的商品尤为如此。皮尔·卡丹、鳄鱼、花花公子等名牌服饰，就只在大型百货公司与厂商特许的专卖店展卖，其他商业场所是见不到的（如果有，则通常是仿冒产品）。企业如此做的目的在于维持产品的名贵形象，吸引那些欲跻身"上流社会"的男女前去购买。相反，对那些以广大消费者为对象的日用品，渠道选择则以强调商品的市场渗透力为要，尽量接近民众并方便其购买。正因此理，人们才可在包括小摊贩在内的各种营业场所见到可口可乐、娃哈哈、喜之郎、旺旺食品以及两面针牙膏、力士香皂这样的名牌产品。

（2）重视产品销售保证。在现代条件下，销售保证甚至比产品品质本身更重要。对许多商品而言，特别是那些价值较高的机器设备和耐用消费品而言，人们的购买选择往往取决于企业提供的销售保证程度。这是因为在较成熟的产业市场上，各厂商提供的产品品质并无太大区别，品牌往往是人们购买时的首选因素。销售保证首要的内容是退货自由，向买主免费或优惠提供的送货、安装、维修、培训、零配件供应等也都非常重要。名牌企业无一不是高度重视销售保证的。IBM 的品牌优势有很大程度就建立在其可靠而及时的售后服务上；海尔电器之所以能在短短十多年里成长为中国家电业的龙头老大，除了其优异的产品质量外，还在于它所提供的完美服务。海尔产品上市是以其相应服务保证为前提的，凡服务一时达不到的地方，海尔公司宁肯暂时放弃。

（3）保持价格控制权。价格也是企业品牌保护要点之一。价格不仅关系到企业利润，而且对企业品牌形象产生影响，因为一定品牌是与一定的价格水平相联系的。厂家应尽可能将价格控制权掌握在手中，保持市场价格的统一性和相对稳定，以维护产品品牌声誉。统一性指在同一区域或同一业态的商场中，产品按统一价格出售，要求商家严格执行，不允许经销商随意变价，更不能放任他们恶性降价竞争。否则，你降他也降，商家的损失是一时性的，而给生产商带来的伤害则可能是久远的。维持价格统一性，除了生产商有雄厚实力和良好的产品销路外，还在于其定价科学合理。这要求企业根据区域内各种业态合

184

理的经营费用、盈利要求并结合要货数量有差别地加以规定，而不是简单地按商家每次购买数量随机确定。目前，一些厂家实行的要求商家按指定价格销售产品，再根据其销量多少给予推销奖金或比例返还就是维护企业统一价格的有效办法。

保持价格相对稳定对维护品牌声誉也非常重要。价格随意变动，朝令夕改，不仅让商家难以适从，而且易给消费者以企业定价不严谨甚至投机取巧之嫌。企业定价要有战略眼光，应根据产品长期成本和盈利要求确定，而不是随短期因素变化作频繁调整。一般而言，企业促销也不宜直接采用变价手段，而以相机采取奖售返还、附量馈赠、增加服务或其他变通办法为好。

问题 2：品牌自我保护的方法有哪些？

对品牌进行保护，除了在上述各方面予以注意之外，还要掌握品牌自我保护的方法。综观国内外品牌保护经验，可资借鉴的方法有如下四种。

1. 积极开发和应用专业防伪技术

有些产品品牌和包装的技术含量低，使制假者仿冒极为容易，这是有些品牌的假冒伪劣产品屡禁不止的一个重要原因，所以必须采用高技术含量的防伪技术从而有效保护企业品牌。这要求企业品牌经营者们能够有清晰的认识、保持高度的警惕，综合运用多种高科技尖端技术，使一般人难以仿制。例如，娃哈哈纯净水就采用了电子印码、激光防伪、图案暗纹等多种防伪技术。事实上，世界上几乎所有的知名品牌都采用了各种防伪标志，对保护品牌本身起到了一定的积极作用。

2. 运用法律武器参与打击

多投入人力物力打假，打假要花费人力、物力、财力。此外，还可以向消费者普及品牌的商品知识，以便让消费者了解正宗品牌的产品；与消费者结成联盟，协助有关部门打假，从而组成强大的社会监督和防护体系。

3. 控制品牌机密

当今世界是信息的世界，谁掌握信息，谁就掌握了主动权。在知识经济时代，信息可能比资产更为重要。在和平年代里，经济情报已成为商业间谍猎取的主要目标，现实要求品牌经营者必须树立信息观念，保持高度警惕，保护自己品牌的秘密，防止丢失。

4. 避免互相杀戮

随着经济的发展和市场的繁荣，品牌之间的竞争日益激烈。例如，1993 年的矿泉壶大战，1997 年惊爆 VCD 大战，1999 年又有水制品大战，2001 年房地产品牌之战，竞争自然是无可避免的，但绝对要以正当竞争手段为前提，坚决避免品牌之间的互相杀戮。前些年，麦当劳快餐店曾在荷兰各地推出一系列促销广告，其中一则广告上醒目地写着"不！不！不要吃中国餐！"这一变态招数立刻引起荷兰华人社团的严重抗议，他们与法律顾问取得联系，准备诉诸法律，这一攻击行为导致麦当劳的形象和声誉都受到了严重的损害。

关键术语：品牌保护

品牌保护是指企业在品牌运营中所采取的一系列维护品牌市场竞争优势的活动，主要包括品牌的法律保护、品牌的自我保护、品牌的经营保护等。

考试链接

考试大纲要求考生要掌握品牌保护的定义、背景、意义、基本机制及品牌资产的法律保护、经营保护和自我保护，对这部分内容考生要加强学习和理解，并结合实例思考和运用。

案例分析

侵犯"十佳"商标权案
案 情

一、原审审理查明

"十佳"注册商标专用权原为中国体育服务公司（简称体服公司）所有，该公司口头允诺十佳厂无偿使用"十佳"注册商标。1992年8月30日，"十佳"商标注册人变更为体旅公司。十佳厂未与体旅公司达成注册商标使用许可协议，自1992年9月至1994年10月仍使用"十佳"注册商标。此间"十佳"与"奥星"牌运动衣营业额共计1200万元，利润率在10%以上，但是无法确定两种商标运动衣各自的销售金额。

一审法院据此认为：十佳厂明知"十佳"商标注册人由体服公司变更为体旅公司，未经体旅公司许可继续使用"十佳"注册商标，构成对"十佳"商标专用权的侵犯，应当承担相应的民事责任。鉴于十佳厂未能明确其自1992年9月以来销售"十佳"牌运动衣的销售金额且未能对此举证的情况，参照服装行业正常经营的利润率，赔偿体旅公司遭受不法侵犯造成的信誉损失和其他经济损失20万元；驳回十佳厂的诉讼请求。

十佳厂不服，向二审法院提出上诉称：十佳厂从体服公司购进"十佳"商标，是体服公司允许使用的，"十佳"商标转让前后，体服公司及体旅公司均未与十佳厂协商购入的"十佳"商标标识如何处理的问题，由此，十佳厂继续使用已购入的"十佳"商标标识不构成侵权;一审法院未查清"十佳"运动衣的销售量即判决赔偿体旅公司 20 万元不妥。请求二审法院予以改判。体旅公司服从原审判决。

二审法院终审审理查明:"十佳"注册商标专用权原为体服公司所有,该公司曾与十佳厂(更名前为顺义县马坡运动衣厂)达成口头协议,允许十佳厂使用"十佳"注册商标。自 1987 年 3 月至 1991 年 8 月十佳厂从体服公司购买"十佳"胸标、领标、袖标等"十佳"商标标识,用于生产"十佳"牌运动衣。1992 年 8 月 30 日,"十佳"商标注册人变更为体旅公司。1992 年 8 月 28 日至 30 日,体旅公司召开"十佳"企业集团预备会。体旅公司在会上向到会人员分发了《"十佳"运动系列用品企业集团章程》,以及体旅公司加盖了公章的商标使用许可合同和空白的商标使用许可合同备案表,要求与会人员自愿签订。十佳厂厂长张玉如参加了这次会议,但未与体旅公司签订商标使用许可合同。此后,体旅公司与十佳厂未再就"十佳"注册商标使用问题进行过协商。1994 年 8 月 4 日,体旅公司在《北京日报》发现一篇报道十佳厂生产十佳运动衣的文章。1994 年 8 月 17 日和 26 日,体旅公司又从十佳厂门市部购买到"十佳"牌运动衣。据此,体旅公司向法院起诉。一审法院在审理期间曾主持当事人双方对十佳厂财务账目进行核对。查出 1992 年 9 月至 1994 年 10 月十佳厂销售"十佳"牌运动衣和该厂与 1991 年 1 月 30 日注册商标为"奥星"的运动衣的销售金额总计达 1200 余万元,但无法确定"十佳"牌和"奥星"牌运动衣各自的销售金额。

二审法院另查明:十佳厂从体服公司购买的"十佳"商标标识的发票上均加盖了中国体育服务公司运动用品公司(以下简称体服运动用品公司)的财务专用章。体服运动用品公司系体服公司的下属公司,该公司为体服公司贸易部的对外名称。体服公司贸易部一直代表体服公司与十佳厂履行口头商标使用许可合同。因此,十佳厂向体服公司购买"十佳"商标时,均在发票上加盖了体服运动用品公司财务专用章。

二、原审判理和结果

二审法院认为:体旅公司从体服公司处受让"十佳"注册商标,符合法律规定,体旅公司取得了"十佳"注册商标的专用权。体服公司与十佳厂达成的口头商标许可使用协议,虽不符合法律规定的商标许可使用合同的形式要件,但双方一直按约履行,在事实上已经形成了商标许可使用关系。十佳厂事实上取得了"十佳"注册商标的使用权。体服公司在向体旅公司转让"十佳"注册商标前未就转让后的商标使用问题与十佳厂协商。体旅公司在受让"十佳"注册商标时明知十佳厂与体服公司之间存在"十佳"注册商标的使用关系,亦未与体服公司和十佳厂就转让后的"十佳"商标使用问题及商标标识的处理进行协商。因此，体旅公司对造成自己受让"十佳"注册商标后，十佳厂仍使用从体服公司购买的"十佳"商标标识生产十佳牌运动衣的做法负有一定责任。十佳厂在此期间使用"十佳"商标标识生产十佳牌运动衣，不宜视为对体旅公司"十佳"注册商标专用权的侵犯。但是十佳厂今后继续使用"十佳"注册商标，应与体旅公司签订商标许可使用合同，否则会对体旅公司的商标专用权造成一定的损害，所以十佳厂应停止对"十佳"注册商标的使用。综上，一审法院认定事实和适用法律均有错误。依据《中华人民共和国民事诉讼法》第一百五十三条第一款第（二）项、第（三）项的规定判决：①撤销一审判决；②北京市十佳运动衣厂停止使用"十佳"注册商标；③驳回中国国际体育旅游公司的其他诉讼请求。一审诉讼费 5510 元，由北京市十佳运动衣厂分担，二审诉讼费 5510 元，由中国国际体育旅游公司分担。

三、申请再审理由和结果

申请再审人体旅公司不服二审判决，向最高人民法院申请再审称：体旅公司在受让"十佳"注册商标后，明确要求与使用商标的厂家签订商标使用许可合同，而十佳厂明知此事却未做任何表示。因此，双方就"十佳"商标许可使用的合同关系并未成立，依据商标法第三十八条第一款第（一）项的规定，十佳厂的行为应构成商标侵权。二审判决认为十佳厂行为"不宜视为"侵权，没有法律依据。

最高人民法院经审查，以法知（1997）30 号函请北京市高级人民法院对此案进行复查。

资料来源：苏勇，陈小平.品牌通鉴［M］.上海：上海人民出版社，2003.

问题讨论：

1. 二审法院对案件的认定和处理是否合理？

2. 二审法院认为体旅公司对十佳厂继续使用"十佳"商标负有一定责任是否符合事实和法律？

3. 你认为二审法院在适用法律上是否适当，请谈谈理由。

本章小结

本章论述了品牌资产的保护。品牌经营一旦成功，其品牌资产就会水涨船高，对其进行侵犯的可能性也大大增加。本章较全面地介绍了品牌资产保护的含义、类型、内容和方法。品牌保护是指企业在品牌运营中所采取的一系列维护品牌市场竞争优势的活动。它包括巩固提高品牌的竞争力与市场影响；延长其市场寿命；维持品牌与消费者的长期忠诚关系，树立良好的品牌形象；促进品牌资产不断增值。品牌保护应包含三个方面的内容：品牌的法律保护、品牌的自我保护、品牌的经营保护。品牌的法律保护是指从法律制度上对品牌所有人、合法使用者的品牌实行资格保护措施，以防范来自各方面的侵害和侵权行为。要成功地对品牌进行法律保护就要及时获得商标权、对驰名商标进行保护等。

品牌的经营保护，是指品牌经营者在具体的营销活动中所采取的一系列维护品牌形象、保持品牌市场地位的活动。在经营活动中对品牌资产进行保护，要做到以市场为中心，迎合消费者需求，维持高质量的品牌形象，同时在适当的时候要对品牌进行再定位。

品牌除了注意法律保护和经营保护之外，还要注意自我保护。品牌自我保护涉及保护的类型，以及如何进行品牌保护等内容。品牌自我保护是全方位的，即要在技术、生产和市场三个方面进行自我保护。

品牌自我保护的方法有专业防伪技术保护、运用法律武器进行保护以及在经营中控制品牌机密等。

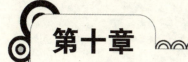

第十章

品牌管理的其他议题

学习目标
★★★★

知识要求 通过本章的学习，掌握：

● 品牌设计的概念和基本方法
● 品牌传播的概念和类型
● 品牌管理战略的概念和类型
● 品牌危机管理的概念和意识
● 品牌资产评估的概念和评估指标

技能要求 通过本章的学习，能够：

● 进行简单的品牌名称设计
● 为品牌传播选择媒介
● 分析品牌延伸的利与弊
● 具有危机防范意识
● 了解不同品牌资产评估模型及其指标

学习指导
★★★★

1. 本章内容包括：品牌设计、品牌传播、品牌战略、品牌危机、品牌资产的管理与评估等理论。本章将简要介绍这些内容，其完整内容将在各门课程的学习中加以系统阐述和介绍。

2. 学习方法：通过小组讨论和互动提问等方式让学生初步掌握品牌设计、品牌传播、品牌战略、品牌危机、品牌资产的管理与评估等概念和内容。

3. 建议学时：5~6 学时。

 引导案例

新东方：教育产业化的先行者

2006 年 9 月 7 日，新东方在美国纽约证券交易所挂牌上市，这也是中国教育培训业在美国上市的第一家公司。当日新东方股价上涨了 47%，大大超过了此前的预期价格，首次公开募股即成功融得 1.125 亿美元。

1993 年诞生的新东方学校是中国"教育产业化"大潮的先行者，前期主要从事出国英语培训。新东方以开发学生兴趣、轻松教学为主要特点的授课方式在国内教育培训界独树一帜，不仅受到学生的欢迎，也逐渐形成新东方的文化内涵。随着新东方知名度的提升，这一内涵也通过人际传播、宣讲会等组织传播而广为人知，在不知不觉中将新东方品牌推向整个中国教育领域，乃至整个社会公众的视野之中。

新东方依靠出国考试培训树立了品牌，并逐步开始向英语培训的其他方向延伸，如少儿英语培训、成人英语培训和精英商务英语培训等。目前，新东方在全国拥有 32 所学校和 115 个教育中心，成立以来的 13 年里，在新东方注册学习的学生已经接近 400 万人。据说，中国在海外的留学生每 10 位中就有 8 位在新东方接受过英语出国考试培训。

资料来源：丁桂兰.品牌管理 [M].武汉：华中科技大学出版社，2008：231-232.

➡ 问题：

1. 分析新东方品牌的目标市场。
2. 新东方品牌的延伸对其品牌发展影响如何？

192

第一节　品牌设计

学习品牌设计要了解它所包含的内容，要理解和掌握各种设计分类及应用的相应原则，从而灵活地运用于营销活动实践中。品牌设计分品牌名称设计、品牌标志设计和品牌理念设计。

问题 1：品牌名称的含义是什么？

品牌名称是品牌的核心要素，是形成品牌概念的基础，它是指品牌中能够

读出声音的部分，它有可能是企业名称，也有可能是商标名称。

1. 品牌名称分类

（1）明喻式、隐喻式、空瓶式品牌名称。品牌名称多种多样，比如麦当劳是人物名字，IBM是品牌名称的缩写，999是数字等，但仍可以按不同的标准对它们进行分类。根据名称本身的含义可将其划分为明喻式、隐喻式和空瓶式。

（2）商标式品牌名称。根据名称的内容不同，可将其分为商标式名称、数字式名称、人物式名称、动物式名称、植物式名称、时间式名称和地名式名称。

进一步细分，品牌设计者根据产品的生产地不同，还可以将品牌名称划分为国产式名称和外国语式名称。

2. 品牌名称设计的原则

品牌名称的设计原则实际上是指企业经营者在为企业的品牌命名时应遵循的原则。一般来讲，首先应遵循易读、易记原则。品牌名称只有易读、易记，才能高效地发挥它的识别功能和传播功能。这就要求企业经营者在为品牌命名时，应该做到：简洁明快；个性独特；新颖别致；读音响亮；高雅超众；启发联想的原则；和标志物一致；适应地域文化以及受法律保护，即品牌名称一定要能够注册，受到法律的保护。

问题2：品牌标志物设计有哪些原则？

品牌标志物是指品牌标志中可以被识别，但不能用语言表达的部分，即品牌标志的图形记号。如可口可乐的红色圆柱曲线、奔驰汽车的三叉星环、麦当劳的黄色"M"等。

1. 品牌标志物的作用

品牌标志物中的有关信息会引发消费者的联想，特别是那些有关产品属性的标志物最容易引起消费者的联想。

风格独特的标志能够刺激消费者产生幻想，使消费者产生好感，并在某种意义上可以转化为积极的企业联想，这将有利于企业经营者开展营销活动。

风格独特的品牌标志物是帮助消费者记忆的利器。一般来讲，风格独特的品牌标志物会很快地被找出来，并能长久地存在于消费者的记忆中。

2. 标志物设计的原则

标志物设计应遵循原则如下：

（1）应遵循简洁鲜明原则。品牌标志物不仅是消费者辨认企业的方法，也是提高企业知名度的一种手段。品牌标志物在设计上其图案与名称应简洁醒目、新颖，使标志具有独特的面貌和出奇制胜的视觉效果，易于捕捉消费者的视觉，以引起注意，产生强烈的感染力。

（2）标志物设计的独特新颖原则。品牌标志物是用来表达企业或产品的独特个性，又要让消费者识别出独特的品质、风格和经营理念的。因此，在设计上必须别出心裁、富有特色、个性显著，使消费者看后能留下耳目一新的感觉。

（3）标志物设计的准确相符原则。准确相符是指品牌标志物的寓意要准确，品牌标志名称与标志要相符。

（4）标志物设计的优美精致原则。优美精致原则是指品牌标志物造型要符合美学原理，要注意造型的均衡性，使图形给人一种整体优美、强势的感觉，保持视觉上的均衡。并且，在线、形、大小等方面做造型处理，使图形能兼具动感及静态美。

（5）标志物设计的稳定适时原则。品牌标志物要为消费者熟知和信任，就必须长期使用，长期宣传，在消费者的心目中扎下根。但也要不断改进，以适应市场环境变化的需要。

阅读材料

苹果公司 LOGO 的意义

Regis McKenna 公关公司的艺术总监 Rob Janoff 在设计苹果公司的 LOGO 时，开始制作了一个苹果的黑白剪影，但是总感觉缺了些什么。"我想简化苹果的形状，并且在一侧被咬了一口（taking a bite）——a byte（一个字节），对吧，以防苹果看起来像一个西红柿。"Janoff 解释道。然后，Janoff 增加了六条彩色的、水平色条，原始设计有黑色的细线分开不同的颜色条，可以减小印刷时的压印问题，但是 Jobs 没有同意这个建议。这样就完成了我们今天所熟知的彩色苹果 LOGO。

每一个见到苹果 LOGO 的人都会禁不住问：为什么苹果被咬了一口？这或许正是当初设计苹果 LOGO 的人恰恰所希望达到的效果。

（1）鲜艳的色彩，给人以活力和朝气。

（2）咬掉的缺口唤起人们的好奇、疑问；想知道苹果的滋味就要亲口尝一尝，对吗？

（3）英文的咬字（bite）与计算机的基本运算单位字节（byte）同音。

2003 年，苹果进行了标识更换，将原有的彩色苹果换成了一个半透明的、泛着金属光泽的银灰色 LOGO。新的标识显得更为立体、时尚和酷，更符合苹果旗下的两个具有重要影响力的产品 iTunes 和 iPod 年轻一代消费者的审美和创新的感觉。

资料来源：苹果公司 LOGO 的意义 ［EB/OL］. http://zhidao.baidu.com/question/141265430.Html, 2011-1-21.

活动：

分析能让消费者记忆深刻的品牌标志物的特点。

问题 3： 品牌理念设计的内容有哪些？

一个相对完善的品牌理念设计系统，包括以下六方面内容，它们是品牌宗旨、品牌使命、品牌价值观、品牌目标、品牌口号、品牌精神。

（1）品牌宗旨是指品牌的主要目的、意图和存在意义。

（2）品牌使命是指品牌肩负的重大责任，制定品牌使命就是明确这种历史赋予的职责。

（3）品牌价值观是在一个经营性组织内部形成的、具有一致性的价值体系，它反映团队成员对自身以及无形财富、有形财富的看法、观点和信仰。

（4）品牌目标可分为长期、中期、短期三种，这里主要讲品牌长期目标的设计。

（5）品牌口号可分为企业口号、产品口号两大类，它们是品牌表达经营思想的形式。

（6）品牌精神的内涵是品牌文化的重要组成部分，它可以是决策者对事物的认识，也可能是在企业长期发展过程中，全体员工自觉实践而形成的，表现内容可以是具有代表性的任务、事件、信念、思想等。

 考试链接

1. 品牌理念设计应遵循哪些原则？
2. 品牌理念设计包含哪些内容？

第二节　品牌传播

品牌传播是创建和发展强势品牌过程中必要的武器和有效手段，是一项复杂而艰巨的工程。它既是建立消费者品牌认知度、忠诚度的重要方式，又是提高品牌知名度、美誉度的有效途径。

所谓品牌传播，就是指品牌所有者找到自己满足消费者的优势价值所在，用恰当的方式持续地与消费者交流，促进消费者的理解、认可和信任，产生再次购买的愿望，并不断维护对该品牌的好感的过程。

品牌传播涉及品牌传播的各种形式，如广告传播、公关传播、销售促进传播、整合营销传播四个方面的相关知识。在充分了解品牌传播的方式、方法之后，学生应该尝试进行品牌传播的整合，以便传递清晰一致的品牌定位，提升品牌价值。

问题 1： 品牌广告传播的含义是什么？

品牌的广告传播是指品牌所有者以付费方式，委托广告经营部门通过传播媒介，以策划为主体，创意为中心，对目标受众所进行的以品牌名称、品牌标志、品牌定位、品牌个性等为主要内容的宣传活动。广告具有电视广告、杂志广告、报纸广告、广播广告、户外广告、互联网广告等主要形式，还有其他广告形式如黄页广告、火车厢内广告等。

问题 2： 品牌公关传播的方法有哪些？

在当代社会，公共关系已被广泛地应用于众多的领域和各种各样的场合，公共关系已无处不在。公共关系已经变成了一个强有力的传播管理工具。在全球化的竞争环境中，公共关系对企业品牌的传播管理作用已日益显现，并发挥着越来越重要的作用。

公共关系这一传播手段在品牌传播上的价值主要体现在能有效地提高品牌的知名度，有助于树立良好的品牌形象，能有效地处理品牌危机等方面。

品牌公共关系传播的手段主要有活动赞助、举办公益服务活动、根据热点事件做宣传等。

从品牌传播的角度来看，我国企业公共关系操作中存在一定的误区：在企业策划的公关活动中，品牌传播不够突出，而有关企业家的风采往往要盖过品牌形象。一些企业领导人很少从品牌创建的角度来考虑品牌的公共关系传播活动。事实上，即使是对企业或企业家的宣传，其主要目的，也还是为了支持品牌形象。因此，公共关系活动应将公众的注意力集中到品牌身上。

品牌公关传播要遵循以诚取信的原则与公众利益与企业利益相协调的原则。品牌要在公众心目中树立良好的形象，关键在于诚实。企业的生存发展不能离开社会的支持，因此，企业应为社会公众提供优质产品，在公共关系活动中将公众利益与企业利益结合起来。

问题 3: 品牌销售促进传播的内容有哪些?

销售促进也称营业推广和销售推广,是指除广告、人员推销和公共关系与宣传之外,企业在特定目标市场上,为迅速起到刺激需求作用而采取的促销措施的总称。

品牌销售促进的迅猛发展,是由各种原因共同作用的结果,归纳起来可以分为内因和外因两种类型。内因有:销售促进是一个有效的工具,且基本被企业高层管理人员所接受;更多品牌自身具备使用销售促进工具的条件;销售人员和经理们受到要他们增加销售额的压力。外因有:品牌数量的增加,竞争对手频繁使用销售促进工具;一些同类产品处在相类似的状态;由于经济的"疲软"和消费者的成熟,消费者更加看重购买中的优惠;广告传播效果相对下降等。

销售促进方法可以分为三大类:第一类是面对消费者的,有赠送样品、有奖销售等;第二类是面对中间商的,有销售折扣、广告津贴等;第三类是面对销售人员的,有销售竞赛等。

销售促进的特征表现在:

(1)销售促进是一个短期的行为。一般一个销售促进活动的持续时间不长,销售促进活动一结束,活动中提供的一切优惠都被取消。

(2)销售促进的对象是包括中间商和消费者在内的所有顾客。

(3)销售促进是行动聚焦的营销事件。

(4)销售促进的最终目的是刺激顾客迅速和较多地购买某一特定的产品或服务,从而实现销售量的增加。

品牌销售促进传播的指导原则在于关注长期的品牌资产、综合考虑,协调全局,确定适度的降价促销,维护企业诚信的良好形象。

总而言之,对于企业来说,一切从消费者需求出发,一切从企业的长期利益出发,是合理运用销售促进手段,维护长期品牌资产,增强企业竞争力的基础。

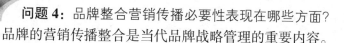

问题 4: 品牌整合营销传播必要性表现在哪些方面?

品牌的营销传播整合是当代品牌战略管理的重要内容。

美国广告公司协会将整合营销传播定义为,"一种营销传播计划的概念,要求充分认识用来制定综合计划所使用的各种带来附加价值的传播手段——如广告、销售促进、直接营销、公共关系和人员推销——并将之结合,提供具有良好清晰度、连贯性的信息,使传播影响力最大化。"

1. 整合营销传播的必要性

整合营销传播被称为 20 世纪 90 年代市场营销的重要发展，是企业对环境变化的适应。

（1）市场竞争的变化。早期的市场，是"供不应求"的状态，现在产品逐步丰富，产品的种类增多，每类产品的品牌增多，市场竞争加剧。面对众多品牌的激烈竞争，企业若想立于不败之地，企业就必须深入了解消费者，重视品牌和产品传播。

（2）营销方式的变化。企业从大众营销向分众营销发展。人们已不再喜欢大众化产品，更喜欢个性化产品，大众化营销也变为分众营销，企业需要更深入细分消费群体，为特定的目标消费群生产更具个性化的产品。

（3）媒体环境的变化。随着卫星电视、有线电视和报纸杂志业的发展，我们进入了前所未有的资讯爆炸时代。传媒业为适应市场竞争，电视、广播、杂志、报纸等媒体更加细分以吸引更加挑剔的受众，针对不同年龄、性别、爱好的受众发展不同的媒体节目、媒体种类。媒体种类增多、效果稀释、受众细分的变化趋势，使企业的营销传播也相应需要变化。

（4）消费者的变化。消费者的生活方式正在不断变化。如遥控器发明以后，消费者在看电视时有了更多自主权，消费者频繁转换频道，淘汰了许多广告。企业会发现广告需要跟随消费者的生活方式逐步变化，才能被消费者所接触。

（5）科学技术的发展。电脑的普及和通信技术的提高，加速了资讯的分析和运用。同时科学技术的发展，新的媒体不断涌现，同时带来传播技术更新。这使营销者需要不断去发现新的媒体，重新认识旧的媒体。科学技术的发展，为营销传播的多样化发展提供了可能性。

市场竞争激烈、企业营销方式变化、媒体环境变化、消费者变化、科学技术发展，使企业的营销传播也要相应变革，适应变化的需要。

营销者不应再仅仅使用产品促销的概念，而应将产品的促销转化为企业与消费者的沟通，需要将对广告的依赖转化为各种传播技术的整合。需要更深入地了解消费者，向他们传播他们感兴趣的东西，并且知道消费者是如何反应的，使企业与消费者的沟通更富成效和效率。

2. 品牌的整合营销传播的内容

（1）对品牌信息进行整合。品牌信息的整合是指为品牌提炼出一个核心价值观。这个核心价值是品牌的终极追求，是一个品牌营销传播的中心。向消费者传达核心价值或提示消费者联想到品牌核心价值的作用，这个核心价值才会在消费者头脑中烙下深深的烙印，并成为品牌对消费者最有感染力的内涵。

（2）对传播方式的整合。传播方式的整合是指通过充分认识广告、直接营销、销售促进、公共关系、包装等各种能传递信息及带来附加价值的传播手段，并将其结合，提供具有良好清晰度、连贯性的信息，使传播影响力最大化。只有通过传播方式的整合，一个品牌的鲜活形象才能够展现在大家面前。

在整合营销传播过程中，企业要不折不扣地在每次活动中都体现和演绎品牌的核心价值，这样才能使消费者任何一次与品牌的接触都能够感受到核心价值的信息，这样才能加深消费者大脑中对品牌核心价值的记忆与认同，为品牌资产管理做加法。

活动：
讨论品牌整合营销传播必要性。

第三节　品牌战略

品牌管理要以战略为指导，才能保证品牌管理沿着正确的方向发展。品牌管理的战略主要有品牌组合战略和品牌延伸战略。

问题 1： 品牌组合战略有哪些类型？

品牌组合战略分别是单一品牌战略、多品牌战略、主副品牌战略、联合品牌战略和自有品牌战略。在营销实践中这些战略的不同组合影响企业品牌战略的效率、品牌的竞争优势以及品牌资产的量能。由于有关这些战略的详细内容将在专门的课程中进行系统的学习和讨论，本书在此只是对这些概念一一作简单介绍。[1]

1. 单一品牌战略

单一品牌战略就是企业所生产的所有产品都使用同一个品牌。[2] 这种品牌战略有利于形成强大的宣传声势，降低广告费用，如果某种有良好声誉的品牌，可带动该种品牌的新产品迅速打开市场。

2. 多品牌战略

多品牌战略是指一个企业同时经营两种或两种以上互相独立、没有联系的

① 丁桂兰. 品牌管理 ［M］. 武汉：华中科技大学出版社，2008.
② 曾朝晖. 中国式品牌——管理篇 ［M］. 北京：东方出版社，2005：21.

品牌。企业通过市场细分和市场定位，赋予不同细分市场的产品以不同的品牌，规范有序地参与市场竞争的品牌经营。

3. 主副品牌战略

主副品牌战略是介于"一牌多品"和"一牌一品"之间的中间选择，既可以有效避免品牌延伸陷阱，又可以节约宣传费用。采用主副品牌战略的具体做法是以一个主品牌涵盖企业的系列产品，同时给各产品打一个副品牌，以副品牌来突出不同产品的个性形象。

4. 联合品牌战略

品牌联合也叫双重品牌、多重品牌、跨系统特许经营，甚至品牌联盟。品牌联合战略涉及两个或两个以上的特许人，它们把品牌联合起来以创造更好的产品或服务，或者从事有效的战略性或战术性活动。其他公司或实体可能拥有自己公司缺乏的能力或资产，通过联合双方的力量，就能够产生新的产品或者资产，而通过其他方式则无法在短期内做到。

5. 自有品牌战略

自有品牌战略是指零售企业通过收集、整理、分析消费者对某类商品的需求特性的信息，提出对产品功能、价格、造型等方面的开发设计要求，进一步选择合适的生产企业进行生产，最终由零售商使用自己的商标对新产品注册并在本企业内销售的策略。零售商自有品牌（Retailer Private Brand）是为零售商所拥有、控制和销售的品牌。

阅读材料

从屈臣氏看零售业自有品牌的发展

屈臣氏全称是屈臣氏个人护理用品商店（以下简称屈臣氏），屈臣氏不仅是现阶段亚洲地区最具规模的个人护理用品连锁店，也是目前全球最大的保健及美容产品零售商和香水及化妆品零售商之一。屈臣氏在"个人立体养护和护理用品"领域，不仅聚集了众多世界顶级品牌，而且还自己开发生产了700余种自有品牌产品。屈臣氏目前在亚洲以及欧洲的36个市场、1800个城市共拥有18个零售品牌，超过7300间零售店铺，每星期在为全球超过2500万人提供着个人护理用品服务。

1989年4月，屈臣氏在北京开设内地第一家店。此后的18年，屈臣氏一直秉承着其"健康"、"美态"、"欢乐"的经营理念，致力研究并满足消费者的需求。"最幸福的消费者造就最好的零售商家"，这是屈臣氏作为零售商的成功信条。根据屈臣氏的发展计划，在过去的三年当中屈臣氏在中国大陆着重于巩固原有的市场地位，在已进入的 28 个城市进行了快速扩张，在积极扩张重点区域北京、上海和广东地区的店铺数量指标之外，更加快了中西部地区的店铺开发时间表。与此同时，屈臣氏中国公司的自有品牌品种也由原来的 500 多种激增到 1000 多种。

资料来源：从屈臣氏看零售业自有品牌的发展 ［EB/OL］. http://zhidao.baidu.com/question/133436177.html，2011-1-23.

问题 2：品牌延伸有哪些利益和风险？

1. 品牌延伸的定义

品牌延伸是指借助原有的已建立的品牌地位，将原有品牌转移使用于新进入市场的其他产品或服务（包括同类的和异类的），以达到以更少的营销成本占领更大市场份额的目的。

品牌延伸从广义上可分为两类：一是指产品线延伸（Line Extension），即利用母品牌在同一产品线下推出新的产品项目，具有不同的成分、不同的口味、不同的形式和尺寸、不同的使用方式；二是指产品种类延伸（Category Extension），即利用母品牌推出属于不同种类的新产品。

2. 品牌延伸的利益

品牌延伸可以为企业带来许多利益，如可以使具有名牌产品的企业最大限度利用品牌优势；可以在竞争危机时刻挽救或激活主品牌；可以提升品牌内涵，为品牌的提炼奠定基础；可以用此战略捍卫主品牌；品牌延伸可以使企业产品占领更多的细分市场；可以防止顾客流失；可以快速启动市场，把握市场机会；利用品牌延伸就可有效降低营销成本。

3. 品牌延伸的风险

品牌延伸虽能给企业带来诸多好处，在有的企业看来短期内甚至全部是好处。不过品牌延伸自提出和实践以来一直是褒贬各有。事情总有它的两面性，品牌延伸也有其自身的特定的风险。[1]

品牌延伸不当有可能损害原有品牌的高品质形象；淡化主品牌原有的内涵；有时品牌延伸会使消费者造成心理冲突；延伸新品可能蚕食原品牌产品的市场份额；也有可能造成跷跷板效应，即发生新品销量上去了，原品牌产品的市场份额却被竞争对手占领了，就像跷跷板一样，一边跷起，一边就落下。

---

[1] 曾朝晖. 中国式品牌——管理篇 ［M］. 北京：东方出版社，2005：21.

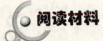

阅读材料

品牌延伸策略

一个品牌在进行垂直延伸时若能成功地横跨从低价市场、主流市场，到高档市场等各类市场，这种品牌就属于强势品牌。

索尼就是这样的一个品牌。这些年来，索尼品牌在几类产品中自由地横跨不同的档次价位。例如，索尼随身听的价格范围能从25美元一直到500多美元，但没有使消费者迷惑而损害这一品牌。然而，索尼的战略是否明智，却是值得讨论的。当然，你可以争辩说，索尼品牌在知名度和影响力上的获益，弥补了它向低一级市场扩张所带来的一切负面影响。但是，我们永远无法知道，如果索尼公司保护了它的品牌，索尼品牌会比现在要好多少。还有一点值得注意，即使是索尼这一品牌，也没有把它的名字加到索尼公司所有的品牌前面。当索尼公司收购了路维斯连锁影院时，公司最初把它的名字加在影院上。当公司意识到，大多数路维斯影院都很陈旧，而且无法使观众获得与索尼这个名字相称的影院感受时，公司很快把索尼的名字撤了下来，重新换上路维斯的名字，只有几个较新的、拥有IMAX音响效果，并能强化"索尼"品牌所代表的大部分东西的影院除外。

资料来源：赵一鹤.品牌延伸策略〔EB/OL〕. http://www.yewuyuan.com/article/200307/200307220016. shtml，2003-07-22.

活动：

分析索尼品牌成功进行延伸的原因。

第四节　品牌危机管理

对于竞争中的品牌来说，危机就像死亡和纳税一样不可避免。尽管危机发生的时间和环境不同，但任何危机的出现往往都具有突发性、破坏性、欲望性、聚众性和持久性。然而长期以来，人们对品牌危机管理没能够引起应有的重视和研究，我国国内品牌也普遍缺乏危机管理经验，"成功时得意忘形，危机发生时手足无措"是其真实的写照。

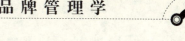

问题1： 品牌危机管理的含义是什么？

1. 危机的定义

在了解品牌危机管理之前，我们需要了解危机的概念。

西方学者们对危机进行过有益的探讨，并提出了许多有意义的定义。如罗森塔尔（Rosenthal）、赫尔曼（Charles F. Hermann）、福斯特（John Bellamy Foster）、巴顿（Laurence Barton）、班克斯（Fern Banks）、里宾杰（Otto Lerbinger）、斯格（Seeger）等人。

本书作者认为，危机是一种状态，它往往是由特定事件引发的，其表现形式也主要是威胁性事件，人们总是能在危机中清理出一条或几条事件线索。因此，将危机定义为在本质上是一种威胁性的形势、情境或者状态。

将危机定义为一种状态能更准确地反映危机的本质，有利于人们加深对危机的认识和理解；它明确了危机管理的方向——异化生存状态向正常生存状态的转换；拓展了危机管理的范畴——不单纯是突发事件的处理。更重要的是，状态而非事件的危机观念，有利于组织树立危机意识，建立危机应对机制，形成战略性的危机发展观。

2. 品牌危机管理的定义

品牌危机管理是指在品牌生命周期中，采取恰当的管理活动，以尽可能地避免导致品牌价值损失事件的发生，以及在发生品牌危机后尽可能降低品牌价值的损失。鉴于品牌危机管理将在本专业核心课程中系统学习，这里就不再赘述。

问题2： 如何防范品牌危机？

品牌危机的防范是品牌危机管理的首要任务。所谓"防患于未然"，危机管理的功夫，首先在于预防。若无有效快速的危机防范和预警系统，一旦危机发生，企业只能仓促上阵，被动应付。因此，企业一定要做好危机防范工作。

1. 以良好的品牌形象，提高消费者的忠诚度

树立良好的品牌形象，培育与提高消费者对品牌的忠诚度，是企业能够成功渡过品牌危机的一个重要的先决条件。在树立良好的品牌形象与提高消费者对品牌的忠诚度方面有许多方法可供企业选择：从生产好的产品、制订常客奖励计划到赞助有价值的活动、致力于公共慈善事业等。

2. 做好品牌的保护工作

品牌保护，首先要培养消费者的品牌忠诚。先入为主的观念和思维惯性对人们的行为影响很大，一旦消费者对某品牌产生忠诚，一些风吹草动都很难对

第十章 品牌管理的其他议题

203

其产生影响。除此之外，还要采取一些保护措施，如法律保护、生产保护、技术保护等。

3. 注重品牌的创新与品牌开发

当品牌缺乏创新而逐步老化时，企业也会因不能很好地满足消费者变化的需求而引发品牌危机。通过不断创新延长品牌的寿命，重振品牌，使品牌价值得到保值和增值，能更好地回避品牌老化带来的品牌危机。

4. 唤起"全员危机意识"，加强全员危机训练

在激烈的市场竞争中，一个企业如果在经营红火时缺乏忧患意识，在顺境时无身陷逆境的准备，那就意味着困难和危机即将出现。因此，企业的决策者和全体员工要树立危机意识，进行品牌危机管理教育。

5. 建立有效的品牌危机预警系统

危机预防着眼于未雨绸缪、策划应变，建立危机预警系统，及时捕捉企业危机征兆，并为各种危机提供切实有力的应对措施。

问题 3： 如何处理品牌危机？

当品牌遭遇危机时，企业应迅速做出反应。一般采取的处理措施如下：

1. 迅速组成处理危机的应变总部

在危机爆发后，最重要的是应该冷静地辨别危机的性质，有计划、有组织地应对危机，因此，迅速成立危机处理的应变总部，担负起协调和指挥工作就是十分必要的。

2. 迅速启动"产品召回"制度

由于产品质量问题所造成的危机是最常见的危机，一旦出现这类危机，企业要迅速启动产品召回制度，不惜一切代价收回所有在市场上的不合格产品，并利用大众媒体告知社会公众如何退回这些产品的方法。

3. 进行积极的、真诚的内外部沟通

面对各种突发性的品牌危机，企业要处变不惊，沉着冷静，正确把握危机事态的发展，有条不紊地开展危机公关工作，这样才能处理好内部公众关系，避免人心涣散、自顾不暇、各奔前程的局面。

设立 24 小时开通的危机处理信息中心，接受媒体和公众的访问。与消费者和其他外部公众保持良好的沟通。

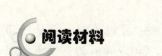

阅读材料

2008年4月7日，东航就云南分公司集体返航一事表示，从3月31日到4月1日的21个返航航班中，有部分航班并非当时机组所反映的因"天气原因"返航，而存在明显的人为因素。这也是东航首次承认有明显人为因素，先前东航否认有人为因素。中国民用航空局新闻发言人接受记者采访时表示，根据初步调查，3月31日东方航空云南分公司执飞的云南省内机场的气象条件总体上是适航的，可以初步认定，确有机组涉嫌人为原因返航。民航局已要求东航对涉嫌人为原因返航的相关机组暂停飞行，接受进一步调查，并视情追究相关领导的管理责任。

资料来源：危机公关处理的得失 [EB/OL]. http://zhidao.baidu.com/question/79615350.html，2009–01–10.

活动：

分析东方航空公司在其云南分公司集体返航事件中危机公关处理的得失。

205

第五节　品牌资产评估

品牌是一个企业的灵魂，它是企业所有的有形要素、无形要素和企业行为等在社会公众头脑中的总体反映。企业经营的终极目标是积累品牌资产，形成有价值的品牌。然而，不能衡量就无法管理，也无法有效地激发起企业创建品牌的主动性和积极性，正是基于此，品牌资产评估的价值也就凸显出来了。

问题1：品牌资产评估的含义是什么？

品牌资产评估是将品牌这种重要的无形资产用货币计量单位来衡量和表达出来的过程。近年来，品牌资产评估活动越来越普遍和频繁，这背后隐含着很多驱动因素，即品牌资产评估有着重要的作用和意义。

（1）越来越多的企业开始使用品牌资产进行融资活动，这是因为品牌评估将品牌资产化，使得企业的一些投资所形成的负债比率降低，企业资产负债表结构更加合理，显示企业资产的担保良好，所以获得银行大笔贷款的可能性将大大提高。

（2）品牌资产评估能够激励员工，提高企业的声誉。品牌价值不仅是外部人对企业所形成的整体认知，传达企业品牌的健康状况和发展形势，肯定品牌是公司发展的长期目标；它同样也向企业内部的员工传达公司的信念，激励员工的信心。

（3）品牌资产评估的结果还可能激励投资者的信心。评估可以让金融市场对企业的价值有较正确的认识，从而可以提高投资的交易效率。

品牌作为一种无形资产，它不仅仅是对人们的信心产生影响，企业更是把它作为一种资产出售、收购及投资等。此外，在某些情况下，品牌资产评估又促进了合资事业和品牌延伸的发展。

总之，我们研究品牌资产评估对于建立和管理品牌资产是非常有价值的，它使我们加深了对品牌这种无形资产的了解，也强化了人们对品牌资产重要性的认识。品牌资产评估会更进一步引导企业将品牌作为一种重要的资产进行管理和经营。

问题 2：戴维斯品牌评估指标是哪些?

在品牌资产评估过程中，不同的评估目的和方法所选择的评估指标是不同的。有的企业只选择品牌知名度、品牌美誉度和品牌忠诚度等简单的评估指标，大致估算品牌资产价值。

1. 美国学者戴维斯（Scott M. Davis）基于经验的评估指标选择

美国学者戴维斯教授根据自己的经验，认为八种评估指标非常有价值。他把这八大评估指标分为定量指标和定性指标（如表 10-1 所示），以帮助人们有效地进行品牌资产管理。

表 10-1　戴维斯品牌评估指标

定性评价——半年			
品牌认知	品牌定位理解	品牌形象识别	品牌契约履行
测评当前对品牌名称的认知、了解、回忆的程度	测评对定位和销售信息的当前认知度，以便检验对特定细分市场的传播是否有效	测评品牌角色和品牌联想如何被感知，以及要对哪些部分进行修改和完善	测评消费者对品牌契约要素表现的满意程度
定量评价——每年			
品牌赢得的消费者	品牌带来的消费者维系和忠诚	品牌带来的渗透和频率	品牌的财务价值
测评通过品牌资产管理努力所获得的真正消费者	测评如果没有品牌资产管理努力，你将流失的消费者数量	测评依靠品牌资产管理努力，现有消费者多买产品或服务的数量	你的品牌所能获得价格溢价与竞争对手的价格之差乘以销售数量（或类似变量）

这些指标有着共同的中心，它们决定着我们是否明智地利用了品牌投资，以及是否得到了我们所谋求的回报。

2. 四种品牌资产评估模型中对评估指标的选择

简单介绍四种评估模型，它们分别是：品牌资产评估（Brand Asset Valuator）电通模型、品牌资产趋势（Equitrend）模型、品牌资产十要素（Brand Equity Ten）模型和品牌资产引擎（Brand Equity Engine）模型，以及每种模型所选择的评估指标。

（1）品牌资产评估（Brand Asset Valuator）电通模型。电通模型针对消费者用以下四方面指标对每一个品牌的表现进行评估。

①差异性（Differentiation）：品牌在市场上的独特性及差异性程度。

②相关性（Relevance）：品牌与消费者相关联的程度，品牌个性与消费者适合程度。

③品牌地位（Esteem）：品牌在消费者心目中受尊敬的程度、认知质量以及受欢迎程度。

④品牌认知度（Knowledge）：衡量消费者对品牌内涵及价值的认识和理解的深度。

（2）品牌资产趋势（Equitrend）模型。趋势模型选择以下三项指标来衡量品牌资产。

①品牌的认知程度（Salience）：消费者对品牌认知比例，也可以分为第一提及、提示前及提示后知名度。

②认知质量（Perceived Quality）：这是品牌资产趋势模型的核心，因为消费者对品牌质量的评估直接影响到品牌的喜欢程度、信任度、价格以及向别人进行推荐的比例。

③使用者的满意程度（User Satisfaction）：指的是品牌最常使用者的平均满意程度。

综合每个品牌在以上三个指标的表现，能够计算出一个品牌资产趋势模型的品牌资产得分。

（3）品牌资产十要素（Brand Equity Ten）模型。十要素模型是由艾克教授于 1996 年提出的，从五个方面衡量品牌资产：忠诚度、认知质量或领导能力、品牌联想或差异化、品牌认知与市场行为，并提出了这五个方面的 10 项具体评估指标。

①品牌忠诚度评估：价格优惠；满意度或忠诚度。

②感觉中的品质或领导品牌评估：感觉中的品质；领导品牌或普及度。

③品牌联想或差异化评估：感觉中的价值；品牌个性；公司组织联想。

④认知评估：品牌认知。

⑤市场行为评估：市场份额；市场价格和分销区域。

（4）品牌资产引擎（Brand Equity Engine）模型。引擎模型建立了一套标准化的问卷，通过专门的统计软件程序，可以得到所调查的每一项品牌资产的标准化得分，得出品牌在亲和力（Affinity）和利益能力（Performance）这两项指标的标准化得分，并进一步分解为各子项的得分，从而可以了解每项因素对品牌资产总得分的贡献，以及哪些因素对品牌资产的贡献最大，哪些因素是真正驱动品牌资产的因素。

选择合适的品牌资产评估指标以测定品牌塑造努力的效果，这对于品牌建设至关重要。选择评估指标时，在保证合理的前提下，要选择简单易用、容易获得以及可重复进行的指标，以便能够简洁而又有效地收集到信息，并能够根据这些信息作出合理的决策。

问题 3：品牌资产评估的方法有哪些？

在品牌资产评估时，有两种基本取向：一是侧重从公司或财务角度，赋予品牌以某种价值。在公司购并、商标使用许可与特许、合资谈判、税收交纳、商标侵权诉讼索赔等许多场合都涉及或要求对品牌进行估价。二是着眼于从消费者角度评估品牌强度，即品牌在消费者心目中处于何种地位。比如消费者对品牌的熟悉程度、忠诚程度、品质感知程度以及消费者对品牌的联想等。

到目前为止，常用的品牌资产评估方法有三种：财务要素法；财务指标+市场要素方法；财务要素+消费者要素方法。

1. 财务要素法

财务评估方法利用会计学原理来测量品牌资产，主要有以下三种方法：

（1）成本法。依据用于建立和发展品牌的实际投入费用（如研发费、广告费等）来估算品牌资产。

（2）重值成本法（替代成本法）。计算建立一个与某一特定品牌影响相当的新品牌所需费用来估算品牌资产量的大小。

（3）股票市值法。由美国芝加哥大学 C. J. 西蒙（Simon）和苏里旺（Sullivan）提出以公司股价为基础，将有形与无形资产相分离，再从无形资产中分解出品牌资产。这种方法适用于对上市公司进行品牌资产评估。

2. 财务指标+市场要素方法

引入非财务因素进行调整，其中最著名的两种方法以其创立机构命名，分别是：国际品牌公司（Interbrand）方法和金融世界（Financial World）方法，这两种方法主要加入了反映品牌市场业绩和市场竞争力的若干评估新因素。

（1）国际品牌公司的方法。国际品牌公司认为，与其他资产的价值一样，品牌的价值也应该是品牌未来收益的折现。因此，国际品牌公司方法评估品牌资产分为两步：首先，确定品牌收益和现金流；其次，根据品牌强度确定折现率。

依据国际品牌公司方法，品牌资产价值等于品牌收益乘以品牌强度。

①品牌收益（Brand Earning）：反映品牌近几年的获利能力。国际品牌公司方法中的品牌收益的衡量方法非常复杂。

②品牌强度（Brand Strength）：决定了品牌未来的现金流入的能力，最大值为20。国际品牌公司先后提出了两套计算品牌强度的模式。有关计算品牌强度模式的具体内容将在品牌资产评估课程中进一步学习，这里不赘述。

（2）金融世界的方法。《金融世界》杂志每年公布世界领导品牌的品牌资产评估报告，所使用的方法与国际品牌公司方法基本接近，主要不同之处是金融世界更多地以专家意见来确定品牌的财务收益等数据。①该方法强调市场品牌的市场业绩。②根据国际品牌公司的品牌7因子模型估计品牌强度系数，品牌强度系数的范围大致在6~20。③计算出金融世界品牌资产=纯利润×品牌强度系数。

有关具体内容将在品牌资产评估课程中进一步学习，这里不再赘述。

3. 财务要素+消费者要素方法

此方法尽管引入消费者的新角度进行评估，但没有摆脱财务方法的影响，视品牌资产定义为：相对于同类无品牌产品（或服务）和竞争品牌（或服务）而言，消费者愿意为某一品牌产品或服务所付的额外费用。这是两种要素组合基础上的评估。比较有代表性的方法有：溢价法、消费者偏好法、品牌—价格抵补模型（Brand-Price Trade Off）、联合分析法（Conjoint Analysis）。具体操作采用实验模拟，向消费者提供品牌和价格的多种组合，让消费者进行选择，从而通过专用的统计软件计算出品牌资产价值。其特点是运用实验方法，操作比较繁杂，且过分依赖消费者的直观判断和电脑统计过程。

关键术语： 品牌资产评估

品牌资产评估是将品牌这种重要的无形资产用货币计量单位来衡量和表达出来的过程。

考试链接

1. 品牌战略主要有哪几种？

2. 到目前为止，有几种品牌评估模型？

案例分析

品牌资产评估的其他方法：迪纳品牌资产指数

一、品牌评估的意义

"工厂生产产品，顾客购买品牌。竞争对手虽然能够仿制产品，但却无法仿制品牌，因为品牌具有独特性。一种产品可能会稍纵即逝，但一个成功的品牌却是经久不衰的。"——斯蒂芬·金，WPP集团。

21世纪的经济是一个知识的经济，品牌决胜的经济，品牌代表着企业的竞争优势，决定着企业的生死存亡。2006年《商业周刊》公布的全球最具影响力品牌中，可口可乐继续以670亿美元的品牌价值高居榜首，而中国企业没有一家入围全球最佳品牌百强，塑造国际品牌已经成为历史赋予国内企业的重任。

二、迪纳品牌资产指数模型

大卫·艾克的品牌资产模型在该研究领域中影响非常大，但存在一定的问题。首先，品牌忠诚是果，而品牌知晓、品质认知、品牌联想是因，把品牌忠诚这个果和上述因放在一起定义品牌资产是不符合逻辑的。

在对艾克研究成果的分析基础上，综合考虑各种方法的优劣势，以及调查实施的难易程度，迪纳借鉴了全方位研究公司的测评方法，同时对品牌资产的计算公式进行了调整，使其同时反映品牌知晓率、品牌熟悉程度、品质认知和品牌认同的作用，从而能更好地评价品牌资产的大小。另外需要说明的是，本模型中的知晓率和人们通常提到的知名度是有区别的。知名是指听说过某品牌名称，而知晓需要受访者对该品牌的产品/服务有所了解。光知道有某品牌的产品，不足以对某品牌的品质认知和品牌联想进行评价，也就无从谈起是否认同该品牌。所以，在评价品牌资产的时候，他们没有采用品牌知名度，而是采用品牌知晓率这一指标。

三、迪纳品牌资产指数模型的指标

迪纳品牌资产指数模型主要涉及五个指标。

1. 知晓率（%）和熟悉度（1~5分）

一个品牌要能够持续在市场上存在，消费者必须对它熟悉。他们的假设很简单：对某品牌了解的人越多，如果这些人喜欢这个品牌的话，就越有可能购买该品牌。

2. 品质认知（1~10分）

这个指标提供了整体人群针对某品牌的一个意见标杆。感知质量是一个抽象的指标——不管我们是否感觉到，我们印象中存在一个由高到低的品牌序列。感知质量受到广告曝光、怀旧感等的影响。

3. 认同度（1~10分）

这个指标描述了消费者和品牌之间发生联系的可能性。问题是这样问的："如果不考虑价格，你愿意购买该品牌的可能性多大？"这个问题让他们能够收集某品牌被人们确实视为与自身相关，并且合适自身的程度。也就是说，人们认为某品牌适合自身生活的程度。

4. 美誉度（1~10分）

针对熟悉某品牌的消费者，综合对品质的评价和认同度的评价，计算品牌的美誉度。品牌消费者认知品质好，而且适合广大消费者的生活，消费者愿意和这个品牌发生联系，这样的品牌在了解它的人群中，才具有高的美誉度，如图 10-1 所示。

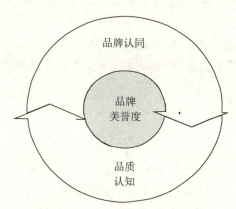

图 10-1　品牌美誉度的构成

5. 品牌资产（1~100分）

基于对知晓率和美誉度的计算，计算品牌资产得分并整体用来对品牌排序。品牌资产得分用来评价不同品牌在知晓率、熟悉度、感知品质和认同度方面的综合表现。一个品牌，如果在知晓人群中具有非常高的美誉度，但是知晓率很低的话，也不会有很高的品牌资产。只有知晓率高，美誉度也高的品牌，才具有最高的品牌资产，如图 10-2 所示。

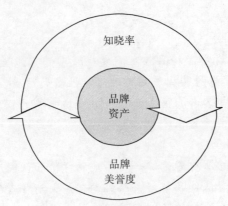

图 10-2　迪纳品牌资产构成

资料来源：迪纳市场研究院. 迪纳品牌资产指数　[EB/OL]. www.dina.com.cn，2010-12-09.

问题讨论：

1. 简要总结迪纳品牌资产指数模型评估品牌资产的思路。

2. 结合本章所学内容，试分析迪纳品牌资产指数模型的特点有哪些？

本章小结

　　本章讨论的问题是品牌管理中的其他议题。由于这些议题将会分解成完整的课程在日后的学习中系统地进行介绍，因此在本教材中这些议题只是概要地予以讲解和提示。具体来说，本章简要地介绍了品牌设计的概念和基本方法，品牌传播的概念和类型，品牌管理战略的概念和类型，品牌危机管理的概念，品牌危机的形成和防范，品牌资产评估的概念、评估指标和评估模型等问题。

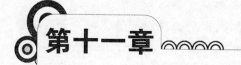

第十一章

建立强势品牌

学习目标

知识要求 通过本章的学习，掌握：

● 强势品牌的概念
● 强势品牌的基本特征
● 强势品牌创新方面的知识

技能要求 通过本章的学习，能够：

● 了解强势品牌的内涵
● 设计培育强势品牌的策略

213

学习指导

1. 本章内容包括：强势品牌概述，培育强势品牌的策略，强势品牌的创新及遇到的障碍。

2. 学习方法：抓住重点，理解记忆，结合实际模拟练习，参与培育强势品牌等。

3. 建议学时：4 学时。

 引导案例

太太药业的强势品牌创造之路

一个企业风光几年，在全世界都是一种普遍现象。在日本有人曾经作过统

计，经营历史过 5 年的企业不到 20%，80% 都在 5 年内消失了。

然而创建于 1992 年 12 月 18 日的深圳太太药业股份有限公司，虽然以保健品起家，多年来却一直保持着持续稳定的发展势头，成为行业的翘楚。

自 1993 年 3 月 8 日面市以来，太太口服液已连续畅销近 10 年，静心口服液上市 3 年来，销量一直保持快速增长态势，在 2001 年度销售更是势头迅猛，年销售额达 21656.62 万元；同时，在 OTC 药品方面，太太药业陆续推出了创可贴、正源丹等一系列产品，市场反应都极为积极。2000 年推出的创可贴，更是小药做出了大市场，赢得了非常理想的市场份额和患者口碑。

太太，已经变得越来越大，朱保国先生甚至说：低于 10 亿美元，别想买太太药业。太太药业，在向着强势品牌的道路进发！

资料来源：丁桂兰. 品牌管理 [M]. 武汉：华中科技大学出版社，2008.

➡ 问题：

1. 太太口服液品牌的强势表现在哪些方面？

2. 你认为太太口服液未来应从哪些方面进一步塑造？

第一节 强势品牌概述

问题 1：对强势品牌概念的定义主要有哪几种观点？

关于强势品牌，国内外有三种主要观点：第一种观点认为强势品牌即"专注品牌"。要成为强势品牌，企业必须专注于某一核心领域，在这一领域将企业做大做强，比如可口可乐、英特尔、麦肯锡等。第二种观点以业绩常青为核心，指出一个企业或一个品牌，不管它经营多少产品、涉足多少领域，只要该品牌能够持续增值并取得稳定的财务业绩，可称为强势品牌，比如 3M 公司、索尼、松下等。第三种观点认为企业的品牌作为一种无形资产，其所拥有的品牌价值随着企业经营时间的延展达到一定程度以后而不断增加，这便是强势品牌的主要标志。

以上三种对于强势品牌的界定都是基于不同角度提出的。我们认为，品牌的塑造最终是为消费者服务的，目的是通过消费者的认同获得持续增长的核心竞争力。因此，可以将强势品牌定义为："它是企业在长期经营过程中积累起来的，在品牌知名度、美誉度、忠诚度、人格化、链动力等方面建立了较大优势的一类品牌。"

阅读材料

中国日报网站消息：据美国《商业周刊》报道，由该刊和纽约国际名牌公司（Interbrand）联合推出的 2003 年全球 100 大品牌排行榜中，美国共占 62 个，前 10 名中就有 8 个，其中可口可乐名列榜首，微软位居第二。前 10 大品牌及其价值（亿美元）分别为：可口可乐 704.5，微软 651.7，IBM 517.7，通用电气 423.4，英特尔 311.1，诺基亚 294.4，迪斯尼 280，麦当劳 247，万宝路 221.8，梅塞德斯 213.7。

在这 100 大品牌中，价值增幅最大的公司有三星电子、SAP、欧莱雅和丰田等。排名第 25 位的三星公司，2003 年的品牌价值达 108.5 亿美元，比 2002 年增长 31%。名列第 12 位的惠普，2003 年的品牌价值为 198.6 亿美元，比 2002 年增长 18%。名列第 29 位的戴尔，2003 年的品牌价值为 103.7 亿美元，比 2002 年增长 12%。名列第 47 位的欧莱雅，2003 年的品牌价值为 56.0 亿美元，比 2002 年增长达 10%。路透社、柯达、福达、必胜客、爱立信 2003 年的品牌价值下跌，跌幅在 12%~28%。《商业周刊》认为，美国公司能在全球名牌企业中保持前列地位，原因就在于品牌管理经营有方。美国公司的品牌是在世界上最大、电子化程度最高的经济体中发展起来的，这给它们带来了巨大的优势。美国的销售经理学会了把产品融入地方文化，雇用当地的经理，从包装到尺寸大小到味道等各个方面适应当地市场的需要。

全球企业品牌排名，是对每个产品所创造的销售额进行分析后得出的，同时还考虑到它在市场的领先地位、稳定性和国际影响力等因素。

问题 2：强势品牌的特征主要有哪些？

品牌建设的目标是将品牌建设成强势品牌。强势品牌最直观的衡量标准就是该品牌在特定市场上的市场占有率排在前五名或前三名。深入地研究强势品牌，人们发现它还具有其他方面的特征。

1. 广泛的品牌知名度

广泛的品牌知名度是指品牌在消费者头脑中存在程度非常的牢固。品牌知名度是品牌资产最基本的组成部分，是衡量品牌价值的重要指标之一。强势品牌的公众知名度一般都很高，比如根据国内零点公司 2004 年的调查显示，在饮料品牌中，可口可乐的认知度达到了 90.2%；在汽车品牌中，桑塔纳达到了 89.9%的认知率。

2. 较高的品牌美誉度

强势品牌在社会公众中具有较好的社会形象，受到消费者的好评，具有较高的美誉度。比如提到雅芳，消费者就会在脑子里将其定位为一个关爱女性健康的品牌，因为它为女性防范乳腺癌作出了贡献。奔驰公司一向将高质量看成取得拥护、信赖、巩固和加强其品牌地位的最重要一环，讲究精工细作，强调"质量先于数量"，要"为做得更好、最好而奋斗"。使得奔驰在消费者心目中代表国际汽车质量的先驱。

3. 一定的品牌忠诚度

忠诚度是指消费者某次买了某个品牌的产品，下次他还要去买，于是就源源不断地购买某个品牌的产品。强势品牌具有高的用户品牌忠诚度。品牌忠诚度能保证品牌维系老顾客，增加品牌价值。据有关统计显示，增加 5% 的忠诚度，能够为银行的分支机构多产生 85% 的利润，为保险公司增加 50% 的利润，为自助连锁店增加 30% 的利润。

4. 鲜明的人格化形象

强势品牌具有普通品牌难以比拟的鲜明的人格化形象。例如，当我们提到奔驰汽车时，在消费者的心目中就会浮现出一副成功中年男士的人物形象；当我们提到麦当劳快餐时，人们就会把它同儿童联系在一起；当一位女士提到欧莱雅化妆品时，很多人会认为她是一个追求时尚的成熟女性。那些具有较长历史的强势品牌，通常会形成独树一帜的品牌形象，这种形象一旦形成，不但可以帮助品牌在激烈的市场竞争中形成清晰化的产品定位和牢固的消费者心理印记，同时为该品牌针对特定细分市场进行广告传播提供了良好的诉求基础。

5. 较强的品牌链动力

强势品牌具有很强的品牌链动能力，品牌链动能力是指消费者一直在用你的某个品牌的产品，假如你推出了新的产品，消费者依然会愿意尝试这个新产品。或者说他会选择跟你的品牌特性相近的产品，或者选择你的联盟品牌，在广义的范围内表现为选择与你的品牌具有同一特征的品牌，那这种品牌就是具有链动能力的品牌。强势品牌能依靠这种品牌的链动能力推销产品或服务，降低市场营销成本。相反，一般品牌，只能靠独立的促销攻势让人们购买，因为不具有让消费者持续购买的链动能力，其市场营销的总体成本通常会偏高。例如，可口可乐 2005 年在中国市场推出美汁源类的果汁饮料，出于对可口可乐的喜爱，消费者很快就接受了这种产品。

6. 富有个性的品牌主张

强势品牌具有鲜明的品牌个性，在消费者脑海中留下自己的位置，这些品牌个性是品牌的灵魂，它可以动起来，和消费者主动地沟通。例如，海尔多年来一直宣传"真诚到永远",形成了海尔品牌真诚的个性,因此使得海尔顺利地从电冰箱延伸到彩电、洗衣机、电脑等产品,其产品定位虽有改变,但个性使这些定位都得以保存。品牌定位和品牌个性结合在一起,就构成了强势品牌的特征。

7. 情感利益的传达

强势品牌给我们带来的不仅仅是它所代表的产品或服务的功能性利益,更能让顾客因为购买和使用了该品牌而产生一种积极的感觉,即该品牌提供的情感利益。强势品牌通常包含了情感利益。例如,顾客对以下三个品牌的感受:沃尔沃的安全;乘坐宝马或观看 MTV 时的激动;饮用可口可乐时的活力和激情。

8. 准确而有力的品牌定位

定位准确而有力,是强势品牌的最核心构件,品牌定位是品牌传达给消费者产品为什么好及与竞争对手不同点的主要购买理由,那些经过市场洗礼在市场上留下来的强势品牌都具有准确而有力、消费者认可、接受的品牌定位,如消费者一提到海飞丝就联想到它能有效地去除头皮屑;一提到奔驰,就联想到豪华的设计。

问题 3: 实际操作中,可采用怎样的策略来培育强势品牌?

在强势品牌建设的过程中,人们把强势品牌分为区域强势品牌、全国性强势品牌和国际著名品牌。这些不同区域的强势品牌建设有着不同的策略,甚至不同企业成功的策略和手段也不尽相同,在这里我们列举一些建设强势品牌的通用规则。

1. 开发有竞争优势的产品和产品概念

有差异和有竞争力的产品能吸引消费者的眼球,能赢得消费者的心。在市场产品同质性越来越严重的时代,差异化产品能为企业建立优势品牌地位埋下有力的伏笔。这样产品的差异化可以体现在产品的功能、包装、式样和服务等方面。如星巴克在宣传产品的口味时,它的主要诉求点是为广大顾客提供一个办公室、家以外的第三空间,迅速赢得消费者的青睐。

有时候即使是同一种产品,在不同的市场环境下消费者对其核心需求也是不同的。企业应该引导前卫的产品概念塑造优势品牌地位。例如,过去人们把月饼看做一种节日食品,消费者关注的是其材料、口味等产品的实体要素,而现在是一种礼品,消费者更在意的是月饼的包装。企业应该把握消费者需求的变化,适时地倡导切合消费者需要的产品概念。

2. 确立准确而有力的品牌定位

在产品越来越同质化的今天,要打造一个品牌,品牌定位已显得举足轻重。品牌定位是指要为品牌提炼一个与竞争者相比具有差异化和竞争力的识别点，以使该品牌在消费者的心智中占有一个与众不同的位置。品牌定位是技术性较强的策略，离不开科学严密的思维，必须讲究策略和方法。

3. 持之以恒的品牌识别建设

品牌在任何时候、任何宣传情况下，都必须具有一致性的品牌识别建设和投入。例如，宣传产品的安全，品牌需在任何媒体上都宣传其安全的特性；宣传产品的高贵，要在发生任何变化时都不能改变其宣传口号。因为不一致的识别容易混淆消费者的认识，对品牌持有前后矛盾的认识，消费者会认为品牌是为了盈利在愚弄消费者，从而对品牌抱有敌对的态度，这不利于品牌强势地位的建立。

广告投入是品牌建设投入中的重要环节。虽然广告投入和品牌资产的大小并不是线性的高度相关关系，但是广告毫无疑问会提高品牌的知名度、强化品牌美誉度以及维护消费者的品牌忠诚度。我国改革开放 30 余年来的经验屡屡证实，当企业投入较大的广告费用时，品牌知名度和产品销量会迅速提高。20世纪 90 年代中后期，中央电视台的每一届标王都会迅速成长为行业品牌中的佼佼者。当然，除了广告之外，品牌建设还包括其他与消费者的沟通环节，比如与消费者的深度交流、互动沟通以及消费者的体验等。

4. 建立有效的品牌营销网络

强势品牌除了要有广告或其他促销形式的支持外，还要有渠道建设的支持，让消费者熟悉品牌及其质量，增加购买者的方便。这需要品牌处理好与分销商、内部销售人员、广告代理机构的关系，取得他们对品牌建设的支持。获取流通渠道的优势，要尽力做到：①消费者容易买到，这需要将品牌产品在区域内的零售网络全面铺开，其铺货面要比竞争品牌广。②让消费者在购买场所容易发现，这要求将产品陈列在商店最显眼的位置。③加强人员推销，在销售终端获得品牌展示优势。

广西漓泉啤酒在当地获得成功，成为区域强势品牌与其掌握了广西各大片区的最大的经销商、掌握了广西最有影响力的营销网络有关。因为漓泉啤酒可以做到竞争对手很难做到的铺货率和渗透率。即使像国际名牌可口可乐也是每年为了答谢广大分销商的大力支持，举行分销商会议，感谢他们的支持；同时为了在一些海拔较高的旅游景区让消费者能接触到其产品，可口可乐会雇用挑夫帮助零售机构把产品运送到山顶，将商品铺在消费者需要的每一个角落。

5. 丰富品牌的文化内涵

随着技术的进步和生产能力的提高，产品的同质化现象日益严重；并且随着经济的发展和消费者消费水平的提高，人们的需求已不仅仅局限于对商品和服务功能性的需求，而更看重心理和情感方面的需求。在这样的背景下，赋予品牌明确而深刻的文化内涵是品牌建设的重要方向。

日本学者本村尚三郎强调在现实条件下建立强势品牌文化内涵时说："企业不像过去那样，只生产东西，而是要出售生活的智慧和快乐。"品牌的文化内涵不仅在于它所体现的人的物化、生产者的本质力量，而且还在于它所体现的时代性、社会性和个性的完美组合。强势品牌在成长的过程中所凝聚的品牌文化内涵是品牌资产中的重要组成部分，对于消费者来说，也是一种重要的精神财富。

6. 精心管理品牌资产

品牌越来越受到企业的重视，品牌也应该被看做一种重要的无形资产精心管理。在企业内部，企业要为品牌设立专门的管理机构和管理人员，如设立品牌经理、品牌资产经理、系列品牌经理、全球品牌经理、品牌委员会、产品大类经理等职位。这种品牌经理制度最早起源于宝洁公司。宝洁的品牌管理一直堪称全球品牌管理的典范。

在企业外部，企业要处理好与广告代理商、产品分销经销商等的关系，要求广告代理商制作的广告向消费者传达一致的品牌信息。同时协调分销、经销商的业务，使他们能快速地对消费者的要求做出反应，向消费者传达品牌爱护他们利益的信息。如此这般，这些机构能持续一致帮公司去树立品牌形象。

第二节　强势品牌的创新

管理强大品牌的公司可能会太满足于过去和当前的胜利，太专注于日常问题，因此对竞争环境中的变化失去了辨别力。由于忽视或最小化市场中的基础变化，以及潜在的技术突破，管理人员使其品牌暴露在攻击之下，并承担了丧失机会的风险，使得原本是强势的品牌沦落为弱势品牌的例子很多。例如，日本的麒麟啤酒在朝日啤酒进入后市场份额丧失 50%，这是因为麒麟啤酒满足现状不去创新。强势品牌要保护现有的地位需要创新，强势品牌的创新要认识到品牌已有的优势，确认品牌已有的优势；确定顾客真正想要什么，决定公司需要具备的特殊能力；再根据这一切进行技术革新，产品改进或重新设计，品牌形象提升或重塑，品牌管理人员调整和营销手段等方面的创新，以达到品牌创新的目的。

问题 1: 哪些要素能在强势品牌创新中起到助推作用?

强势品牌的创新和变革需要推动力，这些推动力有些是外在的环境因素，有些是内在要素，总结起来大致有以下四种:

1. 竞争者的挑战

强势品牌在成功之后总是引来无数的竞争者，这些竞争者通过各种方式与手段对强势品牌进行挑战，以图瓜分市场。如果强势品牌没有持续地创新，没有不断地为品牌进行技术服务的"升级"和创新，那么就可能失去现有的市场，从强势地位沦落到弱势地位。

2. 消费者的需求

在以消费者为导向的市场经济中，消费者需求具有关键性的作用。品牌不是企业经营者的品牌，而是消费者的品牌，因此，品牌的维系与消费者的意愿和偏好紧密相关。消费者对品牌的信赖度、认知能力决定了品牌的前途。消费者的意愿与偏好随着生活水平、社会进步等而不断地变化，品牌只有不断地创新才能满足消费者品位的变化，才能吸引消费者的注意和购买，强势品牌也不例外。事实上，有些时候强势品牌应该主动走在消费者品位变化的前端，引领变化，才能保持强势地位。

3. 技术的发展

220

现代市场环境变幻莫测，新技术的发展日新月异，市场竞争日趋激烈，产品的平均寿命不断缩短。面对这样的外部市场环境，企业只有一个选择:如果不进步，就只有落后。品牌的技术创新是维系企业现有利益的有力武器，是市场变化的结果。强势品牌更应该不断地进行创新。美国里海大学艾科卡研究所所长罗杰·拉杰尔曾说，在未来全球化的世界经济中，技术将是企业获得竞争优势并形成显著区别的唯一因素。在微软、惠普、英特尔、IBM、GE、索尼、海尔等这样的公司里，技术创新与发展始终起着决定性的因素。

4. 企业的发展

企业要发展，必须提高品牌的综合实力，要提高企业品牌的综合实力，品牌就要有创新能力，因为创新不但可以提供超值的产品质量和服务，更能扩大企业市场份额，影响企业在市场上的声誉和地位。强势品牌固然在市场上有良好的表现，拥有品牌的企业有良好的财务报表，但是市场上的竞争是残酷的，你不前进就是在后退，强势品牌的企业也要努力促使企业不断地强大，才能跟上企业扩张的步伐，才能维持企业的地位或加强企业的地位。

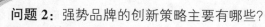

问题 2： 强势品牌的创新策略主要有哪些？

1. 品牌的科技创新

科技创新是强势品牌创新中最常见、运用最多的创新方式。世界是在不断开发新技术的过程中前进的，人类社会是在不断开发新技术的过程中发展的。因而谁拥有新技术，形成了品牌的"先动优势"，谁就拥有了市场，从而也就拥有世界的未来。不断的科技创新使强势品牌保持强烈的吸引力。自微软公司推出 WindowsS95 后，微软就成为操作系统方面的强势品牌，但微软并没有故步自封，依然坚持科技创新，后推出更完美的 Windows98、Windows2000、WindowsXP 等操作系统，使得微软一直是消费者心目中操作系统领域的经典品牌。技术创新是强势品牌维持其领先地位的重要方法。特别是在现代知识经济时代，科技知识的更新周期越来越短，强势品牌必须走在科技创新的前列，才能占据竞争优势。

技术的创新必须以关注消费者的体验，实现差异化的品牌价值为中心，即这种创新必须为消费者所关注和重视，它才有存在和推进的价值。比如格兰仕在品牌传播过程中宣传了很久光波空调，但始终没有让消费者真正地理解或者体验到这种新技术所带来的利益，那么这种技术创新没有推动品牌价值的创新也就在情理之中了。

2. 品牌的产品创新

现代市场对品牌产品的要求越来越趋向多样化、个性化、审美化、多能化、微型化、简便化、舒适化、环境化、新奇化的方向发展。市场上每天都有新品上市，这对强势品牌产品构成了很大的挑战，强势品牌必须根据消费者的需求进行产品创新，才能保持竞争优势，才能稳定已有的市场和吸引更多的潜在顾客。强势品牌的产品创新主要包括以下几个方面：

（1）产品品质创新。产品品质创新是指对创新产品的开发、创造、产品质量的提高、性能的改进以及产品品种的增加等多方面的创新，可分为后向创新和前向创新。后向创新是指在运用新工艺的基础上，对原有的产品加以改进、完善，使之适应现在市场的需要，不需要调整或改变生产体系，只是通过对生产技术和工艺的改变而达到创新的目的。例如，"康师傅"在"绿茶"的成功之后，又推出了"低糖绿茶"、"蜂蜜绿茶"、"红茶"、"柠檬红茶"就属此列。前向创新是指创造出一种全新的产品来满足和适应市场的需要。肯德基针对中国市场推出的"榨菜肉丝汤"、"老北京鸡肉卷"可以归为此类创新。通过产品品质创新，强势品牌不断地创造出差异性，保持强劲有力的生命力和稳固的市场领导地位。

（2）产品服务的创新。服务是有形产品的延伸，它能够给消费者带来更大的产品效益和更好的、更强的产品满足。目前它已经成为产品的一个重要组成部分。随着科学技术和企业管理水平的全面提高，消费者购买能力的增强和需求趋势的变化，服务因素在国际市场的竞争中，已经取代了产品质量和价格而成为竞争的新焦点。强势品牌要保持固有的优势，必须在服务方面不断创新、提出新的服务理念，去更好地服务顾客。

3. 品牌内涵的创新

品牌内涵的创新是指修正或挖掘品牌定位和文化价值，使之保持适合市场的需求，并不断升华。这包括品牌定位的创新和品牌理念的创新。

（1）品牌定位的创新。品牌在其准确的定位后而逐渐转变成为强势品牌。但静态的市场是不存在的，品牌不是在真空的时间管道里生存的，周围的环境在变化，顾客的品位在不断改变，新技术时时提出新的挑战，竞争者在不断地进入市场，强势品牌过去准确的定位已变得有些模糊或过时，强势品牌要恢复昔日的辉煌，需进行定位创新，给消费者以新的识别面貌。例如，"娃哈哈"在 20 世纪以准确定位儿童饮料市场而在儿童饮料市场取得强势品牌的地位。随着市场的变化，企业的发展，娃哈哈决定进行市场扩展。首先进行定位创新，将娃哈哈定位于"中国饮料大王"，由此生产茶饮料、水饮料系列产品。这一定位创新在娃哈哈后来的实践中证明是一个成功的创新，促使娃哈哈成功地实现了中国饮料强势品牌的塑造。

（2）理念文化的创新。品牌的理念文化是品牌资产价值的基石。品牌理念的内涵需要随着人们理念的改变而不断地调整和修正，以创造出最能体现企业精神，最能征服消费者的品牌文化。虽然对品牌理念文化内涵的丰富、补充是一个十分艰辛的过程。但理念文化的升级带给企业的效益，是不可比拟的。因此，重视文化理念的丰富，是品牌理念文化更新的基础。

4. 品牌形象的创新

形象创新是指对品牌形象所包含的名称、标志、包装等方面进行创新。它是品牌创新最直接的体现，是对消费者视觉冲击最大的因素。形象创新一直是强势品牌惯用的法宝，强势品牌形象创新主要体现在以下两个方面：

（1）品牌名称的创新。品牌名称是消费者识别产品的重要依据之一。强势品牌是不会轻易更改品牌名称的，因为其已经在消费者心目中有一定的知名度。通常强势品牌的做法是在不改变名称字符的情况下，赋予品牌名称新的解释。例如，TCL 的品牌名称解释的变化。TCL（Telephone Communication Limited）即电话通信公司，但如今 TCL 的产品不断延伸，已包括电话、电视、移动电话等。"TCL"为了使品牌名称的含义更为宏大，"TCL"公司赋予

"TCL"新的释义：Today China Lion（今日雄狮）。目前消费者已经接受了"TCL"的新的解释，它成功地完成了品牌形象创新。

（2）品牌包装的创新。品牌包装的创新也是品牌运营实践中提高品牌竞争力的富有成效之举，因为新包装下的产品数量以及包装本身视觉形象的改变，都是影响消费者需求的重要因素。世界著名的"PEPSI"（百事可乐）就曾几次借助包装更新手段来强化其强势品牌形象，进而提升并巩固了其市场地位。品牌形象不是固定不变的，它需要不断地进行只有起点而没有终点的螺旋式上升的创新，这样才能永葆强势品牌的青春，才能使强势品牌永远扎根于消费者的心目中。

5. 品牌经营方式的创新

为了增强品牌资产价值，全球各大强势品牌都在进行品牌经营方式创新，全球品牌经营策略出现新的创新浪潮。品牌经营方式创新目前通用的方法有七种：

（1）事件营销，即通过或借助某一有重要影响的事件来强化品牌形象，扩大市场的方法。比如目前最流行的赞助体育赛事。

（2）柔性营销，即企业适时地调整营销活动，适应并满足个性化需求的一种方法。

（3）网上营销，即在互联网上开展营销活动的一种方法。

（4）绿色营销，即企业通过开发绿色产品，开拓绿色市场，给企业创造新的发展机遇。

（5）亲情营销，即强调把消费者当"朋友"或"熟人"而不是"上帝"，通过建立一种新型的亲情关系，把企业与消费者之间的距离最大限度地缩短，通过与消费者做"朋友"而使得顾客成为企业永远的"朋友"。

（6）无缺陷营销，即在整个营销活动过程中不给消费者留下任何遗憾，包括产品无缺陷——100%的保证质量，销售无缺陷——100%的保证挑选，服务无缺陷——100%的保证满意。

（7）零库存营销，即采用先接订单后生产，库存为零的一种营销方式。采用这一方式的关键是要争取到足够的订单，因此加强产前订货就显得很重要。

6. 人力资源创新

强势品牌创新的第一推动力就是人才创新，即充分调动、激发人的主观能动性和创造性。人力资源创新主要包括领导者的观念更新、员工素质的提高和人才适应环境创新。

（1）领导者的观念更新。强势品牌的创新需要在有新思想、新观念的领导者的鼓励和带领下进行。领导者观念的更新可以通过不断地鼓励领导者接受新的营销观念，鼓励领导者精心研究政治环境的变化、探寻经济发展的大趋势来实现。领导者观念的更新能帮助企业发现新的市场机遇，能有激情鼓励企业的所有相关人员创新，能为强势品牌带来新的发展机遇。

（2）员工素质的提高。员工是品牌创新中内部支持系统的主要因素，高素质的员工通常持有创新的意识，能保证创新活动的成功。员工素质的提高主要包括专业素质和心理素质两个方面。过硬的专业素质是创新活动成功的前提；良好的心理素质能保证在创新活动的过程中勇敢地面对失败而不言放弃，是创新活动最珍贵的财富。

（3）人才适应的环境。要创新必须提供给人才以适应的环境，这里的环境主要指物质环境和精神环境。比如给员工的物质激励、荣誉激励、价值激励、目标激励、领导行为激励等。适应的环境通过从人类的需求层次出发，同时营造家庭式的氛围，从而鼓励人才进行创新，保持强势品牌的强劲生命力。

7. 品牌传播的方式创新

（1）网络的运用。信息时代的到来使人们有了更快接触信息的方式，这也为强势品牌拓展传播提供了更快更好的方式——电子网络。强势品牌通常有悠久的历史，它们已经形成了固有的传播方式，但由于消费者对网络的狂热，网络营销的兴起，强势品牌要保持其原有的与消费者高度的接触面，必须进行网络传播，利用互联网进行营销。柯达公司为了确保自己的霸主地位，启动了网络传播方式，这种网络传播方式使柯达更受消费者的喜爱。

（2）整合营销传播。随着学术界和实践界对美国西北大学教授舒尔兹的整合营销传播的广泛研究和运用，品牌传播又发现一个更有效的传播方式。强势品牌可以通过整合各种传播方式进行品牌传播。该理论认为品牌的真正价值在于该品牌进入消费者头脑中的知识网络，并抢占了消费者心智中的优势位置，所以，要想建立强势品牌必须在消费者的心智上下工夫。

而要达到这个目标，必须了解消费者的关注点、信息的接触点及品牌关系等。传播者应在以消费者为中心的观念和统一目标的指引下，通过各种手段与消费者进行交流与互动沟通，实现与消费者之间信息的流转，从而使品牌信息在消费者的心目中留下深刻的印象，以至引起企业所期望的消费者反应。

问题 3：阻碍品牌创新的三个重要因素是什么？

凡是新生事物，必定会遭遇到这样或那样的阻碍，品牌创新也是一样。在品牌创新的道路上，主要有三个因素阻碍其发展。

1. 品牌管理者满足现状

企业领导认为，强势品牌运行良好，没有必要进行品牌创新，或故意放慢创新的步伐。因为新的品牌产品可能会替代或挤压现有品牌及其市场。事实上根据一些知名品牌的经验表明，如果没有提早进行创新活动以提升品牌形象，结果常常是消费者厌倦、品牌的市场占有率下降，强势地位削弱。像 IBM 减缓小型电脑与工作站的发展，以维护当时的大型主机市场，可结果是 IBM 因为过于保护大型主机电脑市场而失去了抢夺小型电脑市场的机会，使市场份额有所下降，削弱了其在电脑行业的老大地位。

2. 组织结构失调

组织是品牌创新的保证，一个运行良好的管理构架、组织结构，对品牌创新有很大促进作用。像微软这样的知名企业极力为员工打造一个适合创新的环境，结果微软常常推出新的产品，维持了在软件行业的领头羊地位。但如果组织过于庞大，管理不善，机构臃肿，信息沟通不顺畅，这些都会影响品牌的创新工作。IBM 和 GE 都是因为组织内部层层关卡的限制，延缓了品牌新产品的创新和上市速度，从而使竞争对手钻空子，占有市场，丧失了在消费者心目中的龙头地位形象，强势地位也有一定程度的削弱。

3. 消费者抵制

对于强势品牌而言，总是一些经典的口味或款式吸引数代消费者，很大一部分消费者拒绝接受新的产品，这往往对强势品牌的创新构成很大的障碍。因为他们是品牌的忠诚客户，必须有他们的支持品牌才能保持青春常在。与这些抵制者发生冲突是强势品牌的大忌。但强势品牌不能因为这些消费者的抵制放弃创新，市场总是在变化，有一部分消费者的需求在变化，固有的产品可能不能维持强势地位，强势品牌可以通过产品延伸或推出新的品牌来创新。

225

关键术语： 强势品牌

强势品牌是企业在长期经营过程中积累起来的，在品牌知名度、美誉度、忠诚度、人格化、链动力等方面建立了较大优势的一类品牌。

考试链接

考试大纲规定考生要掌握强势品牌的内涵，培育强势品牌的策略，强势品牌创新的措施及可能遇到的障碍等内容。

案例分析

思念食品，成就强势品牌

2002 年以前，"思念"是一个较为弱小的速冻食品品牌，无论是销售额、市场占有率还是品牌价值，市场知名度排名都在三全、龙凤、湾仔码头等品牌之后。从 2003 年春季开始，思念逐渐发力，启动并实施全新的品牌战略。三年过后，截至 2005 年年底公司盈利达到 2.429 亿元，营业收入达到 15 亿元；过去三年营业收入和盈利年均增长分别为 81.7% 和 90.3%。现在，思念以 15 亿元的销售额、27 亿元的品牌价值以及 23% 的市场占有率等骄人成绩分列行业第一名，成为名副其实的全国性强势品牌。2006 年，思念更以出类拔萃的独有优势成为 2008 北京奥运会速冻食品独家供应商。

短短三年时间，思念何以取得如此之大的进步，其秘诀又是什么？

一、品牌战略：聚焦速冻食品领域，心无旁骛只做最专业的事

思念充分意识到"专业化"将是企业经营的终极化策略，从而制定了"专业化品牌战略"。专业化的对立面是多元化，古今中外，无论是采取专业化还是多元化的企业皆有失败的例子，而多元化失败的例子却远远大于专业化。专业化战略虽也有失败，但其失败本质并非专业化战略而失败，而是专业化战略指向的产业选择不合时宜而导致失败的。

为什么多元化面前往往意味着万丈深渊？有以下三个重要原因：

首先，品牌多元化遭遇的外部问题是四面受敌，处处挨打。

全球经济正在快速一体化，这是大势所趋，不可抵挡，中国也不例外。一体化的结果是国内的产品可以走向世界，而同时世界的产品也涌入国门参与国内市场竞争，竞争对手多了，竞争产品多了，竞争势必越来越激烈，激烈的市场竞争对企业的专业化生产与营销的要求越来越高，什么都做什么都卖，只能造成四面受敌处处挨打，那些所谓"通才"型企业将被"专才"型企业打败。

其次，品牌多元化遇见的内部问题是资源有限，供血不足。

任何企业只能满足一小部分消费者的一部分需求而已，贪多求全，万劫不复。对任何企业而言，资源永远是有限的，这个资源包含人力、物力、财力以及精力等，而将有限的资源分散到太多的产业领域，则会造成每一个领域都供血不足，在每一个领域都做不强长不大，从而失去竞争力而被市场淘汰。

最后，品牌多元化的另外一个恶果是破坏消费者的认知。

以一个品牌名义什么都做，从消费者认知的角度出发，则会造成认知模糊。而现代营销战实际就是抢夺消费者认知的战争，谁在消费者的心灵货架上赢得了消费者的认知，谁就赢得了市场，赢得了胜利。一个品牌覆盖的产业领域越多，消费者对其认知就越分散越模糊。而事实是，没有一个消费者乐意购买一个看不清的品牌产品。

多即是少，少即是多。这个中国人的老祖宗流传下来的充满辩证关系的哲理，往往在现今中国企业面前，失去警示和启迪意义，在企业的发展过程中，

欲望膨胀，贪多求全，逐渐因上述三个原因而惨遭失败。思念，自2003年开始，集中所有资源，聚焦到速冻食品领域，其他领域绝不越雷池半步，无论其他领域具有多么大的诱惑，也坐怀不乱，"咬定青山不放松"。时至今日，聚焦的威力开始显现，"速冻食品专家"的强大地位无人撼动。

二、品牌营销：聚焦创新品类产品，勇夺销售冠军

这个世界的趋势是分化，没有一个产业、一个产品不是从既有产业既有产品阵营里分化出来的，分化意味着创新，意味着升级，而创新则成就领先，升级则强化竞争力。思念将品牌战略聚焦到速冻食品领域后，在这个领域，不断进行产品创新，以创新产品概念勇敢分化固有市场。一个个创新产品，就是一把把向既有的传统市场凌厉切割的尖刀。

思念小小汤圆 VS 传统大汤圆，成就小汤圆销售冠军！

当别人在汤圆市场做得风生水起之际，思念则以"小小汤圆"的创新概念产品，将汤圆市场分化成两个阵营，创造出一个新的品类产品，让自己成为这个创新品类市场的领导者，在红海市场里开辟出属于自己的一块蓝色市场领地，竞争对手不得不眼睁睁地将市场份额拱手相让。一个"小"字劈开了一个大市场，目前，思念在"小小汤圆"领域成为绝对的市场老大，以年度近4亿元的市场销售成绩几乎占领了传统汤圆市场的半壁江山。

思念袋装水饺 VS 传统散装水饺，赢得"水饺大王"美誉！

当竞争对手视散装水饺为抢夺市场的利器时，思念则勇敢舍弃散装水饺，大力推广袋装水饺，袋装水饺无论是从品质还是从食品安全方面更胜一筹，价格自然比竞争对手的产品高，利润也高，时间一长，凡大力销售散装水饺的无一不因利润的薄弱而导致企业经营举步维艰，更为致命的是，2003年的"非典"危机，更将散装水饺一下子打入了万丈深渊。思念不仅赢得了丰厚的利润，更进一步强化了"速冻食品专家"的优质品质形象。时至今日，思念水饺的年度销售额已突破5亿元，成为名副其实的水饺大王。

思念"竹叶清香粽" VS 传统发黄粽子，开创全新蓝海市场！

当粽子还停留在手工作坊制作、仅为端午节的节令性食品时，思念则又大胆突破，开发出以箬竹叶做粽衣的"竹叶清香粽"。思念"竹叶清香粽"，秉持"竹叶长青点点香"的核心概念，一下子将粽子重新划分成两个天地，市场上既有的传统粽子，时间一长，粽叶则变黄发枯，严重影响内在品质，而思念的粽子则百煮不黄，长放不枯，竹叶长青。思念"竹叶清香粽"，令思念在粽子市场进入了一个无人竞争的蓝海市场，每年为思念带来近3亿元的销售成绩，成为粽子市场一枝独秀的领导品牌。

思念"早八点"面点 VS 大众面点，细分市场的领跑冠军！

速冻面点近两年来，市场逐渐放大，但没有一个品牌能够统领市场。思念瞄准时机，在 2004 年果断出击。通过综合的市场调研，发现消费者食用面点的时机多集中在早餐时间，而市场上没有一个面点品牌聚焦到该领域，思念勇敢舍弃其他消费时机，以"早八点"为产品命名，直接点破产品的消费时机，以"第一份营业来自早八点"的核心传播概念，瞬间将面点市场又划分成两个不同阵营，让自己成为早餐市场的领导品牌，今天，思念"早八点"已成为速冻面点领域的第一品牌，2005 年以年度销售 3 亿元的销售成绩遥遥领先其他的品牌。

截至 2005 年年底，思念小小汤圆、思念水饺、思念竹叶清香粽、思念早八点，四大系列创新产品，年度合计销售额突破 15 亿元，每一个系列产品都成为创新品类产品领域里的领导品牌，短短三年时间，"速冻食品专家"不断创新的鲜明形象已深深根植于消费者的心中。

从 2006 年春季开始，思念花费三年时间，动用三个食品专业院校的研发力量，引进全球最先进设备，以最优质原料，最好工艺，累计投资一亿元巨资而开发的中国市场上最高档的"手打天下"水饺、中国市场上的第一个煎饺产品"煎饺好吃"、第一个飞饼产品"思念飞饼"开始上市，每一个产品都具有一个差异化的创新品类概念，所到之处，抢购成风，而几度造成产品供不应求，短短半年时间，这三个创新产品销售额近 3 亿元。思念有望在 2006 年全年突破 20 亿元销售大关，将继续领跑中国速冻食品市场。

三、品牌传播：聚焦一个声音，广告传播绝不说三道四

从 2003 年春季开始，思念的广告持续围绕"速冻食品专家"这一大的焦点概念而深化传播。在品牌战略上是心无旁骛地"做专家"，在品牌营销上是专心致志地"卖专家"，在品牌传播上则是一心一意地"说专家"。

2006 年 8 月，在刚刚结束的速冻食品品牌消费者认知调查，其数据显示，在全国六大城市（北京、上海、广州、武汉、重庆、沈阳）3000 个有效样本量中，思念的品牌知名度在所有被访速冻食品品牌当中为第一，高达 89%；而提起"思念"就想到速冻食品专家的被访者占所有样本量 78%，提起速冻食品专家就想到"思念"的被访者则占 75%，这在很大程度上已经证明思念就是"速冻食品专家"，"速冻食品专家"就是思念的品牌认知，思念几乎成了速冻食品专家的代名词，而这一强大的市场认知将继续帮助思念强化牢不可破的领导地位，这从另外一个层面也验证了思念是中国速冻食品市场第一品牌，名不虚传。

世上无神话，但市场有奇迹，思念，在短短三年时间里，取得如此巨大的发展成绩，其中秘诀综合起来就是：

做什么——（战略）产业聚焦：牢记最多就是最少。什么都做，什么都做不精、做不强，而是凝聚所有功力，争取成为某个产业领域里的领先品牌。

卖什么——（营销）产品聚焦：牢记最多就是最少。什么都卖，什么都卖不多、卖不大，而是凝聚所有功力，争取将创新品类产品卖成冠军。

说什么——（广告）诉求聚焦：牢记最多就是最少。什么都说，什么都说不清、记不牢，而是凝聚所有功力，争取将某个点说到极致。

在上述三个聚焦过程里，为品牌找到一个代名词，全力打造这个代名词，既成为企业内部长期坚持的目标，又让它成为消费者头脑认知里的专属概念。

资料来源：［英］尼古拉斯·因德.塑造公司最优品牌［M］.郭玉闪，译.上海：上海人民出版社，2004.

问题讨论：

1. "思念"食品作为一个"强势品牌"，其品牌的强势表现在哪些方面？

2. 结合本章的内容，思考"思念"在塑造强势品牌的策略对你有什么启发？

本章小结

229

本章首先从三个方面阐释了强势品牌的内涵，即"专注"、"业绩常青"和"无形资产"，在此基础上提出了强势品牌的概念，即强势品牌是一个好的产品或服务，能使购买者或使用者获得相关的或独特的最能满足他们需要的价值，而且面对竞争时总能保持它的优势。

接着本章还描述了强势品牌的基本特征以及培育强势品牌的策略，即差异化的产品设计；准确而有力的品牌定位；持之以恒的品牌识别的建设；有效的品牌营销网络；强调与消费者的高度相关性；精心的品牌管理。

本章的重点在于强势品牌的创新，品牌资产的动态性决定了没有一成不变的品牌，强势品牌更是如此，只有在不断的变革中才能成长与完善。强势品牌创新的动力促使品牌的创新，在强势品牌创新的过程中人们关注的是创新的原则和策略。

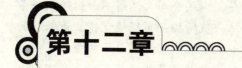

第十二章

品牌国际化

学习目标

知识要求 通过本章的学习，掌握：

● 品牌国际化的背景

● 品牌国际化与品牌本土化

技能要求 通过本章的学习，能够：

● 理解品牌国际化的含义

● 合理地处理品牌国际化与本土化的关系

231

学习指导

1. 本章内容包括：品牌国际化的背景环境，品牌国际化的途径，品牌国际化的法律及协定。

2. 学习方法：抓住重点，理解记忆，结合实际模拟练习，参与实际品牌国际化设计等。

3. 建议学时：4 学时。

 **引导案例**

索尼国际化案例带给中国企业的启示

2004 年年底我国"入世"保护期届满，一场严酷的全球化竞争就要在中国本土展开。而与此同时，国际贸易保护主义势强，家电、服装、家具等中国优势出口项目接连遭遇惩罚性的保护关税壁垒，中国公司又不得不匆忙踏上一条跨国经营的道路。同时在两个战场上与全球一流跨国公司同场竞技，最强烈的阻击与其说是来自跨国公司的打压，倒不如说来自中国公司自己的企业思维方式。在这样的时刻，我们反观全球化经营巨子索尼当年的路程，回味盛田昭夫与井深当年在全球化经营上的创造性扩张，或许得以窥见全球化的真谛。

一、索尼国际化冲动起因：后进小公司想打开国际大市场

盛田昭夫第一次去美国时满腹疑虑：一个小小的日本公司在这样一个巨大的国家里是否有生存的机会？而当时的日本制造，基本上是与小饰品及廉价仿制品联系在一起，他永远不会忘记那一刻产生的懊恼。当后来到了荷兰参观飞利浦公司，他惊奇地发现这个闻名世界的大企业集团总部，竟然设在古镇艾恩德霍枫，这里的规模和生活节奏使他觉得容易对付，心情也舒畅起来。他给井深写信：如果飞利浦能做到，也许我们也能做到。飞利浦启发了他：公司地点不重要，建立一个国际知名品牌至关重要。

考察回来，盛田决心给公司起个带点全球视野的名字，使其在美国也能让人容易拼读和识别。从1950年以来，公司的磁带就用SONI上市，这个名字来源于拉丁文SONUS的发音，盛田现在将SONUS与英文中的SONNY-BOY合成SONY，SONY让他感到青春活力，代表着激动人心的电子产品。公司的商标和名称都一样，用各种语言表达都是简明的SONY。

二、革除短视利益：拒绝10万台代工订单

1955年索尼在美国起步时茫然无措，找不到经销商。盛田昭夫放下所有的事情，自己去美国同一家家经销商接洽谈判。终于有了一个对半导体收音机感兴趣的，并且订单为10万台的大客户，条件却是以经销商布罗瓦的名义销售，索尼为这家美国公司做代工，理由是"没人听说过索尼"。可是对盛田来说，要紧的是让索尼的名字响彻全世界，公司在美国市场上尚未立足，此时的妥协将会招致索尼最终的失败。但是，盛田无法说服在日本的井深和董事会，于是他决定行使自己的权力：拒绝这份订单。

三、跨越文化的障碍：起用美国人做总裁

美国人与日本人的思维方式和看待世界的方式都存在着很大的差异，而盛田却善于克制和隐藏他可能有的不良情绪，盛田本质上是一个独断专行的人。他知道日本文化与美国文化的距离。要想使索尼公司融进美国文化，必须起用美国人领导索尼（美国），这也就是索尼"全球经营本土化"政策的萌芽。他把美国总裁的位置虚位以待，决心寻找一个美国人担任索尼美国的总裁。终于，盛田看中了哈维·沙因。沙因的管理风格虽然与盛田格格不入，但却是盛田真实触摸、碰撞、吸收、消化美国文化的捷径。这种触摸在盛田时代一直就

没有停止。

四、寻找支撑品牌的精神原点：巨额亏损与 7 年研发经费

在索尼历史上，寻找品牌精神原点的努力发生在索尼单枪三束彩管诞生的痛苦经历中，其间爆发了井深与盛田昭夫第二次冲突。

索尼 1961 年就开始了这一产品的开发。在长达 7 年多的研究开发中，索尼承受了巨大的亏损，度日维艰。身为总裁的盛田非常迫切要求减少亏损。盛田领导的财务人员深入到技术队伍中，四处寻找可节省的开支。而井深却不关心焦点以外的问题，他带领一线技术人员忘掉销售目标，做他们愿意做的事情，以便创造出能让人感到惊喜的产品。而面对井深，一种莫名的信托和尊重左右了盛田，他不得不动用广泛的社会关系筹措到索尼第一笔开发贷款 200 万美元。当首批显像管从装配线上下来时，井深对研究组深深地鞠了一躬。暮年的井深回忆，他在索尼最值得骄傲的事情，就是单枪三束彩色显像管的诞生。井深不只是为自己团队的创造物而骄傲，也为在危机中他跟盛田的紧张与信赖而陶醉，更为索尼回归本源而庆幸。还在 1946 年 1 月，井深把自己的梦想记在一个长达 10 页被称为"创业计划书"的文件上。计划书提到，"组建公司的目的是创造理想的工作场所，自由、充满活力与快乐，在这里，富于献身精神的工程师们将能使自己的技能得到最大限度的实现。"这就是索尼文化的精髓，也是支撑索尼品牌的精神原点。

进入 2005 年，全球化已经全面深化到这样的程度，当年曾经困扰索尼的许多问题，今天依然在困扰着我们一流公司的跨国经营。一个后进国家的小公司想打开已被巨头瓜分完毕的国际市场，将是商业社会永远存在的基本冲动。只要世界上有这样的冲动勃发，就有盛田昭夫的位置。

资料来源：王育琨. 索尼国际化案例带给中国企业的启示 [J]. IT 时代周刊，2004 (24).

➡ **问题：**

1. 索尼国际化经营的原因有哪些？
2. 索尼国际化经营的措施具体体现在哪些方面？

第一节　品牌国际化的背景

随着经济和高新科技的发展，快捷的通信、高效的运输和全球间的资金流动已成为现实。这种客观条件的变化使国际市场的距离缩短，国际贸易活动日益活跃，在一个国家开发出的产品和品牌，如美国的肯德基、德国的奔驰、法

国的 LV 以及中国的联想品牌同样得到其他国家的接受甚至热烈欢迎。人们用这样的场景来描述企业国际化的现状和必要性：一位德国的企业家穿着意大利西装，在日本参观会见英国朋友，然后回家，打开俄罗斯的伏特加酒，并开着美国产的电视……国际化的影子可谓是无处不在。

问题 1：品牌国际化伴随怎样的背景环境？

1. 国内市场国际化

随着世界经济、科技的飞速发展，经济全球化已经成为现代世界发展的一种趋势，经济全球化主要体现在国家间的相互依存程度的不断提高，国家间互为市场，经济全球化的发展促进了国内市场国际化程度的提高。

随着我国改革开放的不断深入，境外产品和品牌通过各种渠道开始进入我国市场，国内国外品牌开始在市场上直接交锋。虽然有些行业境外品牌基本上还没有介入（如白酒、罐头、味精等）或者介入程度较低（如家电等），但是国外企业通过多种形式的合资和合作，通过"三资"的形式在某些行业占有了较大的市场份额（如电子产业、变压器、啤酒、造纸和轮胎等行业）。国内市场国际化程度的提高使得全球共同组成一个统一的大市场，市场的同质性为企业和品牌的发展奠定了良好的环境基础。

2. 企业竞争方式的转变

企业的竞争方式是在经营管理活动中不断发展建立起来的。"二战"结束后不久以及在其后较长的时期内，对世界许多国家的企业来说，是一个资源严重缺乏的时期，这个时期企业的竞争方式是通过改进生产工艺和降低成本来提供便宜产品竞争，是属于产品供给量竞争。进入 20 世纪 70 年代，许多企业在采取合理化措施的基础上，在降低成本方面取得了一定的经验和成绩，企业经营管理的重点逐渐转向产品的质量管理上。这个时期，产品的质量逐步成为消费者最关注的问题，这阶段的竞争方式是产品质量竞争。20 世纪 80 年代，企业仅仅依靠产品的质量，难以维持自己的竞争优势，著名的战略管理学家迈克尔·波特教授在这个时期提出企业的一般战略，企业必须在低成本和差异化方面建立自己的优势，这个时期企业的竞争方式是产品成本和差异化竞争。

20 世纪 90 年代以后，随着全球媒体和计算机网络的普及，任何在世界另一角落的技术或者产品创新都会在很短的时间内被模仿或者超越。消费者的嗜好发生了很大的变化，追求多样性，追求个性化、时尚化成为一种发展趋势，消费者往往从具有独特个性的品牌中寻找自己需要的东西。企业为了实现竞争优势，纷纷开始塑造企业产品品牌，投入大额的广告或者赞助费用极力打造企业的品牌形象，这一时期企业竞争的方式是品牌竞争。

21世纪，信息科技的发展使得国内市场国际化，大量的世界各地的品牌在同一市场上竞争，消费者的选择余地更大，国际品牌在消费者的心目中代表更多的意义，它对消费者的吸引力比区域品牌的吸引力更大，企业为了弥补国内市场的丧失和吸引国内和国际消费者，努力打造国际品牌，实现品牌的国际化，这一时期的竞争是通过品牌的国际化形象来竞争，目前打造品牌国际化成为企业的核心目标。

3. 企业生产能力的剩余

随着生产工艺的提高，企业的生产能力已经满足了国内市场的需求，而企业想赚取更多的利润，必须寻找更大的市场。全球市场的同质性表现为全球消费者对同种产品有相同的需求，全球市场成为企业最好的市场扩展空间，企业利用在国内市场积累的经验走向国际市场，以在国际市场上创造品牌形象来解决企业的生产能力剩余问题。例如，我国温州的造鞋企业，在已经树立了良好的品牌形象的情况下，为解决企业要发展与生产能力过剩的问题，开始通过多种途径实现品牌走出去的策略，如出口成品、国外设置分厂等。这样既创造了国际品牌，又解决了生产能力剩余的问题。

4. 国际传媒的发展

国际传媒的增多，使品牌国际化的机会变大。在以传统媒介为主的时代，一个企业创建的品牌多限定在国内市场，因为向其他国家的传播难度很大，与重新创建一个品牌所付出的努力没什么太大的差异，因此许多企业只是有设想而不会付诸实施。现在除全球电视频道外，还有了国际互联网，再加上专门的全球事件节目。如奥运会、一级方程式车赛等，使品牌国际化成为只要行动，便有可能成功的事业。可口可乐、索尼、佳能、康帕利、马爹利等品牌都通过对奥运会的赞助而走进了拥有电视的所有家庭。现代传播媒介造就了品牌国际化的发展。

5. 政府的大力支持

对国家而言，品牌是一种国家综合实力的象征。一般来说，哪个国家的世界品牌数量多，哪个国家的经济实力就强大。这样政府为了增强国家的实力，对企业创品牌大力支持和加大鼓励。国家首脑出访亲自担任本国经贸"推销员"，并都有大型商贸代表团随行。这为品牌实现国际化创造了有利的政治环境。美国总统的每次出访，空军一号上大部分的成员是美国一些中小企业的高层管理人员。总统利用有利的时机为企业走向别国市场奠定有利的谈判基础，如2004年布什总统访华期间为美国二十几个中小企业对华贸易创造了有利的条件，拿到了大笔订单，从而使这批中小企业的品牌进入中国市场。

6. 中国品牌危机重重

近几百年来，我们环顾世界市场，从"MADE IN CHINA"的产品在国际市场上的知名度和占有率来看，真正具有高附加价值、高技术含量、享有世界声誉的国际性品牌还不多。在美国著名的《金融世界》评出的当今世界 50 个驰名商标中，没有一个中国的商标。中国目前尚无世界品牌。外国著名品牌在中国"跑马圈地"和中国企业在替人"作嫁衣裳"的严酷现实令每个炎黄子孙不能漠视，中国企业必须担负起广大国人的期望，走出国门，创造国际性的品牌。2005 年全球品牌 100 强上榜品牌数量与国家分布如图 12-1 所示。

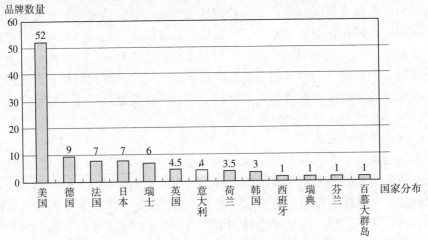

品牌数量

图 12-1 2005 年全球品牌 100 强上榜品牌数量与国家分布①

当今世界是一个开放的世界，经济全球化的潮流不可逆转，所有的企业都将不可阻挡地投入全球性的竞争中去谋求生存和发展。为了将来的发展，每个企业都不得不在全球范围内竞争。品牌战略不能走自我封闭的道路，而应面向全球，走品牌国际化的道路，努力创造出世界名牌。

问题 2：什么是品牌国际化？

品牌国际化（Global Branding），又称为品牌的全球化经营，是指将同一品牌以相同的名称（或标志）、相同的包装、相同的广告策划等向不同的国家、不同的地区进行延伸扩张，以实现统一化和标准化带来的规模经济效益和低成

---

① ［美］埃里克·乔基姆塞勒等. 品牌管理［M］. 北京新华信商业风险管理有限责任公司，译. 北京：中国人民大学出版社，2001.

本运营的一种品牌经营策略。品牌国际化有如下三个基本的含义：

（1）品牌国际化首先是一个区域性和历史性的概念，即品牌由本土向国外延伸和扩张的长期历史过程。品牌国际化不可能一蹴而就，它需要企业付出几年甚至几十年的艰辛努力，才能真正完成国际化的目标。像"麦当劳"就耗费了22年才将这一国家品牌塑造成一个具有国际化特征的全球品牌；又因为品牌国际化不仅仅取决于企业自身的努力，也取决于所要延伸和扩张国的政治、经济和其他条件的约束。例如，1978年以前，即使像宝洁公司这样极具竞争力的跨国公司想要进入中国市场也是不可能的，因为当时中国实行闭关锁国的政策。中国对外国资本进入实行了非常严格的限制。所以，将品牌国际化视为一种短期的提高销售量和经济效益的应对策略是不完全正确的。

（2）品牌国际化和品牌的跨国经营（Multi-national Branding）是相互联系但又不相同的两个概念。品牌国际化是指用统一的品牌、统一的市场营销组合策略开拓不同的国家、地区甚至全世界的市场，它将全世界视为无差异的统一市场；而品牌的跨国经营则是指利用统一的或者不同的品牌、市场营销组合策略去开拓不同的市场，它将全球各国视为差异化的不同的市场。更为重要的是，国际化经营和跨国经营的市场营销目标也存在着根本性的差别。

（3）品牌国际化有不同的形式，最低级的形式是产品的销售，即品牌商品的输出；较高级的形式是资本的输出，即通过在品牌延伸国投资建厂以达到品牌扩张的目的；最高级的形式是通过无形资产的输出，即签订商标使用许可合同等方式，实现品牌扩张的目的。从全球经济发展趋势来看，发达国家企业已经基本上完成了由商品输出到资本输出再到品牌输出的过渡。当然，风险最小、回报最高、最理想的方式自然是品牌输出方式。

品牌国际化代表着统一的品质、恒久的企业形象、全球化的服务、共同的消费心理基础和不断的技术创新，是企业对全世界消费者商品价值的一种承诺。更为重要的是，国际化品牌需要全球化消费者的一种心理认可。国际化品牌有力地传递出一个高度负责的企业形象，是企业战略愿景和企业内部运营体系的有机配合。要使品牌国际化成功，一个非常重要的问题就是如何在全球范围内组织和协调经营资源。在经济全球化的今天，在全球范围采购、以全球为市场进行研究开发、生产制造以及销售是一些著名品牌的显著特征。

第二节　品牌国际化与本土化

2005年5月份，联想通过"蛇吞象"式的收购跨出了我国企业品牌国际化的一大步。随后开始实施一系列的整合措施，至2006年年底联想集团已两易主帅（总裁）。TCL通过收购德国的施耐德，与汤姆逊重组的方式将业务扩展到欧洲和美洲市场。然而两年过去了，TCL的国际化处境不仅没有出现良机，甚至还有继续恶化的趋势，欧洲市场已经基本退出，美国市场彩电占有率也在下降，在新兴市场国家大多也在收缩战线。海尔则通过品牌直接输出的方式在艰难地拓展国际市场。与国内市场相比，品牌国际化要面临一些独特的问题，这些问题一部分来自目标国，另一部分来自本国。而这些问题都是品牌国际化过程中不得不考虑的。

问题1：品牌国际化进程中需要考虑的因素及克服的障碍有哪些？

1. 目标国家的市场特征

（1）市场大小。这包括现在和预期的市场大小。在较小的市场可选择低成本的、间接的进入模式，如非直接出口，通过代理、经销商出口，许可证和其他合同进入模式等。反之，销售潜力很大的市场，则应选择高回报的、直接的进入模式，如建立分支机构或子公司出口，或在国外直接投资等。

（2）竞争结构。市场类型总是在分散型（许多不占主要地位的竞争者）到买主垄断型（少数占主要地位的竞争者）及垄断型（单一公司）之间变化。对分散型市场，一般选择出口进入模式，对买主垄断或垄断型市场，则常常要求采取对生产进行固定资产投资的进入模式，以增强企业对垄断型大公司的竞争能力。如果断定向目标国家出口或投资的竞争太激烈，企业也可以采用许可证贸易或其他合同进入模式。

（3）目标市场的基础条件的提供能力和质量。例如，在与当地的代理商、经销商和其他企业有一般联系或者根本不存在联系的情况下，出口型企业可通过分支机构及子公司等直接进入模式达到自己的目标。

（4）生产规模经济。如果在生产或提供服务上存在规模经济，并且这一规律超出了主要国家的市场范围，通过集中生产和全球竞争，企业就能够获得成本优势。有时纵向的科工贸一体化的优势也对获得全球生产的经济性十分关键，因为一个纵向一体化系统的有效规模大于某一个国家的市场。

2. 目标国家的环境因素

目标国家的环境包括政治、经济、社会文化特征以及自然环境等。这些环境因素对企业选择进入模式具有决定性的影响，特别是目标市场国有关外国企业经营的政策、法规的影响不容小视。限制进口政策，如提高关税、紧缩配额或其他贸易壁垒，使得企业放弃该进入模式而转向其他方式。如俄罗斯是我国黑龙江服装、鞋帽、纺织等劳动密集型产品的出口地，2006 年前 11 个月这些商品占对俄罗斯出口额的 70%以上。但自该年 11 月中旬传出俄罗斯政府限制外国人介入零售业的消息后，黑龙江各口岸的出货量出现了急剧下降的反常情况。这些限制外国投资的政策迫使企业选择其他初级的进入模式以及放弃独资而转向合资，放弃新建而转向兼并、收购等进入模式。

另外，目标市场国的产业政策也是对欲进入企业影响比较大的法规政策之一。目标国政府有很多目标，如就业和收支平衡。这一方面从本国利益出发；另一方面出于政治的考虑。这些考虑可能对某个产业有着很重要而直接的关系。航天器、武器产品或者计算机的购买在很大程度上依赖于本国政府与买主政府之间的政治关系。此外，政府的产业政策能够发展成企业的目标，提供研究与开发费用，并且可能在许多方面影响企业在全球竞争中的地位，同时，这些支持的结果增加了企业退出产业的障碍。因此，企业要完全理解所在国的产业政策，研究世界市场上与本产业产品相关的政府之间的政治与经济关系。

239

阅读材料

从 2007 年 1 月 15 日起，限制外国劳务人员在俄罗斯从事零售业务法令在俄正式生效。这项由俄联邦政府总理签署的命令规定：从 2007 年 1 月 15 日起，不允许外国人在俄从事酒类（包括啤酒）、医药类商品的零售；从 2007 年 1 月 15 日至 4 月 1 日，外国人在俄市场内从事零售业和在商店之外从事其他零售经营者要减少到 40%，从 2007 年 4 月 1 日至 12 月 1 日要减少到零。这意味着包括中国人在内的从事零售业的外国人，迎来了零售经销的"严冬"。据中国商务部的统计，目前，在俄罗斯各地从事商业零售业的中国籍商人达 10 万人左右。此项法令的实施，意味着 10 万多名中国商人面临从俄零售市场出局。

中国商人受冲击严重

据黑龙江省黑河市一位主管对俄经贸的官员介绍，俄罗斯采取的这种措施，尤其是其中对在帐篷和露天市场从事商品零售业务的限制，对在俄罗斯的中国商人影响最大。

据介绍，从 20 世纪 80 年代开始，中国人进入俄罗斯市场是从"倒爷"的形式开始的，一直发展到现在。目前俄罗斯和中国开展了正常的贸易往来，各种经商处、商务办有很多，从整体来看，从事零售业的中国商人占在俄中国人总数的近 1/4。

中国人在俄的外国务工者中属于少数，但由于俄罗斯轻工业产品比较缺乏，中国商品性价比高，弥补了这个空缺，因此近年来中国商品逐渐走俏俄罗斯，在俄罗斯市场中的中国商贩也因此越来越多。

业内人士指出，如果该项法令正式实施，那么很多中国商户就失去了在俄罗斯市场立足的根本，他们的出路只有一条，就是回国。据了解，在俄罗斯的中国商人层次差别很大，一些在 90 年代赴俄的人中，大多已经成为当地精英，在俄罗斯办厂建房，雇用独联体或俄罗斯当地人做员工，自己只负责从中国境内组织货源。但很多后来者则多以在俄罗斯各地市场"练摊"为主，这些人大都不想长期在俄罗斯搞投资，主要就是进行商品零售，因此，此次禁令对他们的影响最大。

资料来源：谭力新，刘洁. 俄罗斯零售业限制外国人进入 中国对俄出口重创 [N]. 中华工商时报，2007-01-22.

目标国家的地理位置因素（自然因素）也会影响企业进入模式的选择。当距离目标国家很远时，由于运输成本高，增加了成本，出口产品竞争不过当地的产品，只得放弃出口进入模式而转向其他，以免带来更大的花费。在大幅度降低运输成本的情况下，出口企业可能在目标国家建立综合运行系统，逐步实行向投资进入模式的转变。

3. 管理上的障碍

即使在全世界市场上所销售的产品类别一样，其营销传播方式、销售方式和销售任务也应该有所区别。销售渠道的性质、销售媒介和顾客的支付能力因不同的国家而存在很大的差别。为了建立起全球化品牌，我国的许多企业开始了变革创新的历程，而首要的就是变换标识，树立全球形象，实现与消费者之间的简单接触与沟通。美的品牌改版后的蓝色环形，象征着全球形象；"MIDEA"的字母组合则可能唤起更广泛人群的联想。海信把原来由红蓝两色组成的圆球，改成代表绿色与活力的"Hisense"。

企业的全球化策略实施的一个重要环节就是在世界各个市场上采取本土化策略，应该做到"到什么山上唱什么歌"、"看菜吃饭"、"量体裁衣"。要想在国际市场上成功，最根本的是将全球营销的标准化与当地市场的本土化有机结合起来。各国市场消费者行为并非决然迥异，而是有一些共同点，由此可以实施营销的标准化，节约成本。各国消费者又存在一些差异，没有本土化，不可能在当地市场成功。飞利浦没有很好遵从标准化原则，其意大利、法国、德国的分公司为每个市场生产和供应不同型号的洗衣机，致使研发、生产、原材料、营销成本高昂。当美国惠尔普公司收购飞利浦洗衣机业务后，发现意大利、法国、德国以及欧洲其他国家消费者存在共同的偏好，产品核心部分是相同的，各国消费者在功能和外形上的爱好略有不同，因此，惠尔普主张开发一种产品平台，各国市场在此平台稍作改动，如此，既节约了成本，又满足了当地需要。[①]

　　另外，在一些产业里，由于产品变革、市场发展阶段或者消费者的文化观念等原因，消费者只愿意和当地企业打交道。在国际市场上，由于我国企业要不断开拓，打进国际市场，就要不断在进入模式和品牌输出方面多做创新，努力创造中国自己的世界名牌。

　　4. 社会文化因素

　　这主要是指本国和目标国在社会文化方面的差距。当目标国家与本国的价值观、语言、社会结构、生活方式的区别十分明显时，国际型企业进入目标国形成的有形和无形的障碍越大。文化差距大，通常使获得信息及购买软件的成本上升，这就限制了对目标国家的非投资进入，而只能采取投资进入模式。文化差距还影响企业选择目标国家的先后顺序，企业总是首先选择文化与本国相近的国家。

241

　　5. 来自本国的因素

　　本国的市场、生产和环境因素同样影响企业对目标国进入模式的选择。一个广大的国内市场使企业在国内有很大的发展余地，于是国内市场状况使企业趋向于国内市场导向型，减弱了对各种形式的国际贸易的兴趣。反之，国内市场小的企业热衷于通过出口以达到最佳的经济规模。本国的竞争态势也影响进入模式，卖方垄断工业企业倾向于仿效那些要增强竞争力量的国内对手。进一步讲，当一个企业想进行海外投资时，其竞争对手也随之而至，因为垄断者不愿看到对手在出口和许可证贸易方面对自己构成威胁，他们的反应就是投资。另外，分散的工业企业更倾向于采用出口和许可证贸易模式进入国际市场。

　　品牌国际化需要全球消费者从心理上接受该品牌所包含的有形实体和无形要素，可是国际市场环境复杂多变，因此企业在跨出国门之前必须要对目标国市场进行充分了解和全面分析，克服障碍，选择和采取恰当的国际化途径，唯有如此才能真正有利于企业国际化营销战略的制定和执行。

　　① 韩中和. 品牌国际化战略 [M]. 上海：复旦大学出版社，2003.

问题 2: 哪些途径可以帮助企业实现品牌国际化战略?

实施品牌国际化战略,建立国际性品牌就是获取全球的竞争优势。而获取竞争优势就要面临各种各样的障碍,这些障碍有经济方面的、制度方面的、环境方面的等,企业应该根据自身的优势和所面临的障碍选择合适的进入模式参与国际市场的竞争。总的来说,企业进入国际市场的基本模式有出口、许可生产、特许经营和直接投资四种。近些年来,我国不少企业(特别是国内经营成功的品牌)采用品牌收购的方式进入国际市场,目前这种进入模式越来越多地被理论界所关注。

1. 出口

这种形式适合于任何规模的企业,也是企业进行国际化经营的第一步。通过出口,企业可以规避已处于饱和状态的国内市场,或者为处于衰退阶段的产品重新找到市场或者使产品的销售条件变得更为有利。2005 年我国国内彩电的市场需求只有 2500 万台,而我国彩电行业的产能是 8000 万台。所以,国内家电企业将呈现出更强的对海外市场的依存性。2005 年 1~8 月份累计出口彩电 2707 万台,比上年同比增长 56.2%。家电产品的出口不仅有效地缓解了国内市场竞争的压力,还促进了家电行业的快速发展。

选择出口途径的好处是风险较低,企业如能通过专业经销商进行出口,不但能获得良好的服务,而且能获得更加完整的信息。出口途径的缺点是当出口数量较大,同时出口采用的主要竞争方式是价格竞争时,出口扩张日益受到其他国家的关注和抵制,就形成了我国与主要贸易伙伴之间的局部冲突(例如,曾经发生的西班牙焚烧中国鞋事件),也易形成进口国采取各种贸易补贴措施和贸易壁垒,对出口国企业扩展国际市场形成政策和法律障碍。

2. 许可生产

许可生产的模式是指通过签订许可证、收取使用费的方式让其他企业获得使用自己企业发明的、受专利保护的技术生产产品的权利。许可生产一般受时期限制,在超过专利保护期后,是否维持原许可证条件取决于双方的谈判能力。采取许可生产的方式将企业的技术卖给外国不但可以使自己企业的专利技术得到更广泛的应用、补偿技术研究开发的费用,还可以通过所提供的技术,特别是这些技术的后续发展对受许方的生产经营进行控制。但是采取许可生产形式可能会为企业自己培养出一个竞争对手;将专利提供给缺乏有关专利保护法律的国家,可能会发生专利被侵权的情况。

3. 特许经营

特许经营是企业将自己的某一专利以合同的形式准许其他企业使用的一种

经营方式。这种权利可以涉及很多方面，包括专利、技术秘密、商标与品牌、组装加工、管理模式，等等。受许方对这种权利的使用往往受到许可方规定的时间和区域的限制。同时许可方收取受许方一定的费用作为回报。

特许经营属于一种"双赢"的经营模式，对于许可方来说，不必投入大量的资金就可以快速地进入国际市场，快速"复制"成功的管理模式以及经营模式，在国际市场拓展品牌知名度，使自身的经营特色发挥最大的经济效益和社会效益。如果特许协议要求受许企业必须使用许可企业提供的零部件和机器设备，更对许可企业的出口有利。而对于受许企业来说，也不必投入大量的精力和时间探索有特色的经营管理模式，只需投入一定的资金就可以借助别人的先进技术和商标来增强企业自身的竞争力。

很多跨国公司都曾采用特许经营的方式开拓国际市场。例如，快餐业中的麦当劳和肯德基就是通过特许经营连锁的形式造就一个全球品牌；可口可乐公司以"特约代营装瓶业务"的特许形式，保证了不泄露原糖浆配方的前提下成功地向世界市场不断地扩张。

4. 直接投资

直接投资可以分为两种形式：在外国建立合资公司或在国外建立独资公司。合资企业是有两个或两个以上的企业共同拥有或控制的企业，投资方中至少有一方位于合资企业的所在地。独资企业是指企业（跨国企业）在海外投资并完全控制所投资企业活动的方式。跨国企业可以通过两种方式在海外建立独资企业：第一，跨国企业在外国设立独立的企业实体。采取这种方式，跨国企业可以按照自己的需要安排独资企业的规模、技术、设施和企业所在地，在较小的阻力下将自己的管理方式应用于这个新企业，建立起适合跨国企业经营战略和目标的企业文化。第二，跨国企业购买当地已经存在并已在经营的企业，获得对该企业的所有权。采取这种方式不仅能够迅速进入外国市场，而且在进入的同时还至少能消灭一个当地的竞争对手；跨国企业还可以利用企业中的留用人员协调两国之间由于社会、文化差异造成的管理矛盾。

5. 兼并收购

兼并是指一个企业采取各种形式有偿接收其他企业的产权，使被兼并方丧失法人资格或改变法人实体的经济行为。收购是指一个企业能够通过购买上市公司的股票而使该公司经营决策权易手的行为。企业兼并的形式主要有承担债务式兼并、购买式兼并、吸收股份式兼并、控股式兼并四种形式。

目前，我国企业实施品牌国际化主要选择海外品牌兼并与收购。海外品牌兼并与收购是指通过收购国外具有知名度但经营不善的品牌，利用廉价劳动力成本在中国生产。通过收购和兼并国外企业达到收购国外品牌的目的，收购后使用对方品牌以开拓当地市场。在当今的国际市场，兼并和收购已成为跨国资本流动的最主要方式。兼并和收购也将是打通国际市场的主要手段，该种模式的典型代表是联想和 TCL。

问题 3：品牌国际化和本土化的关系如何？

能创造出国际知名度的品牌，其背后肯定有特色卓越的产品或服务作为支撑。而这些特色的最初形成和以后的逐渐成熟，绝对体现了母土特色，它们在外国的分支机构应该而且必须保持这种母土特色，但也不能完全不变地"克隆"，必须根据分支机构所在国的地理、人文状况作适当的调整，否则，很难在当地发展。这是因为，分支机构面对的消费者有别于母国的消费者，虽然说市场一体化的趋势不可阻挡，然而，消费者口味、消费者习惯、地方文化和风俗、政治经济体制等在相当长的时期内不可能实现趋同，采取本土化的营销战略是一种明智的经营思路。趋于本土化并不意味着完全意义上的本土化，完全的本土化就是矫枉过正了。趋于本土化，指的是在保持、巩固母土产品、服务基本特质内涵的前提下，对经营方式、产品等作适当的处理，以营造一种与所在国自然、人文环境相近的经营氛围。趋于本土化的营销，妙就妙在变与不变之间，不变的是内在的精髓，改变的则是形式，如此才能称为成功的国际化经营。

实施品牌国际化战略，应坚持全球化与本地化的统一。品牌国际化的过程实际上是与当地消费者进行沟通的过程。一味地追求全球一体化，会忽视地方市场的特殊性；一味地追求本土化，则一方面会由于分散使用资源，降低资源配置的水平和资源使用效率；另一方面也不利于品牌整体形象的形成。过分地追求本土化，有违实施品牌国际化战略的初衷。

问题 4：品牌国际化与本地化应当如何有效地结合？

1. 产品本地化

世界各地的消费者对产品的实际以及潜在的需求都是不一样的。品牌进入当地市场后，要想方设法让自己的产品融入当地人的生活中。产品每跨一个地区，都要通过一系列的消费者测试调查研究，来确保产品满足消费者的不同需要。根据消费者的消费层次和消费习惯，时时刻刻拉近与消费者的距离，让消费者将品牌看做身边的一个朋友。肯德基针对中国人的口味在市场上接二连三地推出中式口味的"劲爆鸡米花"、"榨菜肉丝汤"、"番茄鸡蛋汤"、"老北京鸡肉卷"等。肯德基在营造中国情、打造中国味。本土化的产品，由于其独特性、差异性，也会填补国际空白，而更具有国际化意味。

2. 本地化经营方式

品牌进入外国市场后，所处的是截然不同的政治环境。当地政府对品牌的经营方式有各自不同的规定，同时当地的消费者有不同于本国消费的习惯和模式。品牌为了彻底融进消费者的心里，同时保证在当地市场上是一个遵纪守法的公民，就要改变原有的经营方式，实现经营模式的转变，才能真正地实现品牌的国际化。美国安利在中国政府颁布禁止传销业务时，果断地实行"店铺销售加雇用推销员"的模式，成功地建立了具有中国特色的经营模式。这种经营模式既符合中国政府发布的传销禁令，又迎合了中国消费者的消费心理。

3. 促销活动本地化

品牌进入外国市场后，要根据当地的风俗人情，巧妙地设计促销方案、广告节目，主动融合本土观念。用当地的节日、重大的新闻事件等有利时机进行促销宣传。可口可乐公司针对中国市场推出春节贺岁形式的广告片，同时利用北京申奥成功、中国"入世"、中国足球闯入世界杯等重大时机大做广告宣传。让广大消费者认为可口可乐是中国的品牌，成功地实施品牌本土化的运营。

4. 注重品牌翻译，树立本土形象

品牌进入外国市场，由于语言的不同，首先必须将产品原本的品牌名称转换为以当地语言表达的品牌。翻译要适应当地语言内涵和寓意，这样才能被消费者认同，才能在市场上站住脚，进而逐渐拓展市场。因此，品牌翻译对于开发国际市场，是最为关键的一步。品牌翻译时必须兼顾消费者的文化和生活习惯以及审美心理，还要注意一些民族禁忌。

5. 品牌传播中融入当地的文化传统

国外强势品牌每到一个国家或地区均将当地的文化传统科学地融入自己的品牌传播和自身的品牌思想中，以拉近与消费者之间的距离，挖掘消费者文化心理，从而让当地人视品牌为生活的一部分。日本丰田汽车在中国的广告，就巧用了中国人家喻户晓的俗语："车到山前必有路，有路必有丰田车"，获得亿万中国人的认同和传播。

关键术语： 品牌国际化

品牌国际化是指将同一品牌以相同的名称（或标志）、相同的包装、相同的广告策划等向不同的国家、不同的地区进行延伸扩张，以实现统一化和标准化带来的规模经济效益和低成本运营的一种品牌经营策略。

考试链接

考试大纲规定考生要掌握品牌国际化的背景环境、品牌国际化的内涵、品牌国际化的途径、品牌国际化与本土化的关系以及品牌国际化的法律及协定等内容。

 案例分析

联想国际化，没有回头路

截至2005年年底第三季度财务报表显示，联想在大中华区电脑市场的销量上升17%，季度内营业额达16亿美元，占总营业额40%。而在美洲地区，联想PC销量下跌4%，季度内综合营业额为10亿元，占总营业额26%。2006年1月26日，联想美洲区总裁辞职，也充分印证了联想在美洲地区的尴尬困境。

联想集团财务总监马雪征坦然承认："美洲依然是个问题，我们仍在赔钱，销售收入也在下降。"联想，仍在经历国际化的苦难之旅。

客观地讲，联想迈出了中国企业国际化的第一步，而且仍在以自己的顽强和执著引领着国有企业的国际化航向。可以说，联想这些年在美国市场并没有被惠普、戴尔等巨头击败，而在借助IBM的PC品牌形象一步步地获得海外客户的认可。

2006年，联想在美国市场进行业务重组，压缩运营成本，目前正在接近一个"临界点"。除此之外，联想还在美国市场上马不停蹄地涉足新的业务领域，如开展直销服务。2005年，联想在美国市场推出了首批联想品牌的电脑，并与零售商百思买结成了销售合作伙伴。为了提高品牌知名度，联想还在美国发起了一系列营销攻势，包括与NBA建立了营销合作伙伴关系。

联想也明白，在海外市场"心一直在悬着"，而且没有喘息的机会。联想更清楚，在海外市场，没有回头路可走。因为，前面有惠普、戴尔两条拦路虎，后面有Acer在加速追赶。留给联想的空间，正在对手的前后夹击中一点点地压缩。

俗话说，置之死地而后生。联想要在海外激烈竞争的环境中出人头地，就必须坚持，坚持，再坚持。必须先从主观找原因，先解决自身的问题，学会像美国人那样思考，适应美国人的游戏规则，而不是以国内市场老大的心态在美国制定自己的游戏规则。或许，能否实现真正的本土化运作，是联想美国市场能否盈利的关键所在。

既然没有回头路可走，联想就不要患得患失，顾虑太多。综观业内IT巨头的成功，哪一个在坚持惯性思维，哪一个在坚持常理出牌？商场如战场，兵无常形，水无常态。联想在海外，也应该懂得博弈的变化和策略的调整。要因

美国人的需求而变化，要因竞争对手的变化而调整。因势、因时而变，联想才能在海外市场应对自如，立住脚跟。

惠普再度雄起，戴尔面临危机，联想面临挑战，也面临难得的机遇。联想，如能从惠普的东山再起中悟出一些道理，如能从戴尔的失落中吸取一些教训，或许，明天会成为 IT 业界一个真正的英雄。

国际化，是我国企业发展到一定阶段的必由之路。也许，我国企业的国际化必然要经历一段艰难的苦旅，风雨之后见彩虹，我们期待联想能早日走出国际化苦旅的轮回，为中国企业的国际化树立一面旗帜。

资料来源：靳生玺. 联想国际化，没有回头路 [EB/OL]. http://tech.sina.com.cn/roll/2007-02-03/1203237594.shtml，2007-02-03.

➡ **问题讨论：**

1. 联想品牌国际化的背景是什么？

2. 你认为联想品牌国际化应该采用哪些国际化策略？

本章小结

本章从国内市场国际化、企业竞争方式的转变、企业生产能力的剩余、国际传媒的发展、政府的大力支持和中国品牌面临的危机等几个方面介绍了品牌国际化的背景，阐述了品牌国际化的外部环境和品牌实施国际化战略目标的重要性。

接着介绍了品牌国际化时应考虑的经济、文化环境状况，同时分析了品牌国际化和品牌本土化的辩证关系，即国际化是企业经营的战略目标，而本土化又是实施品牌国际化的终极目标和归宿。本章还简要描述了品牌国际化的具体策略。本章最后介绍了品牌国际化的法律与协定，以及品牌国际化的法律程序和注意事项。

参考文献

1. 菲利普·科特勒. 营销管理 [M]. 新千年版·第十版. 北京：中国人民大学出版社，2002.

2. 麦可·梅尔德伦，马尔科姆·麦当诺. 45 个最重要的营销概念 [M]. 呼和浩特：内蒙古人民出版社，1999.

3. 凯文·莱恩·凯勒. 战略品牌管理 [M]. 李乃和等，译. 北京：中国人民大学出版社，2003.

4. [英] 尼古拉斯·因德. 塑造公司最优品牌 [M]. 郭玉闪，译. 上海：上海人民出版社，2004.

5. [美] 詹姆斯·格雷戈里. 四步打造卓越品牌：品牌管理的革命 [M]. 胡江波，译. 哈尔滨：哈尔滨出版社，2005.

6. [美] 大卫·艾克. 创建强势品牌 [M]. 吕一林，译. 北京：中国劳动社会保障出版社，2004.

7. 伯恩德·H.施密特. 体验式营销 [M]. 北京：中国三峡出版社，2001.

8. Rik Riezebos，Bas Kist，Gert Kootstra. 品牌管理 [M]. 李家强，译. 北京：机械工业出版社，2004.

9. [英] 斯图尔特·克莱纳，德·迪尔洛夫. 品牌：如何打造品牌的学问 [M]. 项东，译. 西安：陕西师范大学出版社，2003.

10. [英] 保罗·斯图伯特. 品牌的力量 [M]. 尹英等，译. 北京：中信出版社，2000.

11. [美] 马里奥蒂. 品牌和打造品牌 [M]. 时建，译. 上海：上海远东出版社，2002.

12. [美] 大卫·艾克. 管理品牌资产 [M]. 奚卫华，董春海，译. 北京：机械工业出版社，2006.

13. 阿尔文·托夫勒. 第三次浪潮 [M]. 朱忘焱，潘琪，张焱，译. 北京：新华出版社，1996.

14. 约翰·梅纳德·凯恩斯. 就业、利息和货币通论 [M]. 北京：商务印书馆，2006.

15. 刘威. 品牌战略管理实战手册 [M]. 广州：广东经济出版社，2004.

16. [美] 大卫·艾克，爱里克·乔瑟·米赛勒. 品牌领导 [M]. 曾晶，译. 北京：新华出版社，2001.

17. [美] 凯特奥拉，格雷厄姆. 国际市场营销学（原书第 10 版）[M]. 周祖城等，译. 北京：机械工业出版社，2000.

18. [美] 埃里克·乔基姆塞勒等. 品牌管理 [M]. 北京新华信商业风险管理有限责任公司，译. 北京：中国人民大学出版社，2001.

19. Kevin Lane Keller. Strategic Brand Management: Building, Measuring & Managing Brand Equity [M]. New Jersey: Prentice Hall, Inc., 1998.

20. Brown, Stephen. Postmodern Marketing [M]. London: Routledge, 1995.

21. 菲利普·科特勒. 营销管理 [M]. 第 11 版. 梅清豪，译. 上海：上海人民出版社，2003.

22. 林恩·阿普绍. 塑造品牌特征 [M]. 北京：清华大学出版社. 1999.

23. 陈云岗. 品牌管理 [M]. 北京：中国人民大学出版社，2004.

24. 李业. 品牌管理 [M]. 广州：广东高等教育出版社，2004.

25. 乔春洋. 品牌文化 [M]. 广州：中山大学出版社，2005.

26. 余明阳. 品牌学 [M]. 合肥：安徽人民出版社，2004.

27. 周朝琦，侯龙文. 品牌经营 [M]. 北京：经济管理出版社，2002.

28. 刘光明. 企业文化 [M]. 北京：经济管理出版社，2001.

29. 周朝琦等. 品牌文化——商品文化意蕴、哲学理念与表现 [M]. 北京：经济管理出版社，2002.

30. 丁桂兰. 品牌管理 [M]. 武汉：华中科技大学出版社，2008.

31. 曾朝晖. 中国式品牌——管理篇 [M]. 北京：东方出版社，2005.

32. 汪涛. 现代广告学 [M]. 武汉：武汉大学出版社，1998.

33. 中国营销总监职业培训教材编委会. 品牌营销 [M]. 北京：朝华出版社，2004.

34. 李倩茹，李培亮. 品牌营销实务 [M]. 广州：广东经济出版社，2002.

35. 蒲楠. 打造品牌 [M]. 北京：中国纺织出版社，2004.

36. 王永龙. 21 世纪品牌运营方略 [M]. 北京：人民邮电出版社，2003.

37. 何建民. 创造名牌产品的理论与方法 [M]. 上海：华东理工大学出版社，2002.

38. 叶明海. 品牌创新与品牌营销 [M]. 石家庄：河北人民出版社，2001.

参考文献

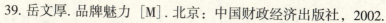

参
考
文
献

39. 岳文厚. 品牌魅力 [M]. 北京：中国财政经济出版社，2002.

40. 晓钟. 品牌资本运营之势 [M]. 北京：经济管理出版社，1999.

41. 白光. 品牌的故事 [M]. 北京：企业管理出版社，1999.

42. 万力. 名牌营销策划 [M]. 北京：中国人民大学出版社，1997.

43. 韩光军. 品牌设计与发展手册 [M]. 北京：经济管理出版社，2002.

44. 何建民，朱萍. 创造中国的名牌产品 [J]. 上海商业，2000（8）.

45. 苏勇，金新民. 现代公司名牌战略 [M]. 济南：山东人民出版社，1999.

46. 陆娟. 现代企业品牌发展战略 [M]. 南京：南京大学出版社，2002.

47. 邓德隆. 两小时品牌素养：面向企业家的中国品牌竞争力分析报告 [M]. 北京：机械工业出版社，2005.

48. 徐明阳，杨芳平. 品牌学教程 [M]. 上海：复旦大学出版社，2005.

49. 边宏雷. 企业与品牌形象设计 [M]. 北京：建筑工业出版社，2005.

50. 陈云岗. 品牌设计 [M]. 北京：中国人民大学出版社，2004.

51. 陈放. 品牌学 [M]. 北京：时事出版社，2002.

52. 金鸣，张敏. 世界 500 强企业品牌创新之道 [M]. 北京：北京出版社，2006.

53. 杨光，赵一鹤. 品牌核变：快速创建强势品牌 [M]. 北京：机械工业出版社，2003.

54. 黄合水. 品牌建设精要：打造名牌之不二法门 [M]. 厦门：厦门大学出版社，2004.

55. 韩中和. 品牌国际化战略 [M]. 上海：复旦大学出版社，2003.

56. 王连峰. 商标法 [M]. 北京：法律出版社，2003.

57. 魏春艳，向洪. 知识之盾：商标法·专利法 [M]. 北京：中国时代经济出版社，2003.

58. 甘碧群. 国际市场营销学 [M]. 武汉：武汉大学出版社，2004.

59. 余明阳，朱纪达. 品牌传播学 [M]. 上海：上海交通大学出版社，2005.

60. 张冰. 品牌命名攻略 [M]. 广州：南方日报出版社，2004.

61. 苏勇，陈小平. 品牌通鉴 [M]. 上海：上海人民出版社，2003.

62. 刘凤军. 品牌运营论 [M]. 北京：经济科学出版社，2000.